JN079644

# 妖怪

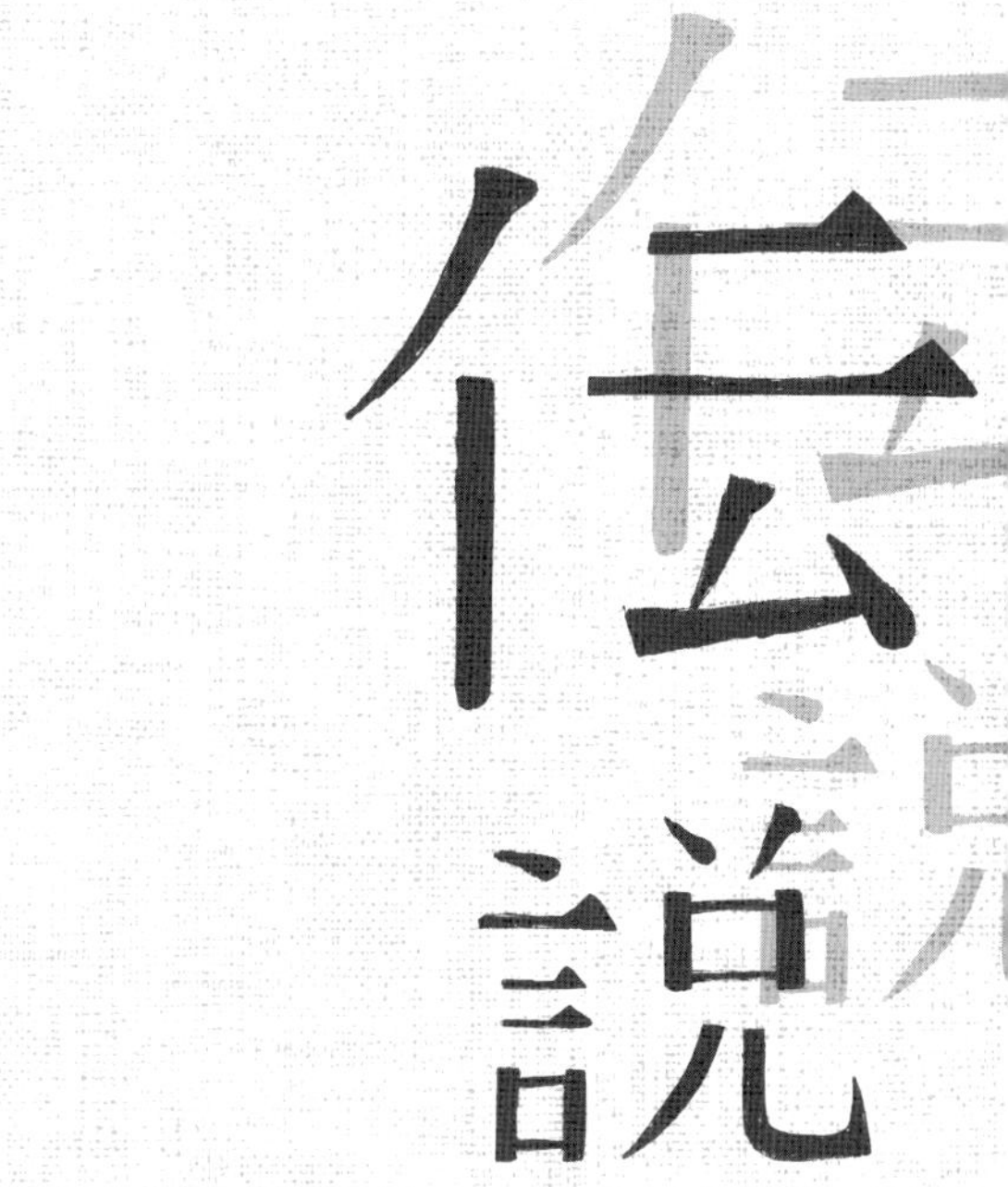


［図説］

［図説］

# 台湾の妖怪伝説


何敬堯 著
甄易言 訳



原書房

# もくじ

中部 99



南部 161

序文

## 妖怪を求めて島を巡る――

# 台湾妖鬼神怪の魔幻世界

台湾妖怪の探索を進めるなら、文献調査のほか、実地調査がより重要な要素となる。『妖怪台湾』の編集を開始してから、私は同時にフィールドワークを進め、妖怪に関連する土地を次々と訪れて、台湾妖怪の魔幻境域をより理解したいと考えた。『妖怪台湾』シリーズは妖怪文献の資料集としたものだが、本書『台湾の妖怪伝説』は妖怪文化の実地考察書である。

近年、台湾で本土[1]妖怪文化のブームが隆盛してきたが、多くの人は「台湾妖怪」の正当性に疑問を投げかけている。こうした疑問は至極真っ当なものだ。なぜなら「妖怪」という言葉はもともと、台湾人が常用する民俗用語ではなかったからだ。

民俗社会で、台湾人が超自然的な妖異存在に対して使用するより一般的な語彙は、「鬼怪」「精怪」「神怪」である。さらに原住民[2]の各族はそれぞれの呼称を持つ。これは疑いのない事実だ。しかしなぜ私は、「妖怪」という言葉でこうした超自然、魔異の事物を総称しようとするのだろうか。

1　台湾では通常「本土」といえば、台湾のことを指す。

2　台湾先住民族を、現在の台湾では「原住民」と呼称する。

多くの人は台湾妖怪研究が近年に始まったと思っているが、これは正確な言い方とはいえない。実際には、八十数年前の台湾には、妖怪の観点から本土宗教を分析する学者がいた。曽景来の『台湾宗教と迷信陋習』（一九三八）は、早くから「妖怪学」という言い方で台湾妖異文化に取り組んだ書籍だ。以下は曽景来の述べたことの摘録である。

> 妖怪の如きは一種の変化であり、平常ならざる珍奇の現象である。而も之は恐るべきものとされてゐる。ところが人に新奇を好む情あるが為めに、妖怪の恐るべきことを知り乍らも之を好む。矛盾であり、変態のやうであるが、これは人心の共通であるらしい。（中略）台湾に於ける駆邪押煞の巫術、又は避祟、牽亡等の行事は妖怪の存在を前提としてゐる。何れも病的変態的迷信的のものである。これらは道士、童乩、紅姨、術士等の専業とするところであるが、彼等は職業柄私利を図る為めに人為的怪談を創作することに関しても最も有力なる地位に在る者である。

曽景来は著作の中で、台湾妖怪の説話は「物理的怪談」「心理的怪談」等の概念に分けられると述べており、明らかに井上円了『妖怪学講義』（一八九六）での妖怪分類を参考にしている。

井上円了は明治時代の哲学者だ。彼は日本の文化水準を高めるため、人々に非科学理性の迷信信仰を棄てるよう提案した。妖怪は迷信の領域に含まれ、彼は、多くの妖怪は人々の誤解から来

凡例

一、本書は國民精神總動員の趣旨を體し、風潮一新の
二、内容の一部は曾つて月刊「社會事業の友」、「臺灣
灣佛教」等に掲載したものを更に添削修正を加へた
三、臺灣宗教の内容を宗教學上より觀たる本島在來の
教義教理に觸れることを避けた。
四、主なる參考資料
臺灣寺廟臺帳　臺灣總督府備付
臺灣本島人の宗教　增田福太郎氏著
臺灣文化志　伊能嘉矩氏著
臺灣私法　臨時臺灣舊慣調查會編
臺灣　武内貞義氏著
臺灣地名研究　安部明義氏編
妖怪學講義　井上圓了氏著
支那法制大辭典　東川德治氏著
大百科事典　平凡社版
五、書名による内容を凡て網羅したのではない。殊に

左：曾景来『台湾宗教と迷信陋習』の表紙カバーの外観。　上：曾景来の本で注記された参考資料には、井上円了の著作が含まれている。

ると考えた。妖怪が存在しないことを証明するため、彼は人々が妖異説話の「真偽」を判別する手助けをし、そして『妖怪学講義』を執筆し、講演をしてその理念を宣伝した。奇妙なことに、井上円了の本意は科学文明を提唱することであったのにもかかわらず、彼の研究によって、虚幻の日本妖怪はかえって学術化の実体を持ち始め、しかも人々を更に夢中にさせたのだった。井上円了の妖怪研究は人々の妖怪への認識を啓発し、彼は後に「妖怪博士」と呼ばれた。

曾景来の観点は、明らかに井上円了の「破除迷信」概念を受け継いでおり、書名の「迷信陋習[3]」も彼の企図を反映している。しかし、井上円了が結局、妖怪博士となったように、曾景来もまた早くから妖怪観点に立ち台湾の民俗信仰を分析した学者となった。著作の中で台湾妖怪に費やした紙幅は多くないが、この本は「台湾妖怪学」の初期の手掛かりとなったのである。

そのため、もし台湾では「妖怪学」が発展しなかったというのなら、それは不正確な言い方だ。

ただし、曾景来の妖怪学説が重視されず、その後、「妖怪」というキーワードで台湾民族文化を分析する学者が稀であったことは、私も否認できない。

では、なぜ私は「妖怪」を台湾妖異研究のキーワードとするのだ

3　「陋習」は悪い習慣の意。

ろうか。私は、台湾の民間説話の中の精怪、鬼魂等を、「妖怪」と総称してもよいか、躊躇した。もし台湾民俗における「鬼怪」「精怪」「神鬼」等の名詞の中から、一つの言葉を選び、これら妖異文化を総称しようとするのなら、実際、多くの困難に出会うだろう。例えば、「鬼怪」で総称すれば、「精怪」を包括できなくなり、逆もまた然りである。「神鬼」というのもよくない。なぜなら台湾人は一般に「神」は神聖な存在で、妖異に属するものとはみなさないからだ。そして私が本当に検討したいのは、そうした比較的「神聖でない」陰霊文化であり、「神鬼」という名詞はおそらく似つかわしくない。しかも、台湾民間信仰の中の超自然存在は、神なのか鬼なのか、[4]あるいはその他の存在なのか、時に判別しがたいのである。例えば、椅仔姑[5]は原始伝説によれば、女鬼であろうが、しかし民間儀式においては、拝むべき「神」ともみなされる。これは一体神なのであろうか、それとも鬼なのであろうか。他にも、民間文学の領域には、神話、伝説、民間説話等の分類もあり、これらの物語の中の妖怪、神怪はどのように線引きすればいいのだろうか。

こうした難題を前に、私は非常に困惑した。

私は日本妖怪文化を研究するようになってから、ひとつの事実に気づき、ようやく困惑はやや解決した。

私達は、日本人が口にする「妖怪（ようかい）」という呼称には長い歴史があると、ずっと思ってきたが、しかしこれは正確な見方ではない。日本人が一般的に「妖怪」という言葉を口にするようになったのは、明治時代以後のことだ。つまり、日本人が広く口にする「妖怪」という語音は、およそ百年の歴史しかないのだ。

日本の学者の研究によれば、明治時代以前、日本人は超自然的な妖異存在に対して、今とは異なる名詞で総括していた。例えば、平安時代、日本人は憑依する魔物を「物怪（もののけ）」と呼びならわし、江戸時代には妖異のものを、「化（ば）け物（もの）」と呼んだ。

そのほかに、日本人は十九世紀以前にも「お化（ば）け」「怪物（かいぶつ）」等の名詞を口にしていた。日本の学者の研究によれば、「妖怪」という呼称は明治時代から昭和初期に次第に広く受容されるようになった、一種の新しい総称である。

私はハッと悟った。なるほど、「妖怪」の示す範囲は時代によって変化し、人々の信仰習慣に従って変化するものなのだ。それならば、台湾の妖異文化にもまた、こうした「変化」があるのではないだろうか。

実のところ、変化はとっくに始まっていた。

第二次世界大戦後、児童読物の中の民間説話は、日本文化の影響を受け、すでに「妖怪」を使用し始めていた。

小学生の頃、私は同級生と「妖怪」という名詞で超自然の怪異存在を呼んだし、私たちは林投（りんとう）姐（しゃ）（ナータォジー）すらも一種の恐ろしい妖怪とみなし、女鬼の怪談を話して互いに怖がらせあっていた。こうした状況は、当然日本文化の影響によるものだ。台湾は一九八〇年代、九〇年代に日本の漫画やアニメを大量輸入し始め、多くの妖怪作品が台湾に入ってきた。これらの妖怪創作をとおし、多くの台湾人は次第に「妖怪」という名詞によって各種の不可思議な妖異鬼怪を総称するようになった。実際、私もまた『地獄先生ぬ～べ～』『犬夜叉』等の妖怪漫画をとおし妖怪に強い興味を持ち始めたのだ。

当然、日本文化を台湾文化の参考とできるかどうかは、議論に値する。両地はナショナリ

4 中国語圏で「鬼」は、通常、日本語でいう幽霊を指す。

5 三歳で虐待のため死んだとされる女の子の幽霊。本書「奇景三十八」を参照。

ティーが異なり、風土も人々の感性も違い、直接「妖怪」という船来語彙を踏襲するのには、懸念がともなう。

ただ、角度を変えて考えてみれば、もし「妖怪」という名詞を在地化することができるのなら、それは一つの方法といえるのではないだろうか。たとえば、「天狗」という名詞は、中国で誕生して後に日本に伝わった。長い年月の在地化を経て、「日本天狗」の新しい姿が誕生したのだ。「台湾妖怪」もまた、在地化の特質をそなえることができるのだろうか。[6]

そこで、更に考えを進めてみる。台湾の「妖怪」はどう定義すべきか。私は、理論からだけ考えるのは、よい方法ではないと思う。なぜなら、第一段階は、台湾の古今の妖異鬼怪に関係する資料をすべて徹底的に調べることでなければならず、その後そうした基本的なデータベースの中から、台湾の「妖怪」が一体何なのかを、ゆっくりと統合・分類しなければならないからだ。そのため、私は『妖怪台湾』シリーズの編集作業をはじめ、同時に台湾各地の妖異スポットを探訪し、文献調査とフィールドワークをとおし「台湾妖怪」の初期定義を導き出したいと考えた。

二〇一七年、私の初期成果は、台湾の妖異文化を四種類に分別したことだった。私は「妖怪」の二文字を、四種の類型をあらわす「妖、鬼、神、怪」の四文字の省略とみなした。

①妖：妖精、精怪。通常は物に宿る霊であり、魔物変化であり、具体的な形を持つ。
②鬼：鬼魅、鬼怪。形は曖昧ではっきりせず、人が死んで幽霊となったものや、鬼と名づけられているものがある。
③神：神怪、陰神、精霊。人間の崇拝や信仰を受けている。

④怪：怪事、奇譚とは、すなわち怪奇で不可思議な物語である。

言い換えれば、私が口にする「妖怪」は、日本語の「妖怪」とは実のところまったく異なる。私は台湾妖異文化を整理する過程で、「妖鬼神怪」の四種の類型を抽出し、前後の二文字を取って「妖怪」と略称した。

他にも、私は「妖怪」の二文字をとおして、台湾本土の妖異文化を更に普及しやすく、通俗的で分かりやすいものとしたいと思った。台湾人にとって、「鬼怪」「陰霊」といった呼称は、怖れ忌み嫌われるものだからだ。それに比べれば、「妖怪」の二文字は明らかにそれほど怖くなく、親しみやすく、しかも多くの更なる可能性をもっている。

いろいろ考えた後、私は「妖怪」を台湾妖異文化研究の総称語彙とすることに決めた。むろん、私はこれが最善最適な呼称だとは思っていない。畢竟、この考えは私の初期の調査によって立つもので、まだ深い研究の行き届かない更に多くの問題がある。従って、私の更なる願いは、この考えを捨石とすることで「台湾妖怪」を幅広い人々に楽しむことができるものとし、専門家により最善の学説を打ち出してもらい、「台湾妖怪」をより良い名称に交代させ、その概念を深め、更に台湾の海島奇幻文化を打ち立てることである。

## 妖怪が互いに出会う：妖鬼神怪スポット探訪

妖怪は幻のように見えて、実のところ追跡の手掛かりはある。しかも妖怪は、実際の土地の風

6 「在地化」とは、近年の台湾でしばしば使用される言い方で、外来文化の土着化をあらわす。

景や物と関連をもつ。妖怪は曖昧模糊なものではなく、その真の姿は郷土記憶やナショナルヒストリー、民俗精神、そして都市の経験の累積なのである。

時には、妖怪は世間への警告の物語として誕生する。なぜなら、人々は生活の智恵や道徳教訓を伝えるため、妖怪の名を借りて、訓誡を分かりやすく流通させようとするからだ。或いは、天地間に発生する奇妙な異常現象は時に想像を超えており、そこで人々はこうした不可思議な事物の原理を理解するため、妖怪という言い方で解釈するのだ。

妖怪の出現は、実のところ人々の世間万物への観察によるものだ。妖怪は自然に存在するのでなく、人々の命名や仮想、創造によって生まれる。

言い換えれば、何らかの「怪異の存在」「人でないものの存在」「常識で解釈できない現象」が先にあることで、人々の心理に恐れや畏敬、遠離といった反応があらわれる。長い歴史変化の中で、こうした「事物、状態」は妖怪、鬼怪、妖魔等の名称を与えられる。

妖怪伝説は、郷土歴史と民俗文化の歳月が積み重ねられたものだ。実際の土地においてのみ、妖怪は人々の内心の恐れの投射を経由し形をなす。つまり、妖怪は必ず特定の時間、空間の中で存在するもので、人々の心理状態と緊密なつながりを持っている。

私にいわせれば、妖怪と土地の民は深く結びついている。この考え方のもと、私は台湾各地へ妖怪スポットを訪れる旅に出かけた。

私は、これらの調査結果を『妖怪台湾』に盛り込むことができなかった。本の研究範囲を一九四五年より前の昔の時空に限定していたためだ。フィールドワークは現代文化と血肉の関係にある。そこで、私は妖怪スポット調査を一冊の本にすることにした。それが本書『台湾の妖怪伝説』である。私は「妖怪」という窓口をとおして、読者に台湾島の華麗と幽暗をより認識してほしいと思う。また、本書が読者に本土の歴史と民俗への興味を引き起こすようにも願っている。

だが、実際の執筆にあたっては、多くの困難があった。後に私は二冊の本を読み、どうにか執筆の方向を探り当てた。二冊の本とは、『図説：遠野物語』（二〇〇〇）と『京都魔界探訪』（二〇一六）だ。

石井正己の執筆した『図説：遠野物語』は、柳田國男の書中の遠野風景を紹介したものだ。柳田國男は日本民俗学の創始者で、日本妖怪研究の先駆者である。彼は岩手県遠野郷に伝わる民間説話をとおして日本の妖怪説話を考察し、後世に深遠な影響を与えた。柳田國男・松岡家記念館の顧問である石井正己は、書中で、柳田國男『遠野物語』が言及する一景一物をつぶさに紹介し、現地の実景写真も補充して、伝説中の妖怪世界をありありと目に浮かぶようにさせた。

他にも、当時、名古屋外国語大学教授だった蔵田敏明監修の『京都魔界探訪』から、私は多くを得ることができた。この本は、古都一千二百年の歴史に潜む怨霊と妖魔の痕跡を追い求め、七十三箇所の幽冥スポットを探訪して、神怪妖異にかかわる寺や禅院、霊山、奇地を読者とともに探るものだ。本の中にはスポットや古画、古文献の写真が配され、読者は図を手掛かりに京都の魑魅魍魎（ちみもうりょう）の痕跡を追いかける。

この二冊をモデルとして、私は『台湾の妖怪伝説』のために二つの要点を設定した。第一に、本書は「旅行」と「研究」の側面を結合し、難解すぎる学術論述を避け、通俗、簡介を求めた。第二に、必ず実景写真を配し、妖怪スポットの風貌を紙上に躍如させ、読者の妖怪伝説に対するより多くの好奇心を引き起こさせるようにした。

『台湾の妖怪伝説』の篇章を私は県市ごとに分け、それぞれの県市から少なくとも一つ以上のスポットを選び出して紹介した。各地の伝説が形成される文化的文脈を理解してほしいのだ。最後に、私は六十箇所の「奇景」を選び六十篇の文章を執筆した。

これらの文章の中で、いくつかのスポットは寺廟や猟奇事件の発生地であり、一見、私達が見慣れた「妖怪」ではない。なぜこれらのスポットを選んだのかといえば、「奇異」の伝説もまた考察の範囲に含めることで、台湾各地で発生した奇譚怪事や伝説逸話をより広く紹介したいと思ったからだ。私は、寺廟に祀られる神を「妖怪」と呼ぶわけではない。焦点はこれら神霊の引き起こす怪異、神異現象にある。そのため、本書の扱う範囲は、事実上「妖怪」と「探奇」の二種類の説話を含んでいる。

そのほか、「奇景」についての私の定義もまた広いものだ。私は、実際の場所のみではなく、映画や絵画等であっても、妖異文化と相関がありさえすれば、一種の特殊な「奇景」たりうると考える。

私は、台湾妖怪文化については、歴史、民俗の脈絡から研究するだけでなく、更に一歩進んで、妖怪文芸創作の可能性についても考えることができると思う。近年、多くの小説家、画家、文芸家が本土妖怪を創作主題とし、新時代の本土妖怪文化を構築しようとしている。実際、台湾妖怪文芸はここ数年の間に栄え始めたものではない。

日本の妖怪芸術は、中世の宗教絵画に始まる。例えば「辟邪絵（へきじゃえ）」「六道絵（りくどうえ）」は疫鬼、阿鼻地獄の景象を描き出しており、これは日本公認の妖怪絵画の始祖である。そして台湾民俗の中では、「外方紙」と「十殿図」が台湾妖怪民間芸術の最も早い起源だと思う。日治時期[7]に出版された民間説話書は、しばしば挿絵が配してあり、これら挿絵は妖怪創作といって差し支えなく、深く探究するに値する。

そのため、私は本書でも、台湾妖怪文芸作品の文脈を追求し、文学、絵画、映画、歌謡等の側面から古今の妖怪創作の整理を試みる。

思うに、台湾には一貫して妖怪創作の伝統があり、文学作品、民俗芸術、書籍挿絵、歌謡音楽等の領域に分散している可能性がある。しかし、これらの創作が次第に忘れられ、世に容れられないと思われてきたのは残念なことだ。今、私たちは「台湾妖怪」の視角からこれらの作品を再認識すれば、絢爛(けんらん)たる光芒が煌(きらめ)いていることに気づくだろう。同時に、私たちは、台湾妖怪の伝統を継承し、新時代に自分達の妖怪説話を語ることができるかどうかを考えることができる。

私は、本書により妖怪スポットを紹介するだけでなく、この旅行の刺激によって、読者とともに台湾妖怪が将来遠い道のりを進むことができるかを考えたいと思う。

山海世界と森羅万象、そしてこの島に伝わる妖怪伝説は、私達が語り続けるのを待っている。

7　日本統治時代を指す。従来は「日據時期」と呼称されたが、近年では「日治」が多く使われる。

# 北部

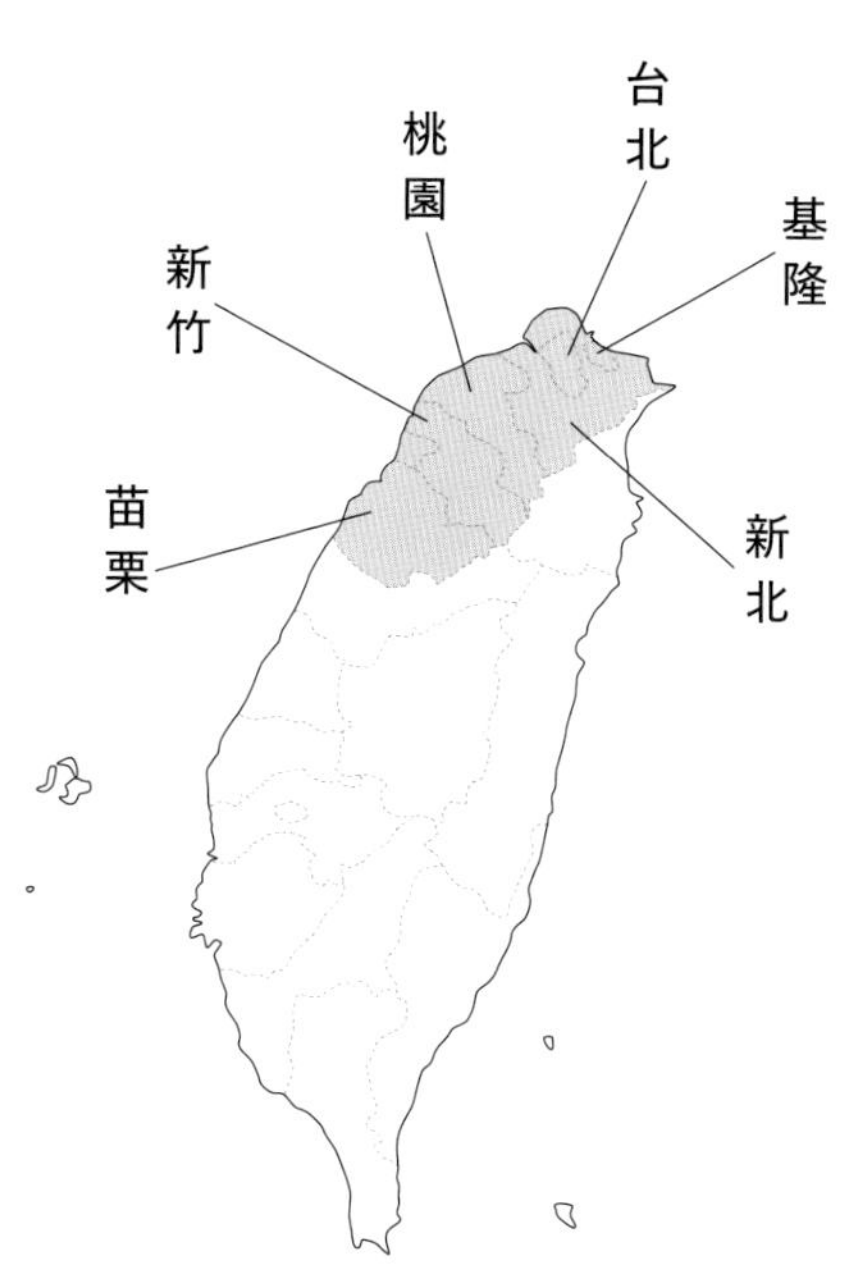

# 剣潭の魚精と龍怪

奇景 一

妖怪伝説

基隆河（きりゅうがわ）は大直山麓（だいちょく）を流れ、河道は急激にうねって、ところどころ池のような風景を形成する。河水は深くまた広く、霊気を集めやすい。いつしか一匹の巨大な魚精が生まれ、天地の気を糧に生きていた。

ある年、国姓爺（こくせんや）が大浪泵社（だいろうりゅうしゃ）まで行軍してきたとき、この河に行く手を遮られた。にわかに風が渦巻いて波を起こし、沸き返る河水が一瞬で先鋒部隊を飲み込んだ。魚精（ぎょせい）が自然の霊気を吸い、これを吐き出すことで荒れ狂う波濤（はとう）を巻き起こしたのだった。

国姓爺は巨大魚を一瞥するや激怒し、魔物を倒して道を守ろうと決心した。彼は宝剣を掲げ、魚に向かって投げつけた。魚精は剣によって傷を負い絶命した。その後、宝剣は水底に残り、暗夜には赤い光を発した。剣の赤く冷たい光は、魚の血で染まったあの日の大河を彷彿させた。

日治時期の書籍『台湾地方伝説集』（1943）。画家の鳥羽博は国姓爺が剣を投げて魚精を退治する様子を描いた。

探査ノート

もし台北で知られる奇譚のランキングを作るとすれば、国姓爺[1]が魚精を殺した伝説は、間違いなく上位にくるだろう。これは剣潭[2]の地名の由来だという。

しかし、はじめ剣潭伝説に魚精は出てこなかった。十八世紀に編纂された『諸羅県志』には、オランダ人が水辺の樹に剣を刺したため剣潭と呼ばれるようになったとあるだけだ。

剣潭に怪物がいるという言い伝えは、十九世紀に次第に形を成したようだ。清朝の詩人陳維英は「剣潭夜光」のなかで水底の剣と龍について記している。当時の文人は詩歌の中で剣潭に龍の影を想像する習慣があったのだ。もしかすると、この頃から伝説は変化を始め、樹に刺さった剣が水底に落ちたと考えられるようになったのかもしれない。さらには宝剣には霊気があり龍になったとか、龍を倒せる力があるなどという幻想がなされるようになった。

日治時期、民間文学が剣潭の魚精について語るようになった。それまでの宝剣と龍の幻想は、国姓爺が宝剣で魚精を殺したというストーリーに次第に変化していった。同時に民間では、国姓爺がむかし斬殺した怪物は蛟龍[3]だったとも言い伝えられるようになった。

現在、剣潭に龍怪、魚精がいるという話は有名になっているが、なかでも最もポピュラーなのは魚精の物語で、しかも魚精は鯉魚精であるという新しい話も派生している。剣潭伝説は数百年

日治時期の剣潭と剣潭寺。

1　明朝の政治家・軍人である鄭成功（一六二四〜一六六二）を指す。明朝の臣下として最後まで清朝に抵抗し、晩年は台湾のオランダ人勢力を破って台南に拠点を築いた。
2　「潭」は水が深くなっているところ。淵などを指す。
3　龍になる前の蛇に似た伝説上の生き物。

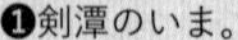

❶剣潭のいま。
❷剣潭旧址。
❸剣潭寺の花園には、元の剣潭古寺にあった石碑が保存されている。陳登元の剣潭遊詩が、李学樵によって書かれている。詩中の「擲剣寒潭裡、蛟龍不敢騰」という句から、19世紀にはすでに宝剣によって龍を鎮めた伝説があったことがわかる。
❹大直の剣潭古寺の入口。
❺寺のそばの花園には、咸豊年間の「奉憲示禁」の碑もある。碑文は摩損して判読困難だが、台湾大学図書館に所蔵された拓本で本文を閲覧することができる。

の加油添醋（尾鰭がつく）を経て、さらに神秘性を増してきた。

剣潭のむかしを探るため、私は大龍峒(だいりゅうどう)の円山(えんざん)駅を出発した。大龍峒は旧名を大浪泵といい、かつてはケタガラン族の居住地だった。史実の国姓爺は台北までは来なかったとしても、私は伝説中の北征ルートを通って剣潭へ行き、伝奇的な雰囲気を感じ取りたかったのだ——むろん、こんな期待はただの白日夢だ。いまの台北の街道は自動車であふれ、物語の中の人の心を動かすようなシーンを想像することはできない。

私は中山北路三段を北に進み、基隆河まで来た。河にかかる中山橋を渡ってから東へ進むと、河浜公園に到着した。この公園はかつてその名も高い剣潭古寺があったところだ。一匹の赤い蛇がここで普陀僧人の行く手を遮ったため、僧人は心に感ずるものがあり、財を募ってここに寺を建てた。今ここは市民の憩いの場となっており、芝生が絨毯(じゅうたん)のように敷かれて、人々はジョギングや犬の散歩をしている。かつての宝剣の赤い光や道を遮る赤い蛇はもはや幻影となり、山上の円山ホテルの赤い楼閣だけが青空にそびえている。

ありし日の様子は元に帰らなくとも、私はかすかな痕跡を見つけたかった。私はＭＲＴ（市内電車）に乗って大直にある新しい剣潭古寺へ向かった。日治末期、剣潭山上にあった台湾神社の拡張工事のため、剣潭寺は大直へ移された。もとの寺にあった多くの古物は新しい寺の傍の花園に移設されている。たとえば咸豊二年（一八五二）に作られた「奉憲示禁」と題された旧碑がある。碑文は破損のため判読困難だが、台湾大学図書館には「厳禁剖鑿石條残害剣潭寺龍脈碑記」という拓本が所蔵されている。これは一九四五年に台北帝国大学から接収されたものだ。台湾大学資料庫には原碑はもう存在しないという説明があるが、私は大直剣潭寺の旧碑こそが原碑だという推測を聞いたことがある。

そこで私はこの碑を写真に撮り、コンピュータの映像から拓本と旧碑のそれぞれの字跡を比較してみた。両者はおおむね一致したので、原碑であると断定してよいだろう。碑の文字は非常に興味深いものだ。すこし抜粋してみる。「……該地奸希図獲利、横将寺後龍身行節処所、剖取石片、残害竜骨……」大意は、剣潭は風水でいう龍身であるが、ある工匠が寺の裏手で石柱を削って風水を破壊してしまったため、淡水地域の同知[4]はわざわざ碑を建ててこのような行為を禁止した、というものだ。龍の話は風水にまつわるものだが、古碑の存在は、剣潭に龍がいるという伝説に「お上の認定」を与えているといえないだろうか。

伝説はつねに荒唐無稽なものだが、歴史もまた同様だといえるかもしれない。かつて寺の土地を傷つけることを禁止する碑が建てられていたにもかかわらず、日本人は神社の規模を拡張するため古寺を遷し、のちに国民党の政府は公然と神社を取り壊して円山ホテルを建て、高速道路の高架橋もまたここに建設された。それぞれみな、剣潭で自らの場所を得ようとし、現れては消えていった。その間、龍がいようがいまいが、魚精が生きていようがいまいが、剣潭の波はかわらず光り輝き、またたいて人々の瞳を魅了してきたのだ。

出没情報

**剣潭遺址**：八二三砲戦記念公園、北安路付近の壁。
**剣潭古寺**：台北市北安路八〇五巷六号（剣南路ＭＲＴ駅一号出口）。

4　塩政、海防、治安警察等を担当する清代の官職名。

# 月裡（げつり） 大稲埕（だいとうてい）の古井戸魔女

妖怪伝説

十九世紀、中国の安渓県に、夫を周成（しゅうせい）、妻を月裡という夫婦がいた。故郷が貧しかったため、周成は「銭淹脚目」[1]と言い伝えられる台湾島に行って新天地を開拓したいと考えた。周成は去ったまま戻らず、月裡は毎日毎晩夫を想い続けたのち、子を連れ船に乗り、愛する夫を捜して大稲埕へ向かった。

あにはからんや、周成はすでに大成功をおさめ、茶行（茶葉店）の経営で富をなし、遊郭の美妓郭仔麺（かくしめん）を娶っていて、糟糠（そうこう）の妻に知らないふりを決め込むのだった。郭仔麺は悪僕と示し合わせ、モツと蓮の実のスープに毒薬をしのばせて月裡を毒殺し、さらにはその死体を古井戸へ投げ込んで隠滅を図った。

しかし月裡の怨魂は消えず、地府閻王（ちふえんおう）へ泣いて訴えた。閻王は哀れに思い、月裡の魂をこの世

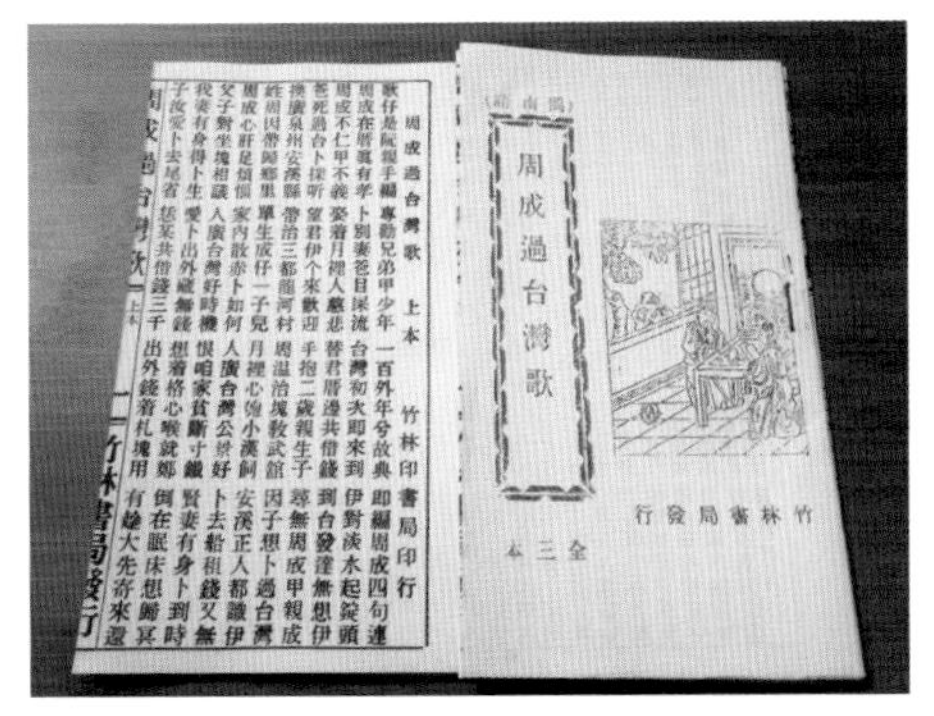


竹林書局発行の歌仔戯の脚本『周成過台湾歌』の表紙と本文。

1　お金があふれ足の踝まで達するという比喩。

に送り返して復讐の願いを果たさせることにした……

連暁青(れんぎょうせい)編著『清代台湾三大奇案』（一九五五）には、「林投姐」「周成過台湾」「呂祖廟焼金」という三つの奇妙な話が記されている。私は子供のころ林投姐の物語を怖がり、呂祖廟(ろそびょう)[2]の話から派生した「籠を下げて偽の焼金に行く」ということわざは耳にしたことがあったものの、「周成過台湾」については印象がなかった。私と同年代の友人たちも、ほとんどこの伝説を聞いたことがなかったという。

大学院に入ってから、私はようやくこの物語を知り、関係テキストを読み始めた。すると、かつてこれは極めて人気のあった事件で、日治時期には歌仔劇(グァーアーヒ)[3]になり、戦後にも映画やテレビドラマになっていたことがわかった。私は、この物語は神怪にかかわるだけでなく、台湾の移民文化と大稲埕の茶葉貿易の歴史を反映していることに気づいた。

私はこの物語にどんどん興味を抱くようになり、井戸水に沈む女の屍や怨霊が井戸から姿を現す様子など、迫力満点のシーンを想像さえした……日本のホラー映画が好きな人なら、貞子が古井戸から這い出すシーンを思い出すに違いないが、台湾にも井戸に関係する女の幽霊がいる。それが周成の妻、月裡なのだ。

左：1956 年、映画『周成過台湾』の『民声日報』での広告。新聞の宣伝には「月裡は怨みを残して惨死し、地府によって剣山行きを告げられた」とある。
右：1987 年、張純芳、陳観泰共演の映画『周成過台湾』のポスター。

民間伝承の中で、井戸はしばしば殺人や自殺の現場となった。例えば蛇郎君の物語では、姉が妹を井戸までおびき寄せて突き落とし、殺人の陰謀を成功させる。澎湖七美の由来は、七人の女が井戸に身を投げて自害したことによるという。

むろん、古井戸の女幽霊は想像の中だけに存在するわけではない。一九八七年上映の映画『周成過台湾』の結末は、女幽霊が井戸の底から飛び出し、悪人に復讐するものだ。

なぜ井戸はしばしば死と結びつくのだろうか。深い井戸は暗く、あの世と繋がる通路を連想させるためかもしれない。井戸の穴には二つの側面がある。水を恵んでくれると同時に、少し油断すれば底知れぬ深淵に落ち込んでしまう危険をはらんでいる。周成の物語では、月裡の霊魂が井戸を通って地府に入ったことが暗示されているようだ。

当時遺体が隠された古井戸を探すことは可能なのだろうか。

民間伝承では遺体を捨てた井戸は周家の中にあり、周家は朝陽街で茶葉店を開いていたということから、古井戸は朝陽街付近の地区にあった可能性が高い。しかし現在の朝陽街は民生西路の一部となり、大稲埕の街も様変わりしている。しかも、この事件には多くの疑わしいところがある。夫婦の名は本当に周成、月裡といったのだろうか。本当に安渓から来たのだろうか。男が大稲埕に茶葉店を開いたことや井戸に遺体を捨てたのは本当のことなのだろうか。

この事件は伝承の過程で、歴史状況に合わせ調整と修飾が繰り返されただろうと考える。すなわち、人々は伝説を「より真実らしく」するため、伝説中の空白を史実で補ったのだ。これは過ちではなく、伝説と歴史の相互のからみあいであり、民間伝承の生命力をあらわすものだと思う。

私はまず、探査の目標を「井戸」に定めた。井戸に遺体を捨てたのが本当にあったことかどう

2 「奇景三十三」を参照。

3 台湾の代表的な伝統舞台芸能。二十世紀初頭の宜蘭が発祥といわれる。

❶迪化街の伝統町家の中の古井戸。井戸の中には青苔が生え、水質は清らか。

❷日治時期の大稲埕。淡水河沿岸に位置する。写真は『台湾紹介：最新写真集』（1931）より。

❸民生西路の新芳春茶行。創建は 1930 年代で、日治時期大稲埕の茶葉業の盛況を見届けてきた。新芳春茶行は周成の物語とまったく無関係だが、古地図によると、このあたりが朝陽街だったことがわかる。この通りは、伝説中の周成が開いた茶葉店があったところだ。かつて朝陽街は茶葉店が林立していたため、それが民間伝説と結びついた可能性は高い。

かはともかくとして、大稲埕の町家の中に井戸が設置されていたかどうかを知りたかった。実地調査をするうち、私は迪化街（てきかがい）のある伝統町家建築の天井（屋根でおおわれない中庭）に古い井戸があるのを見つけた。この建物はいまクリエイティブ産業のマーケットとして使われており、スタッフの話によると、古井戸の水位は潮の満ち引きとともに変化する。

大稲埕のかつての町家設計で家に井戸が掘られていた可能性は実証できたが、しかし私はさらに、郭仔麺が屍を井戸に捨てたことの真実性についても疑った。竹林書局発行の歌仔戯の脚本には「屍は古井戸に落とした。この方法は誰にも知られまい。屍を古井戸に落としてから、泥で埋めてしまった」とある。つまり、遺体を捨てた後、泥で井戸の口を塞いだという。この叙述に従うなら、屍を捨てた井戸は屋内にはなかった可能性が高い。なぜなら、普段屋内で井戸水を汲んでいるなら、そこに遺体を捨てたうえ塞いでしまうのは、理屈に合わないからだ。

これらのことから、二つの可能性が考えられる。一つ目は、古井戸に屍を捨てたのは作り話だったということ。二つ目は、屍を埋めた井戸は家の外にあったこと。その場合、古井戸は大稲埕の外の人気（ひとけ）のないところにあったに違いない。それなら遺体の隠滅は発覚しない。

伝説と史実は絡まり混ざり合い、その虚実を見分けることは難しい。しかし、これもまた民間伝承の人を魅了するところなのだ。

出没情報

**台北市民生西路**：かつての朝陽街。周成がこの地で茶葉店を開いたという。

奇景 三

# 蟾蜍精と妖怪退治

妖怪伝説

スフヰンクスならぬ本島の山はよく人を喰ふのである。その好例としてこゝに挙げた蟾山は、台北に近い総督府農事試験場の直ぐ後に位して蟾蜍の形を為して居る、此の蟾蜍こそ恐るべき妖怪なのである、事の起りはむかし〳〵或る金満家の倅に劉海と云ふ男が居た性来徳行人に優れ常に当時の風俗紊乱して道念廃頽せることを歎き、どうにかして末世の弊風を挽回したいと思ひ時人に説いて見たが、其の意見は一として世に容れられず、悲歎の余り劉海は世を果なんで塵埃の俗界を避けて、これより仙人の住むてふ極楽へ行つて見たいと云ふ気になつた。そこでぶらりと家を出て、仙人の世界へ道案内をして呉れる者はないかと探す内、途中で一人の百姓らしい者に出逢つたので「あなたは仙人の居る処をご存知ですか」と聞いて見ると、其の百姓こそ実は有名な無頼漢で、今も賭博に負けて金に困つて居る処であるから、これ幸ひと旅人を騙して案内料を搾り取つてやらうと思ひ、「知つては居るが金を出すか」と聞き返へした。正直な劉海は「案内料として自分の財産を折半しやう」と答へた。腹黒き無頼漢は得たり賢しと意気込んで、某日某所で会合しやうと云つて別れた。約束の日が来たので、劉海は其の場所へ行つて見ると底の程も知れぬ谷川に臨んだ一本の松の古木が生えて居た。彼は案内者の言ふが儘に縄で全身を括られて目を閉ぢた。やがて無頼漢は松の木の梢に上つて、縄で括つた劉海を縄に依つて上から引き上げ、見当よしと思つた処で劉海を数十丈の脚下の谷底へ落してしまつた。然るに溺死するかと思つた劉海は不思議にも死なゝいで、直ち一群の靄が水中から立ち上がるよと見る間に、彼の霊魂は昇天して仙人の境へ浮遊して、終に大八仙の中の一人と崇められる様になつた。さて無頼漢は不正に搾り上げた金は又も賭博に負けてしまひ仕方がないから劉海の真似をして仙人にでもならうと思ひ、柄にもなく木の枝から谷底目懸けて飛び込んだが最後途中の岩角にぶつ突かつて全身に重傷を負ひ、おまけに足は一本折れてしまつて、仙人に成り損ねたのみか化して蟾蜍の精となつた。蟾蜍の精の具体化したものが即ち蟾蜍山で、これから付近を通り懸かつたものを片つ端から捕へて喰つてしまふ。終に全村喰ひ尽されて、人跡全く絶え人家の煙も遠く見えなくなつた。

――「伝説の山　人を喰ふ山　蟾蜍山」『台湾日日新報』一九一五年五月二十一日

## 探査ノート

台北の公館には蟾蜍山がある。山の形が蟾蜍がしゃがむ姿のようなのでその名がついたという。ここに蟾蜍精が住むという言い伝えもある。現代では、仙人の劉海[1]が仙跡岩に立って蟾蜍精を

1　五代十国時代の道士。全真教の北五祖の一人とされる。劉海蟾ともいう。

❶景美仙跡岩親山歩道に立って公館の蟾蜍山を遠望する。
❷右方向の裸岩は仙人の足跡のある仙跡岩。遠方の山が蟾蜍山。
❸蟾蜍山の近景。ふもとは煥民新村。
❹青山宮の正門。この地はかつて蟾蜍精が災いをなし、のちに霊安尊王に退治されたという。
❺蟾蜍山付近の辛亥トンネル。つねに怪談が流布する心霊スポット。
❻景美には仙跡岩の他にも、澎湖の望安にも仙人が足跡を残した伝説がある。この足跡は呂洞賓が残したものだという。彼は必要に迫られ、望安と花嶼をまたいで用を足し、天台山に足跡を残した。

退治したという物語が流通している。

しかし、公館の蟾蜍精の物語は、劉海にかかわるものだけでない。民間には、かつて蟾蜍精と戦ったのは呂洞賓[2]だという言い伝えもある。『児童文学故事選集』（一九八九）に収録された邱傑の文章「仙跡岩与蟾蜍山」の一節では、降妖者は李鉄拐[3]ということになっている。王一剛（王詩琅）、呉瀛濤の文章にいたっては鄭成功が妖怪退治の英雄として叙述されている。鄭成功軍がこの地を通ったとき、山中で蟾蜍精が毒煙を吐くのを見つけ、大砲「龍碩」でこの憎むべき精怪を砲撃した。その後、蟾蜍精は息も絶え絶えとなり、日本人が公館に道を通したとき脚を切断され、とうとう死んでしまった。

これらの異なるバージョンによれば、蟾蜍精を退治した英雄は劉海、呂洞賓、李鉄拐、鄭成功といった人物であるようだ。かつて公館では漢人と原住民の抗争の歴史があり、それを考慮するなら、人に害をなす魔物としての蟾蜍精は、あるいは漢人の伝説中で妖魔化された原住民のことなのではないだろうか。

現代の蟾蜍山からはとうの昔に昔日の精怪の色彩は消えている。山のふもとの煥民新村を訪れると、多くの古い家で地域社会発展の展覧が催されていた。「好蟾蜍工作室」による地域振興の努力の成果だ。日治時期、蟾蜍山には農業改良場、農業試験場が設置され、国民政府が台湾に来てからは空軍作戦指揮部に変わり、眷村[4]が設立された。二〇一三年、眷村は撤去の危機に直面したが、好蟾蜍工作室と芸術文化関係者による保存運動によって、煥民新村の独特な山村景観は保存されることになった。

蟾蜍山のほかにも、台北には人畜に危害を加える蟾蜍精がいる。咸豊年間、艋舺の番薯市街

2　道教の代表的な仙人である八仙（李鉄拐、漢鍾離、呂洞賓、藍采和、韓湘子、何仙姑、張果老、曹国舅）の一人。

3　同じく八仙の一人。

4　国共内戦に敗北した国民党軍が台湾に撤退したのち、兵士達に与えた居住地。

（日治時期に「歓慈」と改名され、今は「貴陽街」という）で、ある商家の井戸に一匹の蟾蜍精が現れ、災いをなした。幸いにも、恵安（けいあん）から来た霊安尊王（れいあんそんおう）[5]の力は無限で、この精怪は問題なく退治された。咸豊六年（一八五六）には現地の民衆の相談により、井戸のあったところに青山宮（せいざんごう）が建てられ、霊安尊王が祭られた。王一剛は「台北伝説九則」（一九五八）で「その井戸は青山宮の奥にあり、そののちも保存され壊されることがなかった」と書いている。私は実際に青山宮後殿を訪れたが、古井戸は見られなかった。後殿は改築されており、井戸はそのせいで埋められたのだろうか。しかし、廟の管理人に質問すると、古井戸は正殿の神座の下にあり、とっくに埋められてしまったという。真相がどうなのかは、さらなる考察を待つほかない。

今日、青山宮は艋舺の人々の信仰の中心となっており、毎年旧暦十月の「艋舺大拝拝」には青山王が巡行をおこない、いつも無数の信徒で賑わう。蟾蜍精が井戸の中に封印されていようがいまいが、霊安尊王と蟾蜍精の戦いをめぐる民間物語は、人々に楽しく語り継がれてゆくのだ。

## 出没情報

**公館蟾蜍山広場**：MRT公館駅二号出口から出て公館ロータリーを過ぎ、羅斯福路四段一一九巷に入ったところ。

**景美仙跡岩**：MRT景美駅二号出口から出て景興路を過ぎると、路上に仙跡岩入口のアーチがある。

**青山宮**：台北市万華区貴陽街二段二一八号。

5　道教の神。青山王とも称する。もとは福建省泉州市恵安県青山の守護神だった。

奇景 四

# 老公仙祖(ろうこうせんぞ)　十四份埤(じゅうよんぶんひ)の生贄

探査ノート

台北内湖区の大湖公園の前身は十四份埤といい、かつて人柱にされ犠牲となった命を記念する「老公祠」があったという。

十四份埤は十四份陂ともいう。「埤」「陂」はともに大きな池を意味し、灌漑(かんがい)のために掘られた貯水池を指す。かつて十四份埤を掘っているとき、一人の物乞いの老人の命を代償とすることで水利施設が無事完成したのだという。

私は現地を歩き、大湖公園の東南端にある福祐宮(ふくゆうごう)と老公祠(ろうこうし)の二つの廟を訪れると、幸いにも廟の管理人朱(しゅ)さんと知り合うことができた。彼によれば、土地公[1]を祭る福祐宮のほうが先に建てられ、老公祠は池を築くため犠牲になった物乞いの老人を祭るという。おしゃべりをしていると、現地の住民の陳さんも一緒に加わってきた。

1　その土地を守る道教の神。

陳（ちん）さんは一九四二年の生まれで七十六歳（当時）になり、子供の頃から十四份埤の近くに住んできた。彼の回想では、かつて周囲はみな田畑で、この池の灌漑に頼っていた。彼はよく池で泳いだり、清らかな用水路で魚やエビ、貝をとったりした。用水路の掘削過程について、陳さんは現地に伝わる生贄の話をしてくれた。

むかし十四份埤を作るため、先人たちは非常に苦労をしたのですが、築いた堤はしばしば崩れてしまいました。工事が順調に進むよう、生贄を捧げる方法が考え出されました。彼らは龍山（りゅうざん）寺（じ）近くに人をさしむけて、一人の年老いた物乞いを探し出しました。彼らは物乞いの老人に事情を話し、三年間生活の面倒を見て衣食の憂いがないようにすると約束しました。しかし三年の後には、池のため命を犠牲にしなければならないと。三年が過ぎ、物乞いの老人は約束どおり生贄となり、水利工事はようやく順調に進みました。物乞いの老人は池のほとり、すなわちこの池の東南側の一隅に埋められているといいます。のちに人々はこの老公祠を建てて記念としました。

陳さんの解説する物語は、いまのネットメディアやニュース報道での話とやや異なる。陳さんは、物乞い老人は自ら進んで犠牲になり、現地の人々はできるかぎり親切にしたという。しかしネットやニュースは物乞い老人が自ら願ったかどうかには触れておらず、しかも彼は数日ねぎらわれただけで生き埋めにされたという。

伝説や言い伝えの真偽を知ることは難しく、伝わってゆく過程でも異なるバージョンが生まれる。ただし十四份埤の建設について歴史的考察はできる。日治時期編著の『台北庁誌』（一九一九）

❶大湖公園の錦帯橋。湖水が輝き風景は優美。後方は白鷺鶯山で、昭和８年（1933）発行の『内湖庄庄勢一覧』によると、当時北側の山腹はコサギの生息地で、遠くから眺めると散らばる白牡丹に彩られているかのようで、非常に美しかった。陳さんは言い伝えを話すとき、むかし山上をコサギの群れが飛んでいた光景について言及し、文献の記載内容を証明してくれた。今では都市開発のため生態系環境はかつてのようではなくなり、この光景はとうの昔に見ることが困難になっている。

❷老公祠のいま。廟の柱には「青山碧玉源源進、麗水黄金滾滾来」と題されている。壁の対聯には「長者郷民敬、老公衆共欽」とあり、中聯には「考古留存跡」とある。

❸廟の内部。「老公神位」と書かれた２つのご神体が祭られている。一つは新しく一つは古い。

❹大湖公園の東南側の池の一角。大木の後ろが福佑宮と老公祠。物乞い老人はこの近くで埋められたという。

❺大湖公園の東南側には福佑宮と老公祠の他に黄石公廟があり、巨大な岩を祭っている。この岩は山から転がり落ちてきたものだといわれ、黄色のまだら模様がある。かつてこの岩の上に黄色い服の老人が現れるのを見た者がいたため、「黄石公」と呼ぶ。ほかにも、黄石公は毎年大きくなっているという言い伝えもある。

によると、内湖地区の「十四份圳」は十四份埤と公館埤から成り、新里族庄付近一九六甲（約一九六ヘクタール）の農地を灌漑できたという。この灌漑施設は、かつて乾隆年間に創設され林家が管理を担当し、明治四十年（一九〇七）に公共施設として画定された。

伝説中で龍山寺付近で物乞いを探さなければならなかったのにも理由がある。清国時期、艋舺は物乞いが集まる場所だった。道光年間には「乞食寮」という組織まで発達し、龍山寺街の「頂寮」と料館口街の「下寮」は最も有名だった。この史実は、生贄の言い伝えに一定の信頼性を与えてくれる。

ほかにも、林良哲（りんりょうてつ）による台中人董阿不（とうあふ）の伝記『五角新娘』（二〇一二）は、「放水路」という、用水路のための生贄と関係する伝統民俗について言及している。かつて用水路が完成したのちには「放水路」を執り行う必要があった。すなわち、初めて水を引いて灌漑するときには貧しい家の男の子を一人買ってきて、用水路の中に立たせなければならなかった。水門が開かれると、男の子は懸命に逃げようとする。もし不幸にして溺死すれば運命はそれまでということになる。もし男の子が水路をすべて無事走り通せれば、天公の加護あり、ということになり、用水路の主人は男の子に報酬としていくらかの土地を贈らなければならない。

「放水路」にせよ十四份埤での物乞いの生贄にせよ、驚くべきものだ。ただしこれらの儀式からは、伝統的な農業社会が水源を命脈とみなしてきた心理を、深く理解することができる。

今日、大湖公園は現地の人々の憩いの場となっているが、十四份埤の生贄の言い伝えについては、ネットでな流言が飛び交い、大湖公園を心霊スポットとみなす者も少なくない。とくに二〇一七年、大湖公園で少なくとも七件の女性落水事件が起こったときは、祟りではないかと、テレビ番組が根拠もなく憶測した。

しかし私にとって、実際に訪れた現地は、噂で聞くような不気味なものではなかった。大湖公園の園内規則は整っていて、バリアフリー施設も設けられていた。湖面には生態系浮島が設置され、野鳥が生息し魚類が餌を求め産卵することができるようになっていた。とくに、現地人の陳さんの話す物語は、ニュース報道でのような恐ろしい雰囲気とは全く異なり、その語調は老仙祖への畏敬に溢れていた。老公祖のご神体の傍らには、老公祠が四方を祝福してくれることに感謝する祝詞と花が添えられていて、現地の住民が老公祠を恐れているのではなく、その温徳と加護に感じ入っていることが見て取れた。

かつて物乞いの老人の犠牲が自ら願ってのものだったのか、あるいは強いられてのものだったのかはともかくとしても、老公祖はすでに現地の守護神となって信徒の安康を守っており、さらには十四份埤建設の歴史の重要な証人となっている。

出没情報

**老公祠**：台北市内湖区成功路五段三十五巷、大湖公園東南側、白鷺鷥登山歩道入口の近く。

奇景 五

# 鶯歌(おうか)の妖鳥伝説

妖怪伝説

国姓爺が軍を率いて台湾各地を征伐し、北部の山奥までやって来た時、黒い霧が立ち込めてにわかに天地が暗くなり、目の前の道がわからなくなって兵士たちは散り散りになってしまった。それぱかりか、黒い霧には毒があり、多くの者が倒れて起き上がれなくなった。

軍容が崩れるのを見て、国姓爺は隊を整え、急いでこの恐ろしい毒霧から逃れるよう命令するしかなかった。何刻も歩くうち、目の前の黒い霧はとうとう薄まり、鄭成功軍はやっと奇怪な煙霧の範囲から離れることができた。その時上を見上げると、山腹に一塊の巨大な岩石があり、形状が妖鳥のようだったので、これこそが伝説の毒霧を吐く鸚哥石(おうかせき)(オウム石)だとわかった。

国姓爺は激怒して鸚哥石を砲撃し、妖鳥を撃ち殺した。鸚哥石の近くに鳶山(えんさん)があり、これも毒霧を吐く妖鳥だったので、国姓爺はこれにも砲撃を加え、二匹の妖怪を一度に退治したのだった。

清国時期、『淡水庁志』は鶯歌石と鳶山の伝説を「鶯哥：三角湧で鳶山と向かい合っている。霧と瘴気を吐いたため、進軍する鄭軍は道に迷い、砲撃してその首を折った。鳶山：飛鳶山のこと。三角湧にあり、鄭軍がその突起部をも砲撃し、断痕はそれを彷彿させる」と記録している。台湾の民間社会では、鶯歌石と鳶山は二匹の恐ろしい妖怪で毒霧を吐き、現地に害をなしたと言い伝えられる。後に国姓爺が軍を率いて北上し、両妖怪の占拠する地を通ったとき、双方は激しく戦った。最後に国姓爺は二匹に向かって砲撃し、退治に成功したと伝えられている。

国姓爺が鳥妖を殺したというのは、むろん根拠なく捏造（ねつぞう）された民間伝説だ。鄭成功は台南を占領したのちまもなく病死し、自ら軍を率いて北上したことはないので、台湾各地の国姓爺が妖怪退治をしたという台湾各地の物語はすべて根拠のないこじつけだ。しかし、なぜこれほど多くの妖怪退治物語がみな国姓爺を英雄とするのだろうか。物語の中の妖怪は本当に存在したのだろうか。鶯歌の妖鳥伝説は一つの側面から考察ができるかもしれない。

鶯歌の地名の由来は、この山に巨大な「鸚哥石」があることによる。この岩については様々な解釈があり、オウムに似ているという人もいれば、鷹に似ているという人もいるものの、総じて一種の鳥型だとされる。古書には、この岩は毒を吐き、近づいて触れれば死ぬと記載されている。この岩の周囲は、かつて地底ガスが毒を発散させる場所だったのだろうか。長い月日のうちにこの岩が毒を吐くと言い伝えるようになり、また岩は形状が鳥に似ているので鳥妖とみなされた。

そのほかに、サイシャット族の移住史をめぐる伝説もまた、鳥妖物語にもう一つの解釈を与えることができる。趙金山の『賽夏族族譜彙編』(二〇一二)によると、サイシャット族の夏姓の一族は、かつて大渓地区(三峡、鶯歌)に住んでいたが、のちに鄭成功がやって来て流血の衝突が発生した。サイシャット族は岩の後ろに潜んで、通りかかった漢人を皆殺しにしたので、長い月日が経つうちに漢人は妖怪のしわざだと考え、大砲で岩の「鳥嘴」を撃ち折った。

サイシャット族の口承物語を分析するなら、「鄭成功」はおそらく漢人を代表する名であろう。国姓爺が台南に政権を建てると、将兵は台湾各地に駐屯し開墾をおこなった。漢人が土地を開発する過程では当然、原住民との戦いが発生する。原住民と漢人の衝突過程はおそらく熾烈をきわめ、双方に死傷者が出ただろうが、強力な武装を欠く原住民は次第に敗退するほかなかっただろう。この衝突の歴史記憶は民間伝説へと変化し、原住民は妖魔化され、漢人の言い伝えの中で邪悪な妖怪となる一方で、国姓爺は神格化されていったのかもしれない。人々は、国姓爺の神通力はこうした恐ろしい「怪物」を撃ち砕くことができると信じたのだ。

鶯歌の妖鳥物語は、国姓爺の「英雄事蹟」の上に立っている。しかし、別の角度からこの伝説を分析し直せば、私たちは国姓爺の妖怪退治伝説の多面性について考え直せるかもしれない。

出没情報

**鶯歌石**：新北市の鶯歌石登山歩道で登ることができる。この歩道の一つの入口は北鶯公園付近にある。

**北鶯公園**：新北市鶯歌区中正路四〇一号。

❶私が鶯歌石を訪れた時はちょうど正午で、陽光の反射のもと、巨岩はさながら霧が立ち込めているかのようだった。
❷鶯歌石洞の中の神像。
❸鶯歌石の腹部には多くの穴があいており、まるで砲撃を受けたかのように見える。穴の「弾道痕跡」から見るに、砲撃は東南方向からされたのだろう。

奇景 六

# 菁桐（せいとう）古道の魔神仔（モシナ）洞

## 探査ノート

魔神仔はよく知られた台湾妖怪で、民間で長いこと言い伝えられている。人間が山林に入り込めば容易に魔神仔にもてあそばれ、方向を見失い、はては見知らぬ場所へ連れて行かれてしまう。行方不明者が見つかったときには、口の中に牛糞、泥、バッタといった汚物を詰め込まれているかもしれない。魔神仔に遭遇した人は、その形象について様々なことを言う。小猿に似ているという人もいれば、青緑の身体だという人もおり、赤い服を着て赤い帽子を被っているともされるようだ。共通しているのは、魔神仔は身体が小さいということだ。

魔神仔は民間の怪談だが、登山客が道に迷い行方不明になった事件を報道するニュースで、しばしば魔神仔が言及されるため、その名はますます知られることになった。さらにネットなどが火に油を注いだため、魔神仔は、いま台湾人がひろく熟知する山の精怪となっている。

魔神仔についての学術研究としてまず挙げられるのは、林美容・李家愷共著の『魔神仔的人類学想像』（二〇一四）だ。この本は李家愷の修士論文『台湾魔神仔伝説的考察』（二〇一〇）を前身としている。この二冊の論考は長年のフィールドワークをもとにしているが、古文献も整理して魔神仔伝説の手がかりを追っている。李家愷の調査によると、台湾で最も古くは一八九九年の『台湾日日新報』に魔神仔が災いをなした事件の記述があるという。

台湾の魔神仔の姿はどのようなものなのだろうか。もともとはどんなものだったのだろうか。魔神仔の物語は一貫して諸説紛々で、真相を明らかにすることが難しい。しかし林美容と李家愷は魔神仔の怪談をときほぐし、虚幻の魔神仔に学術的な「実体」を与えた。彼らの調査は台湾妖怪研究の重要なモデルを打ち立てたのだ。

魔神仔は神出鬼没で、会いたいときに会えるものではないが、実のところ「魔神仔」の名を冠した地名は多い。『魔神仔的人類学想像』の調査によれば、台北、新北、台南にはみな魔神仔に関係する地名がある。なかでも、平渓菁桐古道の魔神仔洞は最もよく知られている。

私はながらく菁桐古道の魔神仔洞にあこがれていたが、ずっと訪れることがなかった。魔神仔洞は山奥にあって簡単にたどり着くことはできないだろうと思っていたからだ。実際に歩いてみると、魔神仔洞の登山ルートは思ったほど困難ではなかった。

魔神仔洞に通ずるルートには案内板があり、山道には石階段や橋がつけられ歩けるようになっていた。菁桐駅を出発して菁桐坑登山口を過ぎ、およそ二十分から三十分の道を歩けば、目的地に無事到着することができる。とはいえ、古道は辺鄙なところにあって蛇や虫が出るおそれがあり、泥で滑りやすいため、登山装備を備えたほうが安全だろう。

実のところ、菁桐古道の魔神仔洞は遠くないところに二つある。途中の分かれ道のどちらを行ってもあるのだ（菁桐坑登山口から登っていったところにある分かれ道）。

一つの入口には、一本の木柱が設置され、「魔神仔洞」の四文字が大書されている。もう一つの魔神仔洞の入口にはなにも説明するものがなく、分かれ道の木製案内板に魔神仔洞の方向が表示されているだけだ。しかし、おかしなことに、魔神仔洞の入口を教える木製案内板には「三坑山（サンコンシャン）」とあるだけで、魔神仔洞とは書かれていない。二つの洞窟にはそれぞれ木柱と木製案内板の表示があるので、私はこの二つはともに魔神仔洞と呼んでよいと思う。

李家愷の調査によれば、魔神仔洞の名の由来には、二つの可能性がある。一つは、むかし古道を行く人がここで夜を明かしたとき、実際には洞穴で安眠していただけにもかかわらず、山のふもとでは冗談で彼は魔神仔に連れて行かれたのだと話したため、魔神仔洞と呼ばれるようになったということ。二つ目は、ここではしばしば霧が朦朧（もうろう）と立ち込め、魔神仔が出没しやすい状況なので魔神仔洞と呼ばれるようになったということだ。

魔神仔洞は天然に形成されたものなのだろうか。実際に二つの洞窟を見てみると、人の手が入った痕跡が非常にはっきりしていて、明らかに人造の洞窟だった。平渓はかつて鉱業が盛んだったので、魔神仔洞はその遺跡であり、トロッコが通る軽便鉄道の路線だったのかもしれないという説がある。しかし、洞窟はどちらも小さく、トロッコが通れるかどうか、私にはわからなかった。もしかして魔神仔洞は、たんに人が山越えするための通路だったにすぎないのだろうか。ただしこの説にもまた、さらなる証拠となるものはない。

魔神仔洞の真相は依然として霧の中に隠されている。

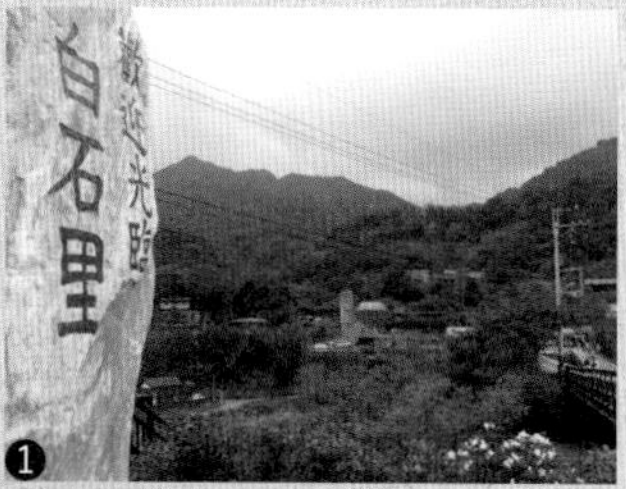

❶

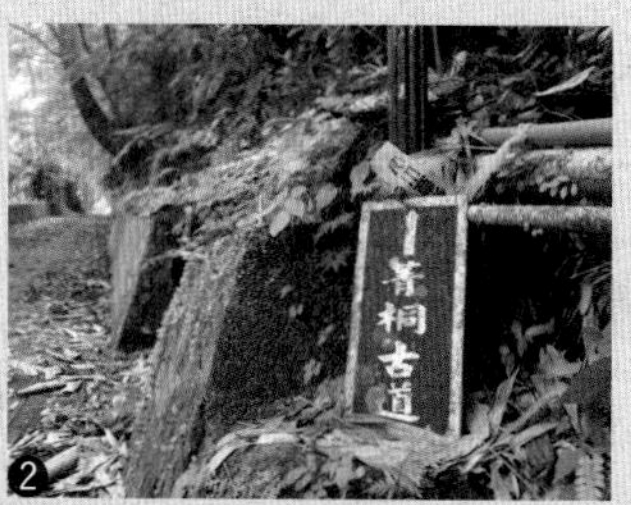

❷

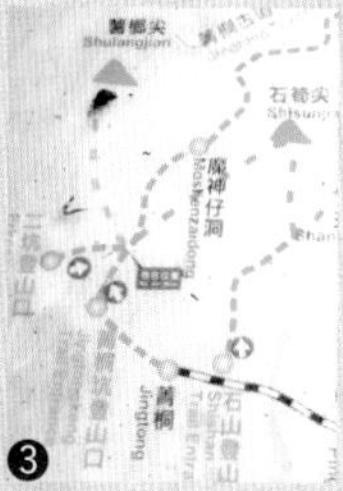

❸

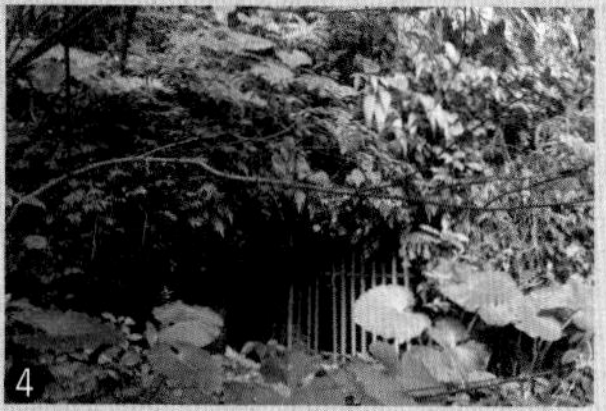
4

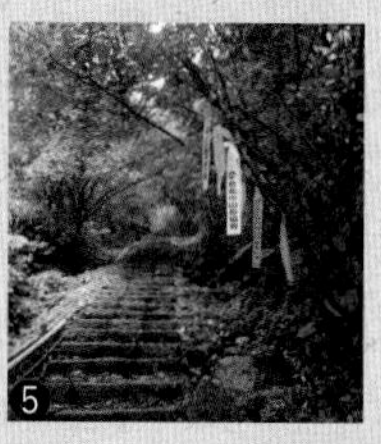
5

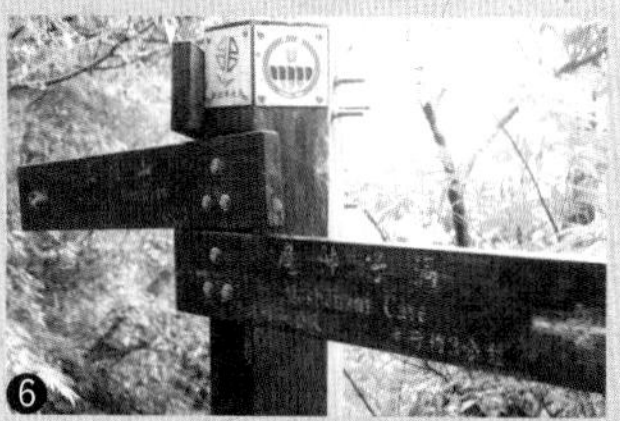
❻

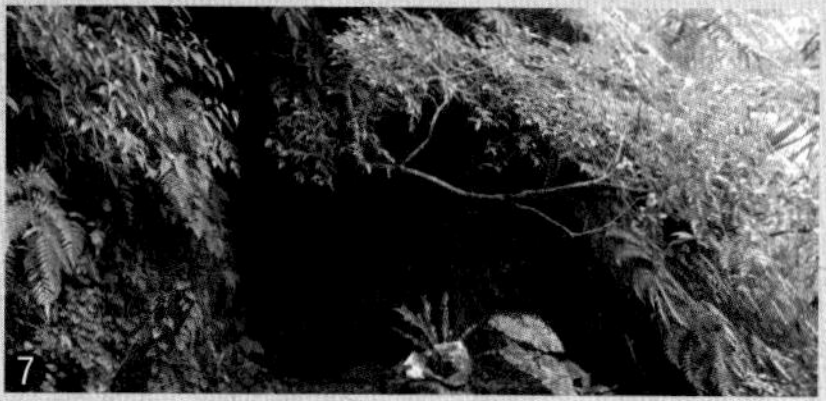
7

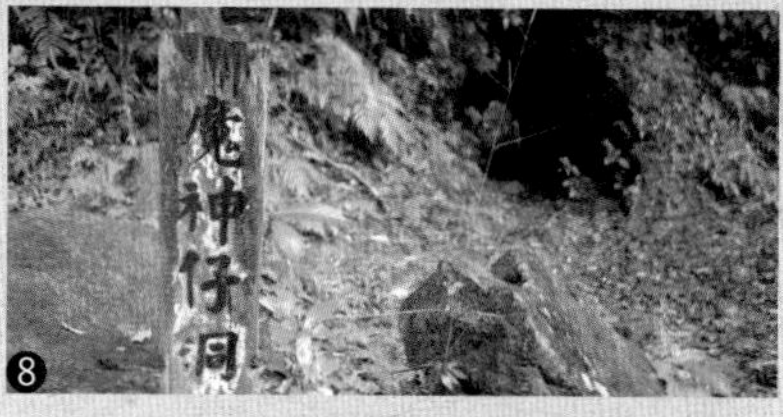

❽

❾

❶白石里から菁桐を遠望する。橋の下は基隆河が流れ、対岸のカーテンウォールと鉄筋で作られた建築は天燈派出所である。派出所の裏手の山を越えれば魔神仔洞に着く。

❷菁桐古道の案内板。

❸道ぞいには石筍尖登山歩道の地図があり、魔神仔洞が標示されている。

❹山道の近くには時折廃坑がある。鉱業の遺跡であろう。

❺登山道には幕がさがっている。

❻分かれ道の木製案内板。一方には「三坑山」、一方には「魔神仔洞」とあり、どちら側にも魔神仔洞がある。

❼木製案内板が案内する魔神仔洞。奥深く底が見えない。

❽三坑山の方向に行くと、「魔神仔洞」と書かれた木柱のある洞窟に着く。

❾木柱の後ろの魔神仔洞。向こう側がすぐ見える。

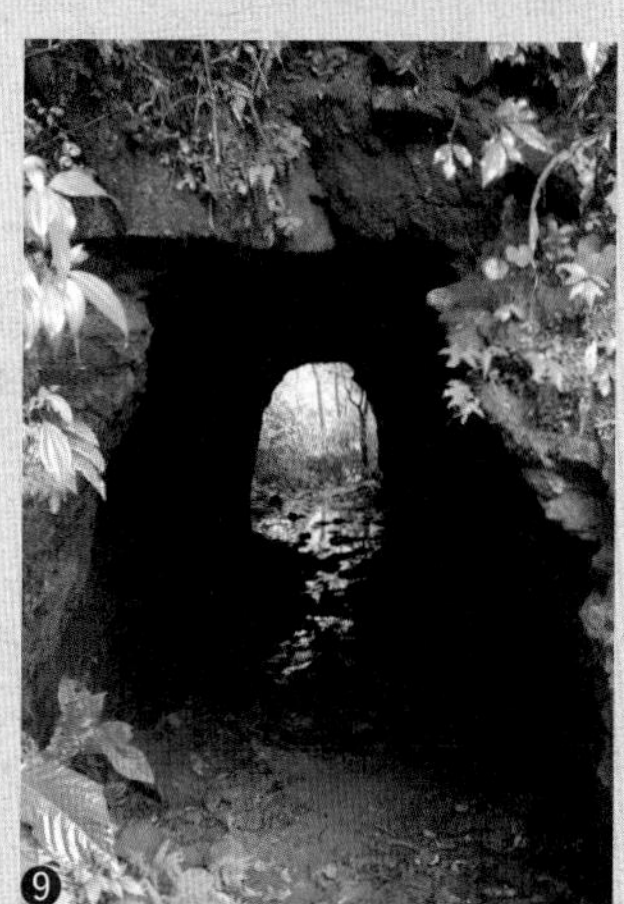

## 出没情報

**魔神仔洞**：菁桐古道にある。菁桐駅を出発して菁桐坑登山口から山を登り、分かれ道まで来ると新北市政府が設置した木製案内板がある。三坑山の方向に行けば「魔神仔洞」の木柱のある洞窟に着く。魔神仔洞の方向に行けばもう一つの魔神仔洞に着く。

奇景 七

# 基隆七号室猟奇殺人事件

日治時期の基隆港の様子。写真は『台湾紹介：最新写真集』より。

探査ノート

日治時期、基隆で妻を殺害する恐ろしい猟奇事件が発生し、民間伝説によって脚色された。俗に七号室猟奇殺人事件という。

事件は一九三四年に起きた。台湾総督府交通局書記吉村恒次郎が、妻の宮氏を殺害したうえにその遺体をバラバラにして石油缶に入れ、基隆港から小船で海に乗り出し、外海に遺棄したというものだ。吉村恒次郎は、基隆高砂公園内の飲食店「緑庵」の厨房雇・屋良静と密通したうえ一女をもうけたため、宮氏は屋良静を非常に怨んだ。のちに女児は事故によって死亡したので、屋良静は宮氏を疑い、復讐のため妻を殺害するよう吉村をそそのかした。

両人の犯行を知る人は誰もいまいと思われたが、凶行のおこなわれた夜、吉村恒次郎の住居近くを偶然通りかかった人が、女性の叫び声を聞いた。彼らはまた夫婦喧嘩かと思い、気に留めなかったが、のちに吉村の妻の消息が聞かれなくなったので、事態が深刻だと気づき驚いた。警察は吉村恒次郎と屋良静を逮捕し、白燈塔付近の海底から遺体を隠した石油缶を引き揚げた。結局、吉村には死刑、屋良静には懲役十五年の判決が下された。

この猟奇事件に社会は騒然とし、新聞は捜査の経過を詳細に報道したので、人々は裁判の傍聴券を争って求めた。吉村による妻のバラバラ殺人事件は、語り継がれるにしたがって怨霊と心霊の尾鰭がつけられ、創作者たちはそこからインスピレーションを得て映画、歌仔戯、テレビドラマの題材とした。「ホラー映画の王」と呼ばれる姚鳳磐（ようほうばん）もまたここから発想を得た映画『残燈、幽霊、三更天』を撮った。実のところ、これらの作品はもとの事件とやや異なる。とくに犯人が遺体を遺棄する前に立ち寄った旅館の部屋を「七号室」と呼ぶ点だ。ニュース報道の資料では、「七号室」という場所はなく、これは民間での伝聞によってつけ加えられた尾鰭であると推測する学者がいる。

「七号室」の名称の由来は考証が難しい。もしかしたら吉村恒次郎の家の住所が基隆天神町九七番地だったためかもしれない。七号室の場所を探しても、おそらく徒労に終わるだろう。なぜなら架空の場所である可能性が高いからだ。今いくつかのネットメディアは、忠三路のある

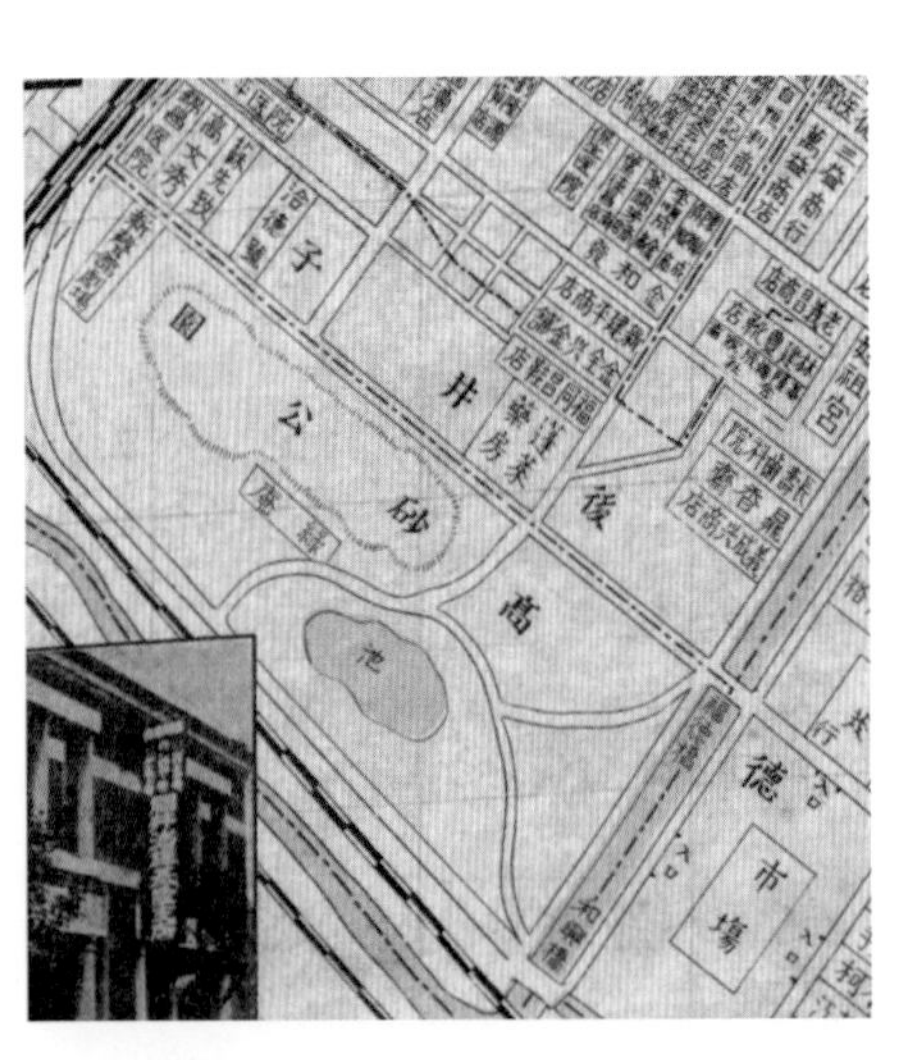


日治時期の高砂公園地図。飲食店「緑庵」が公園中央にあるのが見える。『基隆市民間文学采集（二）』(2001）によると、住民は高砂公園に「蟾蜍（蟇蛙）穴」という石洞があると言い伝えている。石洞は蟾蜍精であり、蚊を食べるので、基隆には蚊がいなかった。しかしのちに蟾蜍穴の底の岩が崩れて蟾蜍の口が閉まらなくなって蚊が逃げてしまい、その後の基隆には蚊が出るようになった。

❶基隆港のいま。
❷吉村恒次郎はまずタオルで宮氏を窒息死させてから死体を帆布に包み、人力車を雇って屋良静の家まで運んだ。吉村の居住地は、実際は地勢のやや高い山の斜面にあり、道は狭く、宮氏を人に見られないよう運ぶのはかなりの労力を要したはずだ。
❸吉村恒次郎の家があった天神町 97 番地。当時と現在の戸籍住所を比較したのち、私は旧住所に探査に行ってみた。写真左の、密林に覆われた道路はかつての吉村の家の場所であろうか。

場所こそが七号室だったなどと微に入り細に入り説明しているが、これは誤りである。古地図と対照させれば、その場所は日治時期、高砂町高砂公園にあたり、吉村の住んでいた天神町であるはずがないことがわかる。こうした間違いは、関連作品がもたらした誤解なのか、あるいは共犯者の屋良静が高砂公園の飲食店で働いていたことと混同したのだろうか。

実のところ、基隆で起こった猟奇殺人事件は吉村恒次郎によるもののみでない。基隆市文化局出版の『基隆市民間文学采集（三）』（二〇〇五）では、「牛奶寮（ニィウナイリィアオ）の苦力（クーリー）が人肉を豚の餌とした猟奇事件」という俚諺、つまり、実際に起きた事件が記されている。かつて牛奶寮に住む港湾労働者（苦力）が見知らぬ男がベッドに寝ているのを見て、妻が浮気をしていると思い込んでその男を殺した。妻は厨房で冷静にその死体をバラバラにし、サツマイモの葉と残飯の中に混ぜて豚に食べさせた。港湾労働者は臨終の前になってやっとこのことを話したという。

**出没情報**

**基隆港**：基隆駅の近く。

奇景 八

# 石爺(せきや)が孝行息子を救う

妖怪伝説

清国時期、中壢(ちゅうれき)で盗賊がよく出没した。賊のアジト近くの興南庄(こうなんしょう)には、張仁潔(ちょうじんけつ)という名の善良な物売りが住んでいて、妻と子がいた。一人息子の名は張信乾(しんかん)といい、父母に対し非常に孝行だった。張信乾が十二歳の年に、盗賊が張家を襲った。張信乾は父親の身代わりに死ぬことを望んだが、盗賊はそれでも父を一刀のもとに斬り殺してしまった。その後、張信乾は母親と寄り添いあって暮らした。毎日川辺に行ってシジミを拾い、街に持って行って売り、家計の足しにした。

父親が世を去ってから四年後、興南庄を日照りが見舞ったので、村人が神に雨乞いをしたところ、恵みの雨が降ってきた。張信乾は川辺にシジミを拾いに行くつもりだったが、土砂降りとなってきたので、母親は彼を行かせようとしなかった。そこで間を取って川辺で魚を釣ることにし、母親も同行した。

ところが、糸を垂れていると、張信乾は思いもかけず増水した川に落ちてしまった。その時、たまたま通りかかった一人の青年が、とっさに水に飛び込んで助けてくれた。奇妙なことに、水中から突然岩が浮かび上がってきて、張信乾はそれにしがみつき、流されずに済んだのだった。青年は張信乾を救った後、この岩は君の父親の霊がのりうつったのだと笑いながら言った。張信乾はその言葉を深く信じ、青年に感謝しただけでなく、岩を「石爺」と尊称した。七月七日のことだった。張信乾は毎年その日になると、生贄を供えて石爺を祭った。石爺は霊験あらたかだったので、村人はこれを川の中から岸辺の廟に運び出し、風調雨順[1]を祈って郷里の守護に感謝した。

## 探査ノート

台湾の民間では、天地には霊があり自然界に無形有形の様々な神がいると信じられている。台湾で最も普遍的な自然崇拝は石頭公信仰だ。桃園（とうえん）の中壢には「石霊公（せきれいこう）」を祭った小廟があり、現地の人は「石爺」と尊称する。

中壢は旧名を澗仔壢（かんさいれき）といい、およそ乾隆年間に淡水（ダンシュイ）と竹塹（デュチィエン）を往来する中継地点として発展を始めた。老街渓（ラオジェシー）という川がこの地を流れており、百〜二百年前、孝行息子の張信乾が溺死し

日治時期に出版された『台湾地方伝説集』。鳥羽博が「石爺」の章に挿絵を描いている。図中で、張信乾が岩にしがみついて水中を浮いたり沈んだりし、母親は岸辺で通りすがりの青年に助けを求めている。

❶石霊公の拝亭。
❷石爺を近くで見ると、形状はやや四角で、表面は滑らか、色は黄褐色で一部分は壁に嵌め込まれている。
❸石爺を祭る神位。壁には「石霊公の香位」とある。
❹新明橋に立って眺望する老街渓。遠くで緑樹に覆われている東屋が石霊公の拝亭。

そうになったところ、幸いにも水中から岩が浮き上がってきたので、それにしがみついて助けを待つことができたという。張信乾は父親が岩にのりうつったのだと信じ、これを「石爺」と尊称した。

中壢の石爺の物語は、日治時期の『台湾地方伝説集』（一九四三）に記録があり、作者は川添新輔だ。客家語作家徐貴栄（じょきえい）の話によると、いま石霊公を祭っている拝亭は一九八〇年に改築が終わったという。石爺が人を救った七月七日は神の誕生日となっていて、住民は生贄を捧げて祝う。

私が石霊公を訪ねた日はちょうど雨で、老街渓（ろうがいけい）を渡る新名橋を通ったとき、橋の下は増水で沸きかえり、うっかり足を踏み外せば確かに溺死の恐れがあった。石霊公の拝亭の傍らには、石門農田水利会が作った水位を知らせる警告標識もあった。拝亭は大きくなく、四本の柱と石霊公の香位を安置した廟壁があるだけだった。後方には数本のガジュマルが生え、緑陰は広大で拝亭全体を覆うほどだった。石爺そのものは黄褐色の岩石で、一部分は壁に嵌め込まれていた。

石頭公の信仰は、人々の天地を畏敬する心を反映しており、中壢石爺の物語は、孝行はかならず良い報いをもたらすという人々の考えを表しているのだ。

### 出没情報

**石霊公拝亭**：桃園中壢美豊街傍の老街渓岸辺にあり、近くには美豊福徳祠と水圳生態池がある。

1　あらゆることがうまくゆく、という意味。

# 風水大戦　雌鶏とムカデの戦い

## 探査ノート

ムカデ（蜈蚣）は五毒の一つとして民間で畏れ敬われている。風水の観点から言うと、「蜈蚣穴」の地理環境（ムカデが栄える、あるいは地勢がムカデに似ている、または蜈蚣精が住む）を形成する土地があり、またそこは「宝穴」となりやすい。例えば、新店五路財神廟はもともとただの痩せた土地だったが、地理師[1]がこれを蜈蚣穴、さらには風水に恵まれた土地と認定し、そこに廟を建てるよう勧めたので、現在のような財神廟となった。あるいは、彰化の八卦山は、現地の人によって山の様子が土から出てきたムカデのようだと考えられた。また鹿港はムカデが珠を吐き出す場所であり、ムカデの珠の加持によって賑わうようになった。

ムカデは毒を持っていて、ほぼ致命的なものでないとはいえ人々から恐れられており、蜈蚣穴のなかには危害を及ぼすものもある。新竹には蜈蚣精が災いをなすという場所が三カ所あり、そ

1　地理の吉凶を判定する専門の術士。

のれぞれの住民は鶏母彫像（ジームーディアオシィアン）（雌鶏像）によってムカデの邪気に抵抗している。

**①新竹市東区の埔頂里（ほちょうり）**

この地は蜈蚣穴と伝えられ、もともとは風水の絶好地だったが、埔頂の丘陵地形を貫く高速道路の建設のため、蜈蚣精は尾が切断されてしまい、みだりに人に危害を加えるようになった。地理師の指図により、住民は高速道路の近くに一体の雌鶏像を建てた。像が建てられたのは一九七五年で、のちに破壊されてしまったが、住民は二〇〇六年にこの像を再建した。

**②新竹市東区の水源里（すいげんり）**

昔、この土地には隆恩圳（りゅうおんしん）を横切る木造の橋が架かっていた。形がムカデに似ていたため、人に危害を加える蜈蚣精であると言われていた。当時、近くの道路では交通事故が発生し、村人はよく病気にかかった。さらには隆恩圳が雨で氾濫するのも、すべて蜈蚣精が引き起こす災いだった。そこで住民は橋のたもとに一体の雌鶏像を安置し、蜈蚣精を鎮めた。いま、この橋はすでに水源橋へと改築されたため、ムカデの形には見えなくなっている。もとあった雌鶏像もこのため失われたが、一九八八年に一体の雌鶏像が再び作られた。

**③新竹市東区の千甲路（せんこうろ）**

千甲はかつて客家（ハッカ）[2]の村であり、以前の地名を九甲埔（きゅうこうほ）といった。この土地は、ムカデが修練をして精となり、周辺に危害を加えるようになった蜈蚣穴だと言われる。そこでかつて客家人はみ

2　客家とは、中国大陸にルーツをもつエスニックグループで、独自の客家語をもつ。台湾では西部の山沿の地域に多く居住する。

❶埔頂の金鶏母。傍らには７羽の雛がおり、台座には「金鶏母破壊蜈蚣穴、埔頂興旺慶保安康」と題されている。
❷水源橋傍の石の雌鶏。傍には３羽の雛がいる。
❸現在の水源新橋。ムカデのような形はすでにない。

な雌鶏を飼って家を守った。今では千甲駅の構内にも、一体の雌鶏のオブジェがある。

出没情報

**埔頂金鶏母**：新竹市東区埔頂里埔頂路、バス停「埔頂庄」付近にある。
**水源橋石鶏母**：新竹市東区水源里水源橋の北端、道端の煉瓦塀わきにある。
**千甲車駅**：新竹市東区水源里三鄰千甲路一四二号。

奇景 十

# 鯉魚精（りぎょせい）の毒殺

妖怪伝説

苗栗（ミャオリー）の山間部に湖があり、一匹の巨大な鯉魚精が住んでいた。この鯉魚精はいつも近くの村落の人々を困らせ、村人の苦しみは言いようもないほどだった。

ある日、一人の村人が夢の中で神の指示を受け、悪さをするこの精怪を制する方法を手に入れた。神が授けた方法は巧妙だった。周囲の丘陵地に魚藤（ぎょとう）という植物を植えたのち、近くの関刀山の山神から関刀を借りてきて魚藤を斬ってしまいさえすれば、魚藤の毒が湖に流れ込み、鯉魚精は死ぬのだった。

果たして、その通りにすると鯉魚精は死に、人々は安寧を取り戻したのだった。

苗栗の三義郷(サンイー)には「鯉魚精の毒殺」の物語が伝わっており、鯉魚潭(りぎょたん)、魚藤坪(ぎょうとうへい)、関刀山(かんとうざん)という三つの場所がそれにかかわっている。

鯉魚潭は、高いところから見下ろすと一匹の強壮な鯉に似ているところから、この名がついたのだという。湖には多くの生き物が住んで鯉が繁栄し、特にそのうちの一匹が修練して精となった鯉魚精だともいう。この鯉魚精は常々現地の人々を困らせたので、村民は関刀山の関刀を使って魚藤を切断し、その毒を湖に流して悪さをする鯉魚精を殺した。

しかし、もう一つ別の話がある。もともと魚藤坪には多くの魚藤が生えていた。その後、村民は鯉魚精を退治するため、東側が青龍偃月刀の峰に似た高山を「関刀山」と改称し、[1]魚藤を斬れるようにした。

この伝説の起源についてはもはや知るすべがない。かつて漢者がこの地を開墾し原住民の山林を侵犯したため、双方に死傷者が出たという。現地には帰安橋という橋があるが、それは漢人が橋の南側まで来たとき原住民に追撃されなかったので、この名がついたのだった。或いは、鯉魚精を毒殺した物語の真相は、この「現漢衝突」にあったのだろうか。

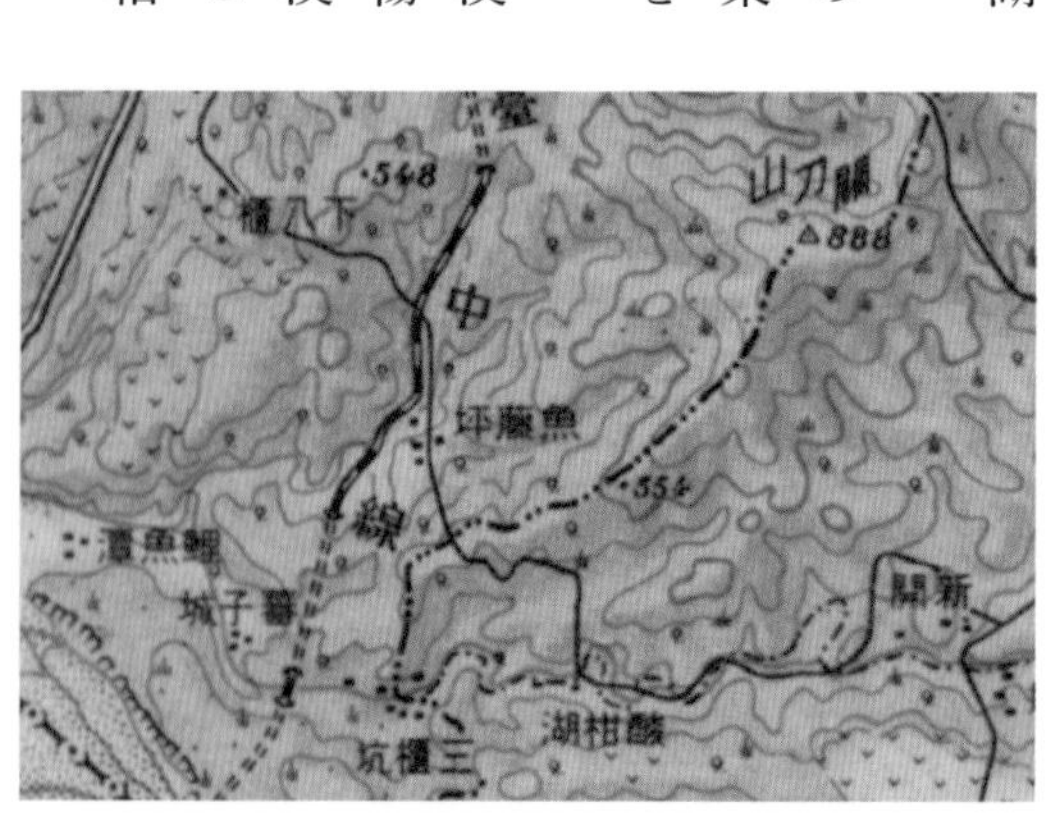


古地図「二十万分の一帝国図（台湾部分）」（1932）によれば、関刀山、魚藤坪、鯉魚潭の地名が一直線に連なっている。古名鯉魚潭の地区は、いまの鯉魚潭拱橋の周囲に位置する。景山渓の「新開」から「酸柑湖」にかけての区間が、鯉魚潭ダムの貯水範囲となった。

伝説の起源は追跡が困難だが、魚藤を利用して精怪を毒殺するという方法は、かつての捕魚文化と符合する。台湾魚藤は有毒植物で、中部の低海抜山地や川べりに分布し、かつて漢人あるいは原住民はこれを使って魚を捕った。魚藤の根を潰すと出てくる白い汁にはケトンが含まれ、川に流せば、魚類の行動を緩慢にさせてしばらく気絶させられるので、漁に便利なのだ。

魚藤を植えたところは「魚藤坪」と名付けられ、その後「龍騰（りゅうとう）」と改名された。現在有名な観光スポットとなっている龍騰断橋はこの地に位置する。

鯉魚潭の場所について、三義郷には鯉魚潭ダムがあるので、鯉魚精はここに住んでいたのだと誤解するかもしれない。鯉魚潭ダムは一九八五年に建設されたもので、大安渓（たいあんけい）支流景山渓（けいざんけい）の下流域にすぎず、鯉魚潭の実際の場所ではない。古地図を参照すると鯉魚潭の古地名を見つけられる。今の鯉魚潭ダム西側の地区のようだ。ただし、湖の正確な場所は、古地図と今日の地図を比較しても明確に見つけ出すことができない。継続調査を待つことにする。

苗栗鯉魚潭のほかにも、鯉魚潭の名のつく場所は台湾各地にある。南投埔里鎮（なんとうほりちん）の鯉魚潭、花蓮（かれん）寿豊郷（じゅほうきょう）の鯉魚潭にも、みな神異伝説がある。特にネットで広まっているのは、数百年前、国姓爺が北部で鯉魚精を斬殺すると屍が四方に飛び散り、落ちたところに鯉魚潭ができたという話だ。

## 出没情報

**龍騰断橋**：苗栗県三義龍騰村郷道苗四十九線。

**関刀山歩道**：苗栗三義郷、大湖郷の境。

1　青龍偃月刀は、『三国演義』の関羽が愛用する武器であるため関刀とも称する。

❶三義郷鯉魚潭村の入口の彫像。
❷龍騰断橋のある地は、むかし「魚藤坪」といった。
❸鯉魚潭ダム。
❹関刀山登山口。
❺南投の鯉魚潭には鯉魚穴があると言い伝えられる。
❻台中東勢鎮埤頭里圳寮巷は、石岡ダム付近の山丘にあり、台湾魚藤がクスノキの老木にまとわりつく老樹共生の奇景が見られる。政府の掲示によると、魚藤は樹齢が300余年で、樹高は20メートルある。

奇景 十一

# 鄭崇和の墓の伝説

探査ノート

胡万川編集の『苗栗県閩南語故事集（三）』（二〇〇二）の中に、「鄭崇和墓的伝説」という一篇がある。文中で後龍の客家人曽惟宏は、鄭崇和の墓地で発生した怪異伝説について語っている。

はるか昔、墓地の近くに葉姓の地主が住んでいて、しばしば菜園に植えた豚のエサにする野菜が見知らぬ動物に踏み荒らされ、盗み食いされるのに気付いた。夜、地主が付近に隠れて見張っていると、鄭崇和の墓から黒い影が走り出てきた。石馬と石豚が忍び込んでものを食べているのだった。しかも、石獣だけに魂がこもっているのでなく、墓地の中の石人までもが悪さをするのだった。村の女は眠っているとき、しばしば黒い影に体を押さえつけられるのを感じたので、こっそりと赤い糸を黒い影に巻き付けた。黒い影が立ち去ってから追跡すると、赤い糸はなんと墓地の石像に引っかかっていたのだった。そこで村人は鉄釘で石像の頭上に一つの穴を開け、再び歩き回らないようにした。それでも村人は石獣や石人を恐れ、問題を解決するよう鄭家と相談した。墓地の前方に二本の筆を立てると、石獣と石人は二度と動かなくなった。

鄭崇和は乾隆年間生まれの金門[1]籍で、十九歳で父に従って来台し開墾を始めた。まず後壠（今の後龍）に住み、後に竹塹に移り住んだ。鄭崇和は公益のために尽くし、しばしば地方を救済した。海賊の蔡牽（さいけん）[2]が淡水庁を荒らしたとき、義勇兵を募って郷里を守った。当時、鄭家は経営に長じ現地でも豊かな一族となった。

鄭崇和は農業と学問で家を興し、教師として数えきれない才能を育てた。とくに鄭崇和の次男鄭用錫（ようし）は北京で科挙を受験し、進士[3]に及第した。清国時期に台湾籍の受験生として初めて合格した進士であり、「開台進士」と称された。鄭崇和は世を去ると、後壠の竹圍仔山に葬られ、郷賢祠に祭られた。

鄭崇和の墓地は鄭用錫によって道光七年（一八二七）に築かれた。現在の後龍の龍坑里十班坑段に位置し、おおよそ縦貫公路と旧後汶公路（至公路）の交差点の東北側にある。

鄭崇和の墓は台湾にまれな清代官墓構造の古墓であるため、国定古蹟に指定されている。独特なのは、民間で鄭崇和の墓地に心霊現象が発生したと伝えられている点で、参道の両側にある石像生（石翁仲ともいい、虎、羊、馬、人の形の石像）が、伝説中の石獣、石人だ。民間伝説で石馬と石豚は野菜を食い荒らすが、墓の中には確かに一対の石馬があるものの石豚は存在しない。実際にこの墓を訪れると、一対のうずくまった石虎がいて、頭部はいくらか猪に似ていた。もしかすると、造形がはっきりしないため民間伝説でこれが石豚となったのかもしれない。

石獣は、野菜を食い荒らしたせいで人間に脚を折られ、あちこち走り回れないようにされたと

1　中国大陸のアモイに近い島。現在は中華民国政府が実効支配している。
2　清代に活動した海賊。
3　中国王朝の官吏登用試験である科挙で、最高級の合格者。

❶鄭崇和墓左側の石虎
❷鄭崇和墓右側の石馬
❸鄭崇和墓右側の石虎
❹鄭崇和墓左側の石筆
❺鄭崇和墓右側の石筆

いう。しかし脚を折られた石獣がどれなのか、はっきり見分けることはできない。鄭崇和の墓は一九九六年に修築されたからだ。私は石馬、石虎を丹念に調べたが、墓道の右側の石虎の前脚に加工されたと思しき痕跡があっただけで、確証はもてなかった。

物語の中の「二本の筆」は、墓地前方にある石筆だ。石筆は伝統建築の望柱（石柱）から発達したもので、通常は墳墓の墓道両側に対になるように設置される。石筆は魔除けとなるほか、墳墓の主人の功績を表彰する。また筆先が上を向く毛筆には、子孫が詩文に優れるようにという期待が込められている。

鄭崇和の墓の二本の石筆のうち、左には「恩受栄封更亨枌楡俎豆」、右には「慶余積善已看蘭桂科名」「雲南塩法道姻再姪王朝綱頓首拝題」と刻まれている。伝説では、石筆の建立は石獣、石人が墓園から歩き出さないようにするためだったが、石筆にある文字は墓地の主人の功績を記すだけで、ほかの目的は見受けられない。文献を探しても、石筆が墓地の造営の後で建てられたのかどうかはわからなかった。「王朝綱」についていえば、この人物は竹塹の鄭家と姻戚関係にあったようだ。当時、嘉義の有名人王得禄に王朝綱という一子がいたが、これは同一人物なのだろうか。石筆の謎は後日引き続きの調査が待たれる。

出没情報

**鄭崇和墓**：苗栗県後龍鎮龍坑里十班坑段、おおよそ縦貫公路と旧後汶公路（至公路）の交差点の東北側にある。

奇景 十二

# 古書の中の妖怪絵画

台湾妖怪文化の研究を始めてからというもの、私は台湾妖怪絵画作品に強い好奇心を抱くようになった。

近年、最も有名な妖怪画家として、角斯（かくし）に勝るものはいない。角斯は本名を曽鼎元（そうていげん）といい、『台湾妖怪地誌』（二〇一四）によって現代台湾妖怪絵画の先駆者となり、『巨人怪説』（二〇一五）、『怪生島』（二〇一七）などの作品を続々出版した。そのほかに、金芸萱（きんげいかん）、葉長青（ようちょうせい）、ＳＦＦが『唯妖論』（二〇一六）で挿絵を担当し、張季雅は『妖怪台湾』（二〇一七）で妖怪を描いた。これらはみな奇異で幻想的な、面白い作品だ。

もちろん、漫画界にも多くの創作がある。例えばＮｏｆｉの『無常鬼』（二〇一七）、阿慢（あまん）の『百鬼夜行：妖怪巷』（二〇一七）、柚子（ゆし）の『虎爺起駕：紅衣少女孩前伝』（二〇一八）がある。

近年の台湾妖怪絵画は盛んに発展している。しかし台湾妖怪の絵画は、最も古くはどんな作品にまで遡れるのだろうか。この疑問に私はずっと悩まされてきた。

1　鯤島は台湾の別称。鯤（こん）は、『荘子』にその名が記された、古代中国の伝説の大魚。

長年捜索したものの、清国時期の台湾の古書や古画の中からは関係する作品が見つからず、日治時期に出版された書籍の中でやっと妖鬼絵画と出会うことができた。例えば、一九三六年、立花寿編纂の雑誌『版芸術』の最後の一巻は、台湾土俗玩具がテーマで、版画家の料治熊太が、「子鬼仔殼」（解説ページでは「山鬼仔殼」と書かれている）、「子鬼仔面」、「吐舌鬼」という三つの鬼怪玩具を絵に描いている。李志銘によると、閩南語の「子鬼仔殼」とは鬼の面のことだ。この三つの鬼面の玩具から、当時の人々が考えた鬼怪の特徴を知ることができる。子鬼仔殼と子鬼仔面は見たところ、捻じ曲げられ誇張されたただの人の顔だが、吐舌鬼は獰猛に舌を出し、間違いなく妖鬼らしい様子を呈している。解説文によると、吐舌鬼の中には竹串の仕掛けがあり、竹串を動かすと舌と眼球が動く。吐舌鬼の青ざめた顔と赤黒い舌は、鬼王大士爺を想い起こさせるが、両者の関連性は確かめることができない。『版芸術』の鬼面は、台湾の玩具と鬼怪文化が結びついた、最も古い特殊な産物だ。この他にも、日治時期に出版された多くの民間物語集にはつねに挿絵が配され、妖怪の様子が描き出されている。私は、この時期の書籍挿画は、台湾妖怪絵画の最も古い創作物かもしれないと考えている。

日治時期に出版された民間物語の書籍は多く、以下の簡易表を作ってその一部を羅列し、挿絵の有無を記した。

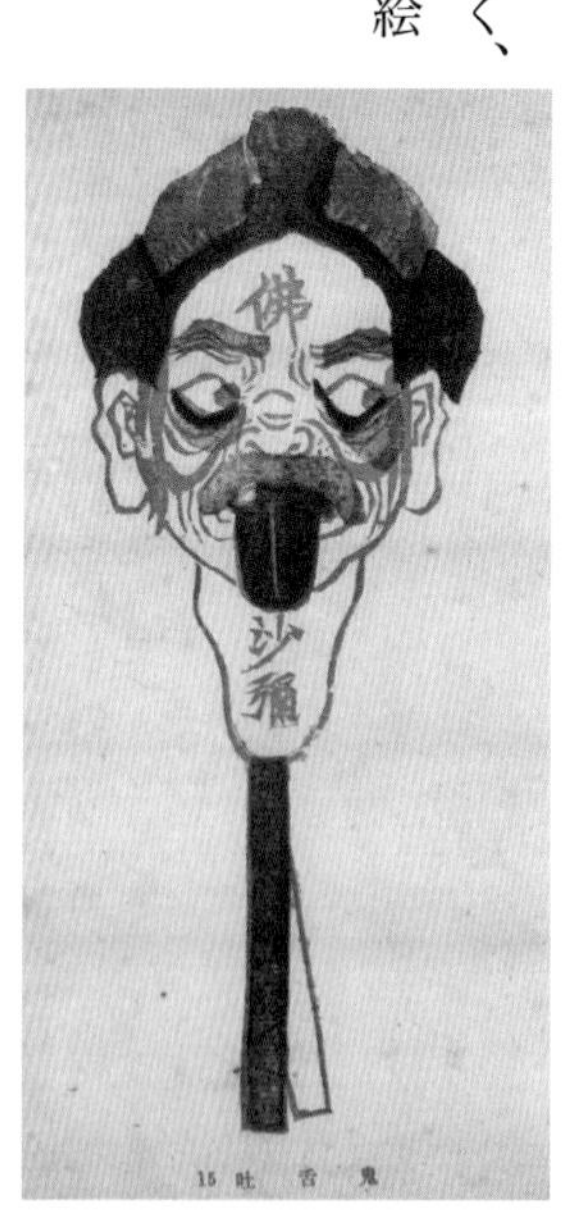


料治熊太の描く「吐舌鬼」の玩具造型。

## ◎日治時期の民間伝説著作簡表

| 書名 | 編著者 | 刊行年 | 挿絵 | 画家 |
|---|---|---|---|---|
| ❶『台湾昔噺』 | 宇井英 | 一九一五年 | 有 | 宮本万輔 |
| ❷『台湾の歌謡と名著物語』 | 平澤平七 | 一九一七年 | 無 | |
| ❸『神話台湾生蕃人物語』 | 入江暁風 | 一九二〇年 | 無 | |
| ❹『生蕃伝説集』 | 佐山融吉、大西吉寿 | 一九二三年 | 有 | 塩月桃甫 |
| ❺『蕃人童話伝説選集』 | 瀬野尾寧、鈴木質 | 一九三〇年 | 有 | 片瀬弘氏 |
| ❻『原語による台湾高砂族伝説集』 | 台北帝国大学言語学研究室 | 一九三五年 | 無 | |
| ❼『七爺八爺』 | 黄鳳姿 | 一九四〇年 | 有 | 立石鉄臣 |
| ❽『高砂族の話』 | 上田八郎 | 一九四一年 | 無 | |
| ❾『華麗島民話集』 | 西川満、池田敏雄 | 一九四二年 | 有 | 立石鉄臣 |
| ❿『台湾むかし話』第一集 | 竹内治 | 一九四二年 | 有 | 宮田晴光 |
| ⓫『台湾むかし話』第二集 | 稲田尹 | 一九四三年 | 有 | 鳥羽博 |
| ⓬『台湾むかし話』第三集 | 鶴田郁 | 一九四三年 | 有 | 宮田晴光 |
| ⓭『台湾面白いオトギばなし』 | 東亜出版社編集部 | 一九四三年 | 無 | |
| ⓮『台湾地方伝説集』シリーズ | 台湾芸術社編集部 | 一九四三年 | 有 | 鳥羽博 |
| ⓯『台湾の家庭生活』 | 池田敏雄 | 一九四四年 | 有 | 立石鉄臣 |

これらの古書の挿絵の中で、妖怪を主役としたものは少なく、たんに物語の中の一場面を描いたものもある。例えば、黄鳳姿『七爺八爺』に「蛇郎君」という一篇があるが、立石鉄臣の挿絵は小さな蛇が竹竿に巻きついている様子を描いているだけだ。また『華麗島民話集』の中の「虎姑婆」は、姉妹二人が雲に乗って空を飛び、虎姑婆の魔の手から逃れて七娘媽の一員になる様子を描くのみである。

資料は多くないが、私はこれらの古書を読んでいるとき、いくつかの特定の台湾妖怪のイメージが確実に描き出されていることに気づき驚喜した。それらの妖怪絵画は六冊の本に描かれていた。『台湾昔噺』、『生蕃伝説集』、『台湾むかし話』第一～二集、『台湾地方伝説集』、『台湾の家庭生活』である。

### ①『台湾昔噺』（一九一五）

この本は一九一五年に出版され、著者は宇井英で芝辻誠太郎発行、台湾日日新報印刷である。宇井英は国語学校[2]で教えているとき、学生から台湾の童話や伝説を集めるように頼まれた。彼はそれを児童の読み物に適するよう編集を加えた。

この本の中で、第十篇「虎姑婆（ここば）」は挿絵を二枚配している。一枚はタイトルページに、もう一枚は文章の中に配されている。タイトルページの挿絵は比較的小さく、四角い枠の中に虎姑婆[3]の虎の

宮本万輔が『台湾昔噺』に描く、虎姑婆の章の扉の図像。

頭が描かれている。文章中の挿絵は比較的大きい。描かれているのは、妹の阿玉が姑に何を食べているのかとずたねたところ、姑がキョン[4]の脚だと答える場面である。姑から渡されたものを見ると、阿玉はそれが姉の阿金の指であることに気づく。挿絵の中で、虎姑婆がベッドの上で阿金を食べようとしており、阿玉はそれを見て驚き恐れた表情を浮かべている。

『台湾昔噺』の挿絵画家は宮本万輔で、彼の描いた虎姑婆は、台湾で描かれた最も古い虎姑婆かもしれない。

### ②『生蕃伝説集』（一九二三）

この本は原住民伝説のフィールドワーク調査の成果である。簡潔な文体と厳密な分類による日治時期における原住民伝説の重要文献であり、塩月桃甫が挿絵を描いている。塩月桃甫は一九二一年に来台して美術教師を担当し、しばしば原住民を絵画の題材とした。

塩月桃甫が『生蕃伝説集』で描いた挿絵は、洗練された筆遣いと大胆な画風が人を惹きつける。本の中で、彼は日月潭の白鹿や女人島などの伝説を描いた。彼は「比翼鳥」という文章にも挿絵を描いている。

比翼鳥の物語は、ブヌン族の干卓万社（今は万豊部落と称する）から来ている。昔、テボランという名の男が犬を連れて山に入ったところ、犬がいなくなってしまったので、彼は樹に登って

宮本万輔の描く虎姑婆の挿絵。

2　日本による台湾領有後、日本語教育と教員養成のために設置された学校。

3　虎が修練を積み、人間の子供を食べることで、人間の老婆の姿に変身した精怪。

4　台湾の森林に住むシカ科の草食動物。

大声で叫んだ。男は叫び続けているうちに、なんと一羽の鳥に変わってしまった。彼の妻は夫が帰ってこないので非常に心配し、山の中に入って夫を呼び叫んでいると、彼女もまた鳥になってしまった。そのため、山の中で「オアオー」という鳥の鳴き声があれば、すぐに「ヘヤヘヤー」という鳴き声がそれに応えるようになった。これはテボラン夫婦の叫び声である。

比翼鳥は妖怪と呼ぶことができるだろうか。名前は絶対にブヌン族本来の呼び名ではないので、この話は疑わしいところがある。実のところ、作者が「比翼鳥」という名詞を使用したのは漢学の影響による。比翼鳥は最も古くは『山海経（せんがいきょう）』に記録がある。のちに比翼鳥の物語は日本に伝わり、日本人のよく知る不思議な生物となって妖怪の一種とみなされるようになった。

台湾原住民伝説の中でよく見られる「人が鳥になる」変身譚についていえば、これは妖怪伝説に属するといえるものなのだろうか。私は肯定もしないし否定もしない。台湾妖怪は学問として発展過程にあり、その定義はいまだ変化し、緩やかに形成しつつあるので、いかなる「断言」も危険な行為といえる。しかし塩月桃甫が「比翼鳥」のために描いた挿画は、頭は人、体は鳥であり、きわめて妖異的な特質をそなえている。そのため私はとりあえず、これを台湾妖怪の挿絵作品とみなすことにした。

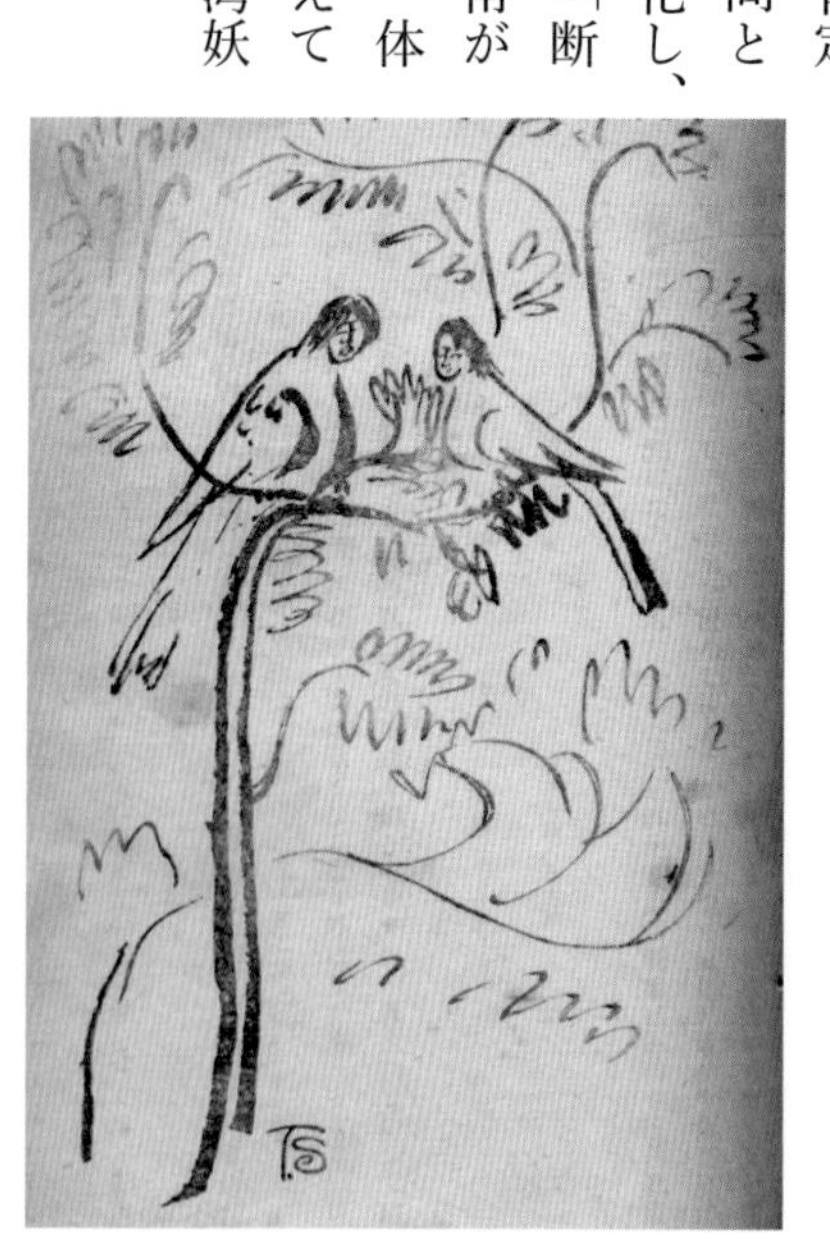

塩月桃甫が『生蕃伝説集』の「比翼鳥」の章に描いた挿絵。

## ③『台湾むかし話』シリーズ（一九四二〜一九四三）

『台湾むかし話』は全部で三集あり、台湾芸術社の発行である。この三冊の本は作者がみな異なる。第一集の作者は竹内治で、第二集は稲田尹、第三集は鶴田郁である。三冊の装丁と挿絵は、宮田晴光（第一集、第三集）、鳥羽博（第二集）の二人が担当している。

台湾芸術社が出版した書籍はつねに絵が配され、装丁はみな精緻にできている。『台湾むかし話』シリーズでは、四枚の絵が台湾妖怪を主役としている。宮田晴光の「虎姑婆」と、鳥羽博の「蛇郎君」「芝山巌の石馬」「猫山と鯉魚山」だ。

宮田晴光は本名を宮田弥太郎という。一九〇六年に東京で生まれ、翌年家族とともに海を渡って来台した。彼は日治時期の著名な画家であり、学生時代から西川満と交流が深く、のちにつねに西川の著作や雑誌のために挿絵を

宮田晴光（宮田弥太郎）が『台湾むかし話』第一集に描いた虎姑婆。

鳥羽博が『台湾むかし話』第二集に描いた蛇郎君。

描くようになった。宮田弥太郎の挿絵では、虎姑婆の物語の中の二つの場面が融合している。一つめの場面は虎姑婆が熟睡する姉の阿金を見つめており、二つめは妹の阿玉が木の上に登って煮えたぎるピーナッツ油を虎姑婆の上にかけている。虎姑婆は正体を現し狂ったようにのたうちまわって死ぬ。

鳥羽博は『台湾むかし話』第二集および『台湾地方伝説集』に挿絵を描いている。今のところ私が捜索した限りでは、鳥羽博はおそらく日治時期にも最も多くの台湾妖怪を描いた画家だ。

彼の作品「蛇郎君」は巨大な蛇精が花嫁衣裳を着た女を取り巻く様子を描いている。筆遣いかいは精緻にして優美であり、画風が人を感嘆させるだけでなく、台湾妖怪「蛇郎君」の最も古い創作である可能性がある。

ほかにも、鳥羽博による「芝山巌の石馬」の挿絵は、石馬の目がくりぬかれる様子を描く。「猫山と鯉魚山」の挿絵では、猫精が頭上の鯉魚精の様子をうかがっている。

**④『台湾地方伝説集』シリーズ（一九四三）**

この本は台湾芸術社編集部の製作で、黄啓木、本田基、大江山瀛濤、江肖梅、曹永和らの文章を収録し、装丁と挿画を鳥羽博が担当している。本書の中では、本田基の執筆した「虎形山」と「亀崙嶺」の挿画が描かれている。

「虎形山」は大直の虎形山に虎精が出没する様子を描く。ただ

鳥羽博が描く、虎形山の虎精。

この虎精は人を傷つけず、池の水を飲むだけで、人間を見れば消えてしまう上に、郷里を守り賊の侵入を防ぎさえする。鳥羽博の挿絵の中では、満月の夜に虎精が村の家を眺めている。護衛をつとめているところらしい。

「亀崙嶺」の物語は国姓爺・鄭成功にまつわるものだ。淡水河の下流には亀の形をした山があり、名を亀山、または亀崙嶺という。この山の山霊は一匹の大亀だ。国姓爺が軍を率いてここにやってきたとき山霊が丁度姿を現し、大地は動き山は揺れ、河水が上流に向かって逆流した。国姓爺はこの亀は怪物だと考えて発砲を命じ、この山霊を撃ち殺した。鳥羽博の挿絵は、兵士が対岸の亀に向けて発砲する様子を描いている。

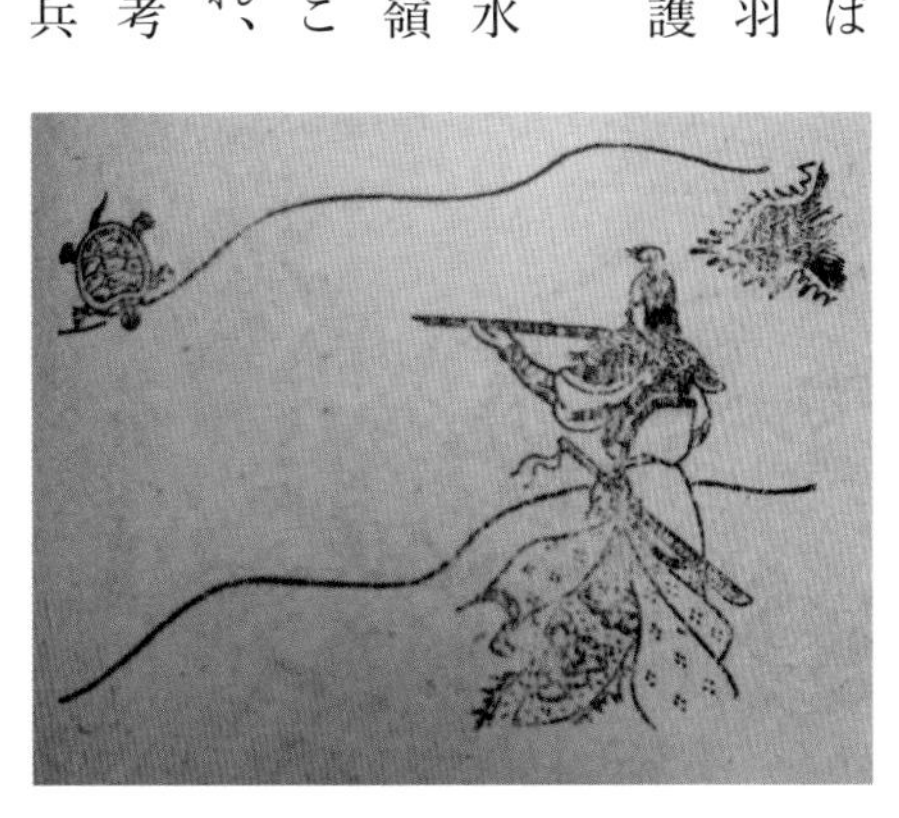
鳥羽博が描く、鄭成功軍が亀崙嶺の亀霊に発砲する様子。

### ⑤**『台湾の家庭生活』**（一九四四）

作者の池田敏雄は台湾民俗文化研究に造詣が深く、雑誌『民俗台湾』の編集長である。本書は池田敏雄の執筆した台湾民俗関係の文章を収録している。「家庭生活」「女性と民俗」「昔話覚書」「家の年中行事」「町の歴史」という計五つの章があり、立石鉄臣が装丁、挿画を担当している。「昔話覚書」の章で池田敏雄は、「虎姑婆」「猿になった娘」「昔話と雷」といった彼自身の聞いた民俗物語を記録している。「昔話覚書」の扉には立石鉄臣による、一匹の虎が前方を見つめる挿絵がある。三つの文章の内容から判断すれば、この図は「虎姑婆」の物語に出てくる虎精であろう。

　立石鉄臣による虎姑婆の挿絵は、『台湾昔噺』『台湾むかし話』での恐ろしい虎姑婆のイメージとはまったく異なり、子供心のある活発な虎精の造型となっている。

立石鉄臣の描く虎姑婆。

奇景 十三

# 植物が変化して妖鬼となる

山海は広大であらゆる奇妙なものが住み、妖魔鬼怪が出没する。林投姐、陳守娘、猫鬼、狗妖、蟾蜍精など台湾の有名な妖鬼の多くは、人間や動物が死後に化けたものか、あるいは修練を経て変化した存在だ。一方、島内の妖鬼の中には正体が植物、さらには野菜や果物が転じたものもある。以下に四種の奇妙な事例を紹介する。

## ①竹鬼

日治時期、黄澄煌は雑誌『民俗台湾』(一九四四)に「迷信一束」を発表し、竹鬼の物語に言及している。台北の川端大橋が建造される以前、対岸の竹林には竹鬼が住んでいたという。竹林を人が通りかかるたびに、竹が

台湾の田舎によく見られる竹林。

湾曲して道を遮った。足を止めると、竹は直立する。そのため夕方以降は誰もその竹林を通ることがなかった。

台北の川端大橋は一九三七年に竣工した。現在の中正橋である。もとの橋は中正橋の構造の中に隠されてしまっている。黄澄煌が文中で言及する場所は、今の新店渓（しんてんけい）沿岸の永和（えいわ）だ。永和はいまでは賑やかな都会となりビルが林立しているが、清国時期には多くの桂竹（タイワンマダケ）が生えており、旧地名を「桂竹林」といった。今の永和の「竹林路」「桂竹里」「竹林里」等の名称はみな、この旧名から派生したものだ。ここから推測するに、竹鬼の正体は桂竹であろう。

なぜここに竹鬼の伝説があるのだろうか。桂竹の特質を調べれば、竹鬼出没の道理が理解できるだろう。台湾桂竹は島内の特有種で、地下茎が横に伸びる単軸散生型であり、樹高六～十六メートル、太さ二～十五センチになる。最も特徴的なのは、幹の肉が厚くなく弾力が強いうえ容易に割くことができるので、かつては野菜籠や魚籠（びく）のような農業、漁業の道具を作るのに常用された。

桂竹は湾曲しやすい特性をもつので、人々は桂竹林を通るときしばしば竹が折れ曲がる様子を目にしたであろう。竹林は密生していて日当たりが悪く、

日治二万分之一台湾図（1921）の古地図。「佳竹子（仔）」の地名がある。いまの永和竹林路の付近である。この地はかつて「桂竹林」と称した。

道行くときには湾曲した竹につまずきやすい。あるいはそこから、竹鬼が道行く人を弄ぶ話が現地に伝わったのであろう。

『民俗台湾』の記録のほか、現代のフィールドワークをまとめた『花蓮県民間文学集（二）』（二〇〇五）にも、「竹篙鬼的故事」という一文がある。文中では、客家人の間に「竹篙鬼」が竹林に潜んでいるという伝説があり、夕暮れ時がその活動時刻だという説明がある。竹篙鬼が現れると、竹は突然震えだし、ゆっくり下に曲がって道の真ん中に倒れてくる。八字軽[1]の人が竹を跨ごうとすれば、竹篙鬼は突然跳ね起きてその人を捕らえ、魂魄を連れ去ってしまう。この災いを解くには罵り言葉を口にすればよい。竹篙鬼は言うことを聞いて放してくれる。

### ②莧菜鬼

張祖基編著の『客家旧習俗』（一九八六）は、「養莧菜鬼」という奇妙な方法に言及している。もし子供が死んでしまったら、紅柬[2]に誕生日の干支を組み合わせた八文字を書き記し、この八字紙で莧菜（アマランサス）の種を包み、遺体の腹と心窩部（みぞおちあたり）に入れて埋める。莧菜が育ってきたら、その根を人形の形に彫り、醮壇[3]の仏像の傍に置く。三年すれば人形は、口をきいて術士に秘密を告げるようになる。

この奇怪な法術は、花蓮の客家集落にも言い伝えがある。『花蓮県民間文学集（二）』の中で触れられているが、方法はやや異なる。客家人張振岳は、かつて客家人は茅山術を学んだと述べている。莧菜鬼の栽培はその中の一種の邪術だという。莧菜鬼を育てるためには、一人の幸せな子供を見つける必要がある。子供の生辰八字[4]を紅紙に書いた後、畑で大きめの莧菜を探し出し、

1　誕生日の日付の関係から心霊現象に出会いやすい人。
2　年賀、婚礼などお祝い事に際に贈る赤いカード。
3　天地神明を祭る際に設置する祭壇。

茎をやや切り開き紅紙を詰め込んで再び畑に戻す。莧菜が成熟して紅紙を包み込むようになったら、根ごと引っこ抜き、紅紙を詰めた茎を干して神龕（しんがん）[5]あるいは醮壇の下に置き、毎日焼香して礼拝する。およそ一ヶ月過ぎれば莧菜は霊がこもって精となり、莧菜鬼もしくは莧菜神と称される。夜になったら、日月の精華を吸わせるため、屋外に吊るして水をかけなければならない。この方法で育てた莧菜鬼は方角を教えて道案内をしてくれるだけでなく、未来を予知することもできる。八字を使われてしまった子供は、通常体が弱って病気がちとなり、さらには死んでしまう。そのため昔の人は、子供の生辰八字をうかつに他人に漏らすことはなかった。

「莧菜鬼」という言葉は、流れ者の術士の育てる「小鬼」を指すだけでなく、客家の一種の俗語ともなった。客家のことわざと野菜の関係についての謝進興（しゃしんこう）の研究によれば、「莧菜鬼」という言葉は、あちこちで人をからかったり危害を加えたりする悪人を風刺するのに使われる。謝進興は、このような法術をおこなうのは危険であり、莧菜の茎にできる「小鬼魂魄」をうまく制御できなければ逃げられてしまい、菜園に寄生して人間に危害を加えることになるとも述べている。

### ③香蕉精

林培雅（りんばいが）編著の『台南市故事集（十八）』（二〇一七）は、台南市北区菱洲宮（りゅうしゅうぐう）の執事にインタビューして得られた、廟に関係する物語を採録している。この本は、菱

莧菜には「紅梗紅莧菜」と「白梗緑莧菜」（上の写真）があり、市場ではよく見かける野菜である。

洲宮が「香蕉精（バナナ精）」を調伏した経過を次のように記載している。

菱洲宮の前身は「天王爺館」といい、道光四年（一八三四）に天府千歳[6]を主神とする館が建てられた。大正四年（一九一二）には玄天上帝[7]を主神とする廟が建てられ菱洲宮と改名された。菱洲宮は扶乩[8]によって人々を助ける伝統があり、信徒は乩童[9]、手轎、四輦[10]などの方式で神の助けを請い、生活上の疑難雑症を解決する。廟には周世華（大駕籤手を担当する。大駕は一種の神轎[11]であり、大駕の担ぎ手を籤手と称する）、周世昌（小法団法師を担当する。厄払いの儀式を執り行う法師である）という二人兄弟の神職がいて、妖魔の憑依による危機から民衆を助けた。

当時、依頼者は「卡到陰[12]」したため、菱洲宮に助けを求めた。神職は彼女の家まで神轎のお出ましを願ったが、状況が危急を告げていたので妖魔鬼怪を廟に連れ帰ることにした。彼らは三台の車を出し、依頼者を真ん中の車に座らせ、前方の車には四輦を乗せ、後方の車には手轎を乗せて妖魔鬼怪を取り囲んだ。廟に着いてから乩童を通じて降神儀式をおこなうと、公祖（玄天上帝）は妖怪には三匹のボスがいることに気づいた。二番手は降参したものの、大ボスと三番手は拒んだので、公祖は大ボスを捕らえて「炸油鍋」に入れた。

炸油鍋は、一本の柳の枝で「外方（外来の妖魔鬼怪）」を縛り上げた後、鍋に入れて油で揚げ、妖怪を徹底的に消滅させる方法だ。柳の枝は刑具ともなり、鞭として外方を打つのに使う。

台湾の郷里によく見られるバナナの木。

4 誕生日の干支を組み合わせた八文字。

5 仏像、神像、位牌等をおさめる神具。厨子。

6 千歳は王爺、尊王、聖王、王公とも称する、台湾および福建省閩南地方に広く見られる民間信仰の神。

7 北方を守護する道教の神。真武大帝とも称される。

8 占いの方式の一種。二股の木（乩木）と砂を用い、砂上に書かれたしるしで神意を知る。

9 乩童（タンキー）は中国南部沿海部や台湾の華人社会におけるシャーマン、霊媒師。神が憑依してその意思を伝えるとされる。

10 手轎、四輦もともに儀式で用いられる椅子状の神輿。

11 神輿。

大ボスを油に入れたとき、現場には草木ではなく肉を揚げる臭気が立ち込めたという。三番手はこれを見て恐怖し、すぐさま降参した。そこで公祖は二番手と三番手、そしてその従者を許して営兵とした。

廟のもう一人の小法団法師である許育嘉(きょいくか)さんによると、依頼者にとりついたのは、家の近くにある一本のバナナの木が精となったもので、香蕉精は長いことこの人に付き纏ったのだった。そのため依頼者が車に乗って菱洲宮に来る時は、黒令旗で彼女の全身を覆い、香蕉精が逃げないようにしなければならなかったという。

### ④西瓜鬼

昭和八年（一九三三）五月九日、『三六九小報』は「刀」と署名された文章「霜猿夜話：西瓜鬼」という文章を掲載した。「刀」は台南の文人洪鉄濤(こうてつとう)の筆名だ。洪鉄濤は『三六九小報』の創刊者の一人であり、この新聞は日治時期の漢文・台湾語刊行物で、詩作や歴史文章を掲載し、滑稽、風刺の文も多かった。洪鉄濤は『三六九小報』で編集とコラムの執筆もおこない、筆名で小説、随筆、詩詞を発表し、多くの妖鬼物語を書いた。以下に「霜猿夜話：西瓜鬼」を記す。

時は暑さの盛り、いたるところ西瓜が蔓に緑の玉を実らせ、身が裂けると赤く輝いた。親友天錦君が来訪し、余に西瓜の怪談を聞かせてくれたところ、すぐに睡魔が消えてしまったので、話の種としたい。

天錦君の故里は竹が生い茂って林となり、避暑に行くにはよいところである。村の西、数百歩のところに水の清らかな小川があった。徒歩で渡れば足も冠の布も洗われた。知恵あるものはみな、この川が災いをなし時には道行く人に災いをなすと述べたが、聞くものは笑った。川の清らかさは絵のようで、多くの魚が泳ぎ、悪い川とは比べようもなかった。

　ある夜、月明かりが絵のようなとき、ある田夫が牛を牽いて帰途についた。小川にさしかかったので服をまくって水辺を一瞥すると、大きな西瓜が二つあった。田夫は通りすがりの人が残していったのだろうと思い、心ひそかに喜んでこれを持って行こうとした。水辺に近づき身をかがめて取ろうとすると、西瓜はにわかに弾丸のように手からすり抜け、空中に飛び去った。田夫は大いに驚き、首を上げて四方を見回した。西瓜は木の梢に掛かっており、人の首に変わって田夫にむかってニヤリと笑った。そして様子はますます惨悪なものになっていった。田夫は非常に驚き、家に帰ると一月あまり病んでしまった。今でも昼ですら小川を見ると恐れるという。

市場の西瓜。

　この物語の中では、作者の友人が西瓜鬼の怪談を語っている。一人の農夫が牛を牽いて家に帰るとき、小川にさしかかり、水の中に二つの巨大な西瓜があるのを見た。落とし物の西瓜を運よく手に入れられると思い、抱え上げて持ち帰ろうとすると、西瓜はなんと手から逃れて空を飛び、樹上にぶらさがって、恐ろしい生首に変身してしまったのだった。

12　怪異存在に出会ったり、とりつかれたりすること。「奇景十四」を参照。

奇景 十四

# 鬼怪に対抗する必殺技



人々にとって妖怪は恐ろしいものだ。人心に恐怖を抱かせ、人間に危害すら加える。人々を助けようとする「良い妖怪」も多く、またすでに神となった妖鬼はその土地の安寧平和を末永く守ろうとはするものの、人々はそれでも妖怪をできるだけ遠ざけたいと願う。そこで人々は安寧平和のため、多くの退妖除邪の方法を発明した。

実のところ、こうした「鬼怪への対抗」の心理もまた、妖怪の誕生を促すものだ。良くないことや危機に遭遇したり、何らかの理解できない怪異存在や非理性の状態を目にしたりするとき、人々は当然のように幸運を志向し凶運を避け、これらの「悪」を克服しようとする。ただし、「未知」は永遠に最も恐ろしいものであり、未知の中にある事物に対し、人々はなすすべがない。

そのため人々は、こうした未知に形を与えるか、もしくはこれらの未知がどこから来たものかを知らなければならない。そうすれば人々は、それにどうやって対抗し、どうやって避ければよいかを知ることができる。自身と相手を知れば、災厄を解くことができる。この過程で、人々の想像、命名、創造をとおし「妖鬼神怪」が現れることになる。

私にとって、妖怪の本質とは歴史と民俗のもうひとつの展開であり、常民文化の積み重ねでもあるため、そこには研究価値が存在する。台湾の民間には、鬼怪に対抗するため無数の破邪の方法がある。そのなかから、以下に数種を挙げる。

## ①請神除妖

人々が妖鬼に出会ったりなんらかの怪異の力に悩まされたりすることを、「卡到陰」という。もし状況が深刻なら、廟で神に破邪を願うことができる。

請神の方法は種類が多く、依頼者は廟に来れば宗教服務員から「扶乩問事」による助けをうけることができるかもしれない。すなわち、神が降霊の力を持った乩童を通じて神諭（しんゆ）を伝達し、信徒の迷いや邪気を払い幸運を呼び込むのだ。あるいは、廟の神に家に来てもらって穢（けが）れを払うことができる。廟の人員は事を執り行うため、神轎（しんきょう）（例えば四輦（しれん）、手轎（しゅきょう））を担いで神に外出してもらう。

依頼者の請願を受けつけるほかにも、それぞれの廟では決まった日にちに繞境（にょうきょう）、暗訪（あんぽう）などの巡行活動が執り行われる。すなわち、神は自ら妖魔鬼怪が

中華民國五十二年四月二十五日

捉鬼記！

竹東五把鬼火 警察沒奈牠何

王爺菩薩收妖平魔 鬼話連篇神奇一幕

古い新聞『民声日報』（1963）が掲載した怪談ニュース。民家が王爺菩薩に妖怪退治を頼んだ。

いないかどうか巡視し、地方の平安無事を確保するのだ。

例えば、嘉義糖廠配天宮の設置は、媽祖[1]による妖怪退治と関係がある。糖廠配天宮は天上聖母[2]を祭っていて旧称を副配天宮と呼び、六脚郷蒜頭製糖工場の工場村にある。日治時期、製糖工場では黒狗精が災いをなしたことがある。本島籍[3]の工員の請願により、日本人の主任は、朴子配天宮の媽祖の分身（三媽）に妖魔退治に来てもらうことにしぶしぶ同意した。果たして、のちに工場内で一体の犬の骨が掘り出されたので、これを「炸油鍋」にかけたところ、工場の内外はやっと安全無事となり、住民は草廟を建てて媽祖を祭った。これが糖廠配天宮の前身である。

糖廠配天宮の正殿。

### ②鎮宅法宝

妖怪に家の中を荒らされてから悩むよりは、はじめから万全の防護措置をとっておくに越したことはない。そこで台湾人には家に鎮宅符咒を置いておく習慣がある。これらの「平安符」は廟によって提供され、八卦の形状に折り畳まれるか、または赤い四角の袋に入れられるかして、携帯用の護身符となる。折り畳まれていない平安符は、広間や正門などに貼ることで家を守る効果が得られる。

鎮宅符咒を門に貼る以外にも、「八仙綵」「山海鎮」「八卦鏡」などの法宝を置いておく方法がある。

八仙綵は八仙[4]図像が描かれたり刺繍されたりした赤い織物で、新居落成や結婚のときに、門の鴨居に掛けることで魔除けと祈福の役を果たす。山海鎮も門の鴨居に置いておく魔除けの一種で、四角もしくは円形の木板・鏡の面に山海図案が描かれており、山と海の力によって家の門の前の邪気を鎮める。八卦鏡もまたよく見られる魔除けで、家の門が路沖（ろちゅう）[5]に相当するなら、八卦鏡を使って邪気をはね返すことができる。

### ③石敢当（せきかんとう）

町の路地の入口で最もよく見か

家の中に掛けられた八仙綵。

台南永華宮広沢尊王、台北青山宮霊安尊王の平安符。

山海鎮。上には「我家如山海、他作我無妨」「駆邪圧煞」という文字が題されている。

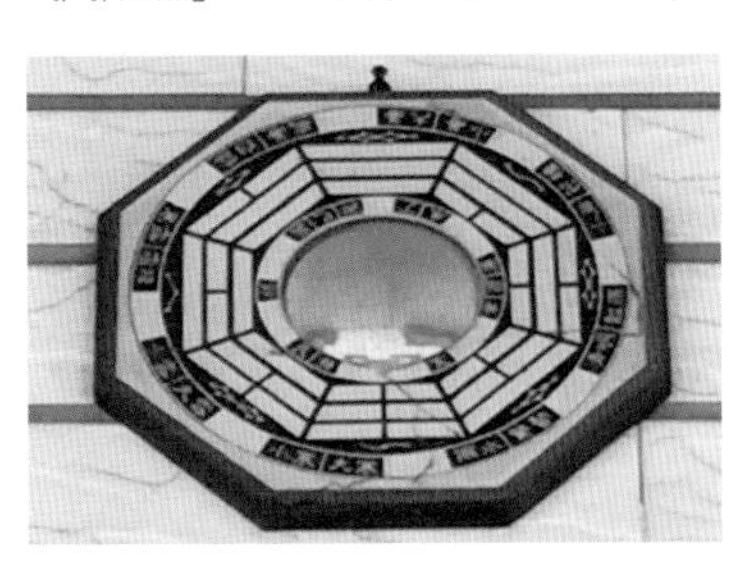

八卦鏡。

台湾の民家では門に鎮宅平安符を貼る習慣がある。

1　台湾、中国沿海部を中心に東アジア、東南アジアの幅広い地域で信仰を集める航海、漁業の女神。天妃、天上聖母、娘媽、媽祖婆、阿媽、天妃娘娘、海神娘娘、媽祖菩薩などともいう。

2　媽祖と同じ。

3　日本統治時代末期の台湾では、台湾人は「本島人」と称された。

4　道教の代表的な八人の仙人。李鉄拐、漢鍾離、呂洞賓、藍采和、韓湘子、何仙姑、張果老、曹国舅。

5　風水で禁忌とされる家の配置。一本の道がまっすぐ家に向かっている等の配置を指す。

ける魔除けの法宝は石敢当であろう。

石敢当は「石敢当」「泰山石敢当」などの字が刻まれた石碑で、剣獅、獣頭の彫刻が配されることもある。その歴史は唐の時代に遡ることができる。もとはたんに家の門前で「鎮百鬼、厭災殃」（あらゆる鬼を鎮め災厄を避ける）のための鎮門石だったが、のちに宋の時代になってから交通の要路や集落の中に設置する魔除けへと変化した。

### ④金門避邪物（ひじゃぶつ）

金門はカブトガニが生息し、その殻は魔除けとなる。門の鴨居に掛ければ家を邪気から守ることができる。現地には、家の屋根の上に「瓦将軍（がしょうぐん）」というもう一つの魔除けがある。人々はこれを屋根の上の風獅爺[6]と呼び、風を鎮め邪気を征する。

金門人は壁にカブトガニの殻の魔除けを掛ける。

金門の屋根の上の魔除け。

宜蘭の石敢当。

6　中国南部の沿岸地方と台湾、琉球諸島でみられる魔除。沖縄ではシーサーと呼ばれる。

奇景 十五

# 食いしん坊妖怪の正体

鄭崇和の墓の石獣（石像）は動き出して農作物を食べるが、これに似た食いしん坊妖怪の伝説は、台湾ではしばしば見受けられる。このタイプの物語は通常、田畑が踏み荒らされ作物が盗み食いされたことに気づいた村民が、真相を知るため畑の近くで見張っていると、なんらかの精怪が悪さをしているのを発見する、というものだ。特に、食いしん坊妖怪の物語の中で最もよく出てくるのは白馬精だ。

精怪をおどかして追い払うため、人々が棍棒でその脚を叩くことがある。あるいは、食いしん坊妖怪の正体に気づいたとき、その正体の脚を直接叩き折って二度と悪さをしないようにする。以下に台湾各地の関連する物語を紹介する。

## ①白馬荘（はくばそう）

桃園の中壢に白馬荘（はくばそう）というところがあり、徐貴栄の文章によると白馬精（はくばせい）と関連があるという。

はるか昔、この地は広い農地で、村人は稲作で生計を立てていた。いつの頃からか、稲が実って熟した頃合いに、一頭の白馬が夜闇にまぎれて盗み食いに来るようになった。田はさんざん踏み荒らされ、夜が明ける頃には姿が見えなくなり、足跡も見つからなかった。

一年また一年と、白馬はたびたび稲を食い荒らしたので、人々は堪えられなくなった。そこである夜、ある農民が鎌をもって畦道の傍に隠れ、白馬精がやって来ると鎌を振り上げてその頭に斬りかかった。惜しいことに勢いあまって刃は地面のほうにそれてしまい、白馬精の脚に当たった。精怪は驚きいないて逃げ出し、再び現れることはなかった。

戦後、中壢神社は取り壊され、現在の中壢高等中学が建てられた。神社境内にあった銅馬は校内に残された。その時人々は、この銅馬の前脚に斬りつけられた痕跡があるのを見つけ驚いた。そこで議論が巻き起こり、人々はこの銅馬こそがかつて稲を食い荒らした白馬精だと考えた。



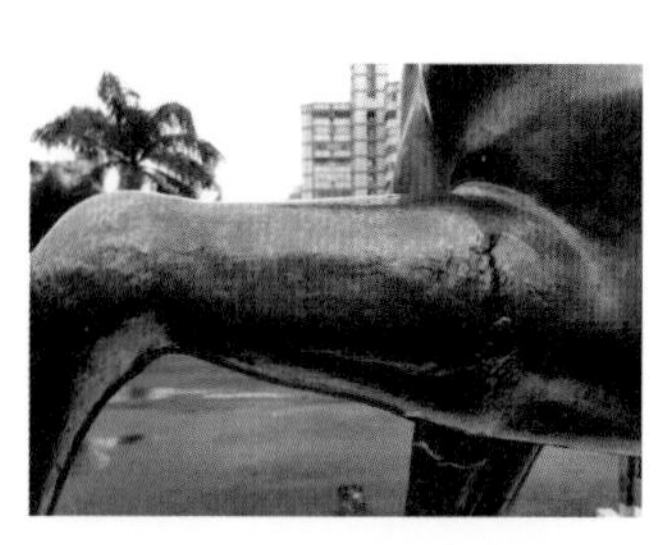
銅馬の前脚に断裂の痕跡がある。

銅馬の尾にも断裂の痕跡がある。

中壢高等中学の銅馬。白馬精の正体だといわれる。校内の生徒の間では、白馬は毎日脚の位置を入れ替えて立ち、夜中には校内を走り回ると噂されている。

## ②王得禄の墓

王得禄は、乾隆年間に生まれた清国時期の有名な武将だ。彼は清の朝廷に協力して林爽文事件[1]を平定し、海賊蔡牽と戦った。のちに浙江提督となり太子太保[2]に昇進して、死後には伯爵に封じられ太子太師の肩書を与えられた。これは清国時期、台湾籍官僚が得た最も高い官位だった。嘉義太保の地名の由来は、王得禄を記念したことによる。

王得禄の墓は嘉義の六脚郷にある。墓苑は一ヘクタール以上あり非常に広大で、国家一級古蹟

王得禄の墓の左側にある石虎。　王得禄の墓の左側にある石羊。

王得禄の墓の左側にある石馬。

王得禄の墓の左側にある文翁仲。

王得禄の墓の右側にある武翁仲。

1　一七八七年に台湾で発生した大規模な反清騒乱。

2　皇太子を教え導く役職。太子太師、太子太傅、太子太保の順に位が高い。

となっている。王得禄の墓の両側には、龍、鳳凰、獅子、象といった多くの祥獣[3]の彫像がある。墓地には石人、石馬、石羊、石虎と、八つの対となる石像がある。

民間伝説では、王得禄が葬られた後、墓地の周辺ではしばしば怪事が発生し、付近の住民は不安になった。調べると、王得禄の墓の馬、羊、虎、鳳凰等の石獣が夜になると忍び出て来て農民の作る農作物を食い荒らし、また石翁仲（石人）が村の婦女に悪さをすることに、村民は気づいた。怪事が二度と発生しないよう、村民は石像を破壊し、地理師に来てもらって墓地の風水を破壊した。

嘉義太保は王得禄の官位から命名されたとはいえ、嘉義では、王は強いものに味方し弱いものを虐げたという言い伝えがあるなど、その評価は毀誉半ばするものがある。そのため、王得禄の墓地の怪談は、民間での彼に対する畏怖の心理を反映しているようだ。

### ③州仔尾の石馬

国姓爺の墓は台南の州仔尾にあり、墓道には多くの石像が設置されたといわれる。のちに国姓爺は福建に帰葬され、以前の墓は廃棄された。林爽文事変のとき、清の朝廷に協力して乱を平定した民兵の首領鄭其仁は動乱の中で戦死し、朝廷は彼を雲騎尉に封爵した。

赤崁楼の石馬。

赤崁楼の石馬の後ろ脚には断痕がある。

鄭其仁は死後、国姓爺のかつての墓の場所に葬られたという。（鄭克塽（こくぞう）[4]の墓の場所ともいう）

当時、州仔尾の村民は、田畑が夜になると荒らされ、米穀が食い荒らされることに気づいた。犯人は一頭の白馬精だった。村人はこっそり跡をつけ、白馬精が鄭其仁の墓の石馬が化けたものであることをつきとめた。村民は、石馬はもしかすると鄭其仁の墓を守りたくないがために夜中に田畑を荒らすのではないかと疑った。白馬精が二度と悪さをしないよう、村民は石馬の脚を叩き折って自由に動けないようにした。

墓地の中の石馬のうち一頭は、いまは赤崁楼（せきかんろう）にあり、もう一頭は塩行天后宮（えんこうてんこうぐう）に置かれている。

3　吉兆をもたらす動物。

4　鄭成功の孫にあたる。

中部

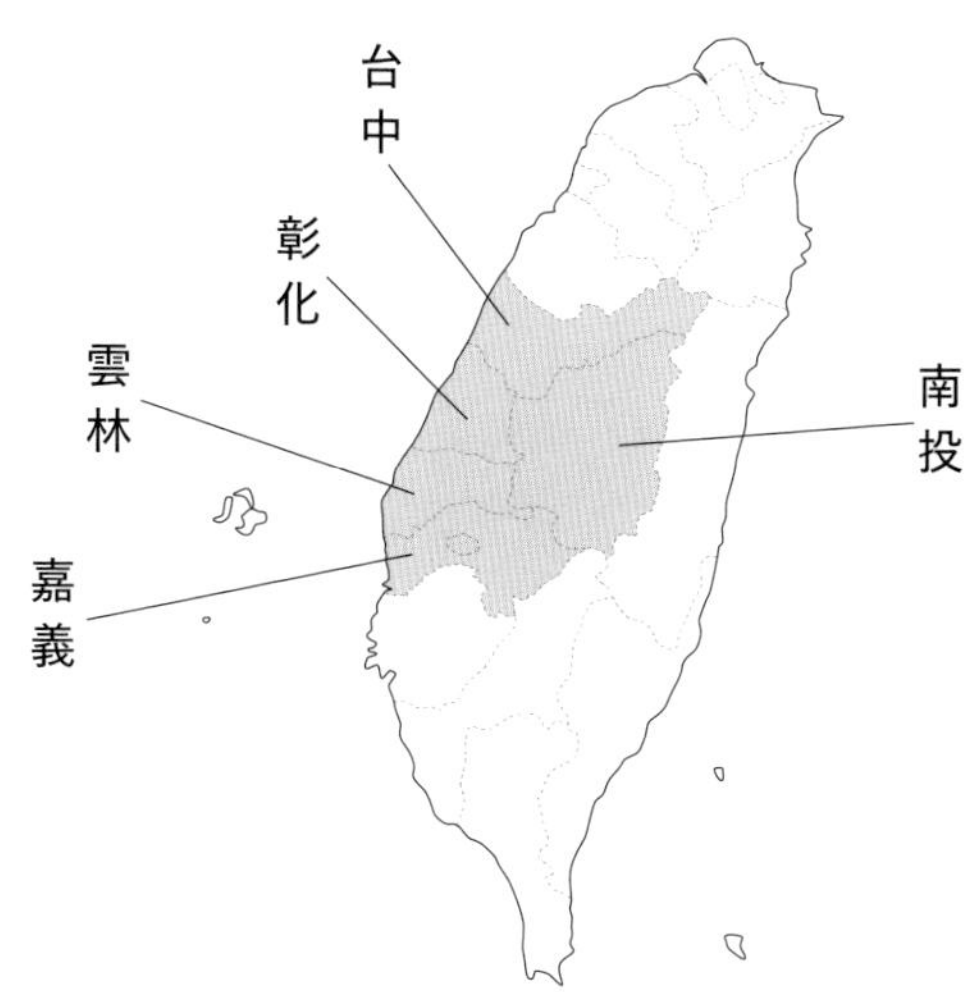

奇景 十六

# 葫蘆墩(ころとん)を守る馬と兎



## 妖怪伝説

台湾中部の葫蘆墩は、一つの葫蘆穴(ころけつ)である[1]。そこには、墩頭(とんとう)、墩身(とんしん)、墩脚(とんきゃく)の三つの土墩(どとん)（土塚）がある。この葫蘆穴は火を噴く瓢箪で、以前はよく火事が発生したという。しかし「葫蘆穴は焼ければ焼けるほど熱い」ということわざはよく言ったものだ。なぜなら瓢箪の腹には銀貨が詰まっていて、火を噴けば金銭を吐き出す。つまり火事がおこれば、街はかえって栄えることになるのだ。

伝説では、葫蘆墩の墩脚の周りではいつも、一頭の白馬が走り回り、土塚の上の草叢では、一匹の銀毛の白兎が飛び回っていた。彼らは白銀を司る神霊であり、瓢箪の体内の秘宝を守っていた。白兎は銀一千両を管理し、白馬は銀一万両を司る。しかし運に恵まれない人は、決して手に入れられない。

ある点心店の店主は、早朝に顔を拭いている時、白馬が土塚の周りを走っているのを見かけると、手に持っていた手拭いを馬の背に投げつけ、馬を驚かせたという。後をつけて行くと、土塚の上に手拭いを見つけ、その下を掘って二塊の白銀を手に入れた。しかし、家に持って帰ると、彼はすぐに病気になって七転八倒し、二塊の白銀を医薬費として使い果たして後、やっと平安を得たのだった。

——林越峯「葫蘆墩」からの改作

## 探査ノート

以上の一節は、葫蘆墩の白馬と白兎の説話で、李献璋（りけんしょう）編著『台湾民間文学集』（一九三六）の中の「葫蘆墩」を書き直したものだ。原作者は林越峯（りんえつほう）で、本名は林海成（りんかいせい）（一九〇九～?）。豊原（ほうげん）出身で、もとは映画館の弁士だったが、台湾文芸連盟に参加したことがあり、日治時期、主に小説創作に携わり、他にも論説や民間説話、童話を執筆した。頼明弘（らいめいこう）[2]の推薦により林越峯の「葫蘆墩」は李献璋編著の書中に発表された。

葫蘆墩とは、今の台中豊原の古地名だ。呉子光『一肚皮集』（一八七五）は葫蘆墩について、「盛（ホー）り土は高さ数丈ばかり、形は瓢箪に似て、故にこの名がついた」と描写している。ほかにも、葫蘆墩（ロートゥン）という名は平埔族[3]のパゼッヘ族による「Paradan」の音訳であるともいう。一九二〇年に行政区が改制されたことで、葫蘆墩は「豊原」と改名された。

漢人による呼称の中では、葫蘆墩の地名は、現地の三つの土塚、すなわち墩頭、墩身、墩脚（あ

1　葫蘆は瓢箪と同じ。葫蘆穴とは、瓢箪状の地形を指す。

2　頼明弘（一九一五～一九五八）は台中豊原出身の記者、編集者、作家。

3　台湾の平地に居住していた原住民族。現在は多くが漢化されている。

るいは頂頭、中墩、墩脚）に由来する。今では、墩頭のあったところにはすでに円環東路が建設され、墩身は公園と寺廟に囲まれ、原形を見ることは難しい。大街尾福徳祠の裏手にある墩脚のみが、小土丘の形貌を目にすることができる。この墩脚遺跡は二〇一三年に修復が始まり、二〇一四年には完成し、住民投票により「墩脚緑園」と命名された。

台湾民間伝説では、白鶏、白兎、白馬……等の白い動物を見れば、金銀財宝を見つけるチャンスを得る可能性が高い。例えば、澎湖諸島望安郷の船帆嶼では、山上に隠された宝物が、歳月が経つうち精となり、白兎の姿をとるようになったという伝説がある。台南には、もし田畑で一群の白鶏を見かければ、それは白銀が幻となって現れたもので、出現した場所を掘れば、白銀を探り当てることができるという伝説がある。

こうした説話の中で、白馬はまるで素行不良の精怪のようであり、忽然と現れ稲や食料を盗み食いし、村人に叩かれ追い払われる。だが、白馬はいくつかの地域では、白銀と龍銀[4]の守護者を象徴し、心が善良で徳ある人ならその援助を受け大きな富を得られるが、よからぬ企みを持つ人はたとえ銭財を得たとしても大病に罹り、すべての銭財を費やした後やっと平癒することになる。

西洋世界では、宝物の守護者は通常、小人や小精霊、或いは火を噴く龍である。台湾伝説の中

台湾は馬の産地でないため、白馬は特別貴重で、使用者は富裕層か身分が高い者だった。そのため民間伝説の中では、見かけることの困難な宝物の守護者の役割を得て、銭財の象徴となった（図は、郎世寧の「画十駿図如意驄」）。

で最もよく見られる宝物の守護方法は、白馬がその重責を担うというものだ。白馬が宝物を守護するという説話は、台湾各地にまんべんなく出現する。以下に、南部、東部、北部の案例を記そう。

①南部：台南では、海安路と成功路の交差する十字路に、仏陀を祭る小さな祠がある。かつて付近には一頭の白馬精がいて、清朝の白銀あるいは龍銀を守っていたという。屏東県東港鎮では、崙仔頂の菜園に一つの白馬穴があり、夜になると白馬が出現し、現れた場所を掘ると一甕の白銀が見つかる。高雄美濃の「白馬名家」は、白馬と宝物に由来する。

②東部：花蓮県羅山村にある二つの丘では、天気晴朗なとき白馬が駆ける音が聞こえ、リンリンリンと龍銀が鳴るような音がする。

③北部：基隆の和平島では、大昔、一頭の白馬の幽霊が荒れ果てた城の中に立っていて、宝物が壁下に隠されているのを指し示しているかのようだった。

**出没情報**

**墩脚緑園**：豊原区中正路二八一巷五号「大街尾福徳祠」の後方。

4　表面に龍紋がある丸い銀貨。「奇景五十二」を参照。

❶現在の墩脚緑園。伝説で白馬と白兎の出現する場所。
❷墩脚緑園入口。
❸かつての葫蘆墩の墩脚と土地公廟。『豊原郷土誌』（1931）より。

奇景 十七

# 端午節の行事　穿木屐、躦鯉

探査ノート

台湾の山林にはセンザンコウ（穿山甲）が棲息する。これは全身が鱗で覆われた哺乳類で、頭部は小さく尖っていて、口内には長い線状の舌があり、蟻を舐めとって食べる。台湾センザンコウは島内の特有種で、低海抜から二千メートルの高山まで生息している。清国時期、翟灝曽はこの動物の恥ずかしがっているかのような姿を描写している。「台湾は山が多く、穿山甲が出る。大きいものは二尺余りあり、鱗甲が周密で、口先が尖り首を曲げて腹の下に隠す様子は、恥ずかしがって人に会いたくないかのようだ」。原住民族にも、パイワン族、サアロア族に伝わる「センザンコウとサル」の民間説話のような、センザンコウに関する怪談がある。

台中の南屯老街には、センザンコウが修練して精となる伝説がある。南屯犂頭店（万和路と南屯路の交差点一帯）では、毎年端午節に、木屐（下駄）で歩く音で地下のセンザンコウの目を醒まそうとする、「穿木屐（チエンザキャ）、躦鯪鯉（ツェンラリ）」という行事が催される。「鯪鯉」（台湾語の語音では「ラリ」に類似する）はセンザンコウの別名だ。

台中の古老の言い伝えによれば、この地には古来、様々な精怪が棲息していたが、清国時期に漢人が犂頭店を開墾するようになってから、精怪は次々に山奥に移住し、「鯪鯉」だけが犂頭店の地底に生存の機会を得た。「犂頭店」という名は、この地は農業が盛んで、農具や犂を造る鍛冶屋が多く、農具交易の中心地となったことからつけられた。

漢人の伝説によれば、犂頭店は「鯪鯉穴（りょうりけつ）」であり、風水の絶好地である。センザンコウは冬眠の習慣があり、もし夏になっても目を醒まさなければ、田畑の作物の収穫が悪くなり、村の運勢も傾いてしまうという。そこで端午の暑い盛りに、住民は鍋を叩いて大きな音を響かせ、地底のセンザンコウの目を醒まし、地面に這い出してくる時には田畑を掘り返してやる。センザンコウがうまく起きれば、その地は災難に見舞われず、優秀な人材も現れる。近年、この風習は次第に、四人一組でおこなう下駄履きの徒競走へと変化し、力いっぱい地を踏んで大きな音を響かせる地方独特の民俗は、「穿木屐、躦鯪鯉」と俗称されるようになった。

日治時期に撮影されたセンザンコウの写真。堀川安市『台湾哺乳動物図説』（1932）より。

林恵敏（りんけいびん）編著の『典蔵犂頭店』（一九九九）は、犂頭店の地下で眠る鯪鯉を、特別に「金色のセンザンコウ」として取り上げている。今日、犂頭店鯪鯉について述べた説話本や絵本もまた、「金色のセンザンコウ」のイメージを描き出している。

実のところ、犂頭店「躦鯪鯉」の徒競走の行事は、もともと漢人たちの民俗でなく、原住民の「走標」に由来する。

学者温宗翰（おんそうかん）の研究によれば、「走標」（徒競走）は、はじめは平埔（へいほ）族の成年式、季節の儀式であり、漢人がその文化に溶け込むことで、異なる伝説が付け加えられた。例えば、犂頭店の徒競走はその一例である。実は、かつて南屯の端午競走では、「裸足」で「躦鯪鯉」をおこない、見物する人々は鉄盆や鍋蓋を叩いて音を立てなければならなかった。温宗翰はまた、一九八二年に里長[1]の張（ちょう）宗雄（そうゆう）の提案により、四人一組の下駄履き徒競走へと変化したと論述している。この方法は競技にでき、また賑やかな音も立てられる。

温宗翰によれば、センザンコウの伝説は漢人の付け加えた話である可能性が高く、平埔族の「走標」に由来するものではない。漢人の風水信仰の中の「鯪鯉穴」と平埔文化の「走標」が融合し、「躦鯪鯉」へと変化することで、地域の風水を活性化させる行事となったのかもしれない。

かつての「躦鯪鯉」が下駄を使わなかったというのは、私の母の言うこととも符合する。母は、かつて犂頭店の万和宮付近に住んでいた。彼女の回想によれば一九六〇年代当時、犂頭店の競走は単純な駆けっこだった。参加者の多くは子供で、参加しさえすれば賞をもらえ、賞品は消しゴムや筆箱などの文房具だった。

台湾センザンコウは島に特有の動物だが、今では土地開発により、主に里山に住むセンザンコウは多くの脅威に直面している。例えば、棲処を破壊され、他の地へ追いやられてしまう。台

1　里とは、台湾の地方行政区画の一つ。里長は四年ごとに選挙によって選ばれる。

湾に密集する道路網は、センザンコウを「路殺（ルーシャー）」してしまう。トラバサミの罠や犬の攻撃もまた、センザンコウに傷を負わせる。

私は南屯生まれなので、政府が犁頭店の「躦鯪鯉」の行事を重視し、これを拡大して「南屯端（たん）午木屐節（ごぼくりせつ）」として、また南屯区各地にセンザンコウのゆるキャラ像を設置するのを、楽しく見ている。しかし私はさらに、政府がより積極的に里山環境を保全し、町と自然生態を共存させ、センザンコウ等の里山の動物と人間が平和に共存できるようになることを願っている。そうすれば、「穿木屐、躦鯪鯉」の民俗行事における本当の主人公が欠席することはなくなるだろう。

## 出没情報

**南屯端午木屐節の場所：**台中市南屯区万和路一段五十一号（万和宮前の広場および南屯老街）。

❶南屯犂頭店「穿木屐、躦鯪鯉」の行事。万和宮前の広場でおこなわれる。
❷南木屐節では、関係者がセンザンコウの着ぐるみ姿で民衆と触れ合う。
❸南木屐節が始まると、神事を執り行い、「犂頭福徳廟」の神にお出ましを願う。
❹ 2018 年の木屐節は 6 月 18 日におこなわれた。その日は雨で、人々はレインコートを着て行事に参加した。
❺南屯区役所前での、「穿木屐、躦鯪鯉」のオブジェ。

奇景 十八

# 金星石珠　美人魚の贈物



## 探査ノート

台湾の人魚伝説の中で精怪が出没するのは、多くが海または底深い湖（日月潭[1]のタクラハのように）だ。台中市石岡区金星里の「美人魚」は独特で、渓流に現れるという。

石岡区は大甲渓の流域の平地に位置し、渓谷に多くの粗石が積み重なっているため、旧名は石崗（硿）仔という。ほかにも、川が谷から流れ出る形状が陶缸（硿）[2]に似ているためこの名がついたともいう。かつて、この地はパゼッヘ族、タイヤル族の居住地で、清国時期以来の住民の大部分は客家人である。

石岡区の金星里金川巷、金星渓の傍には、庄中福徳祠がある。廟の柱の前には二つの台があり、二つの真ん丸の石珠が設置され、廟の傍にも数十個の丸石がセメントで固定されている。村人は、これらは川の美人魚が吐き出した石珠だと考えている。

伝説では、百年前、村人は河水が氾濫するのを防ぐため、河辺に石を積んで堤防を築き、美人魚堤防と呼んだ。堤を築いてからというもの、河には非常に多くの円形の石塊が続々と現れ、地理師はこれを美人魚が吐き出したものと考えた。

村人は美人魚の正体は鯉だと信じているので、鯉魚吐珠とも称する。しかし、『石岡郷閩南語故事集』（一九九三）の中の取材記録によれば、古老は、珠は石亀の産んだ卵だと考えている。後に、何度か洪水が襲い、堤防は破壊され、円珠が現れることはなくなった。河にあった石珠は、人がたびたび持ち去ったため次第に希少になった。そこで、村人は残った石珠を福徳祠に移して記念とした。村人は、これらの石珠を撫でれば、良い運気を手に入れられ、願い事がかなうと信じている。

金星村には他にも金星石鎖という、これまた治水に関係する不思議なスポットがある。石鎖は金川巷金仙橋のたもとにあり、四メートル以上あるセメントと玉石で築いた二つの円錐状の石塔の頂上を、一本の鉄鎖でつないだものだ。日治時期、河水がしばしば氾濫したため、金星村の石忠宮に奉られた媽祖が降臨して神旨を下し、人々に石鎖を建設することで洪水を防ぐとともに、村の財産を守るように指示したという。

出没情報

**金星里庄中福徳祠：**台中市石岡区金星里金龍橋の傍。

1　日月潭は、台湾中部の南投県の山中に位置する湖。タクラハは、原住民サオ族の伝説中に登場する水の精霊。「奇景二十二」を参照。

2　陶器の甕のこと。

❶台中市石岡区金星里庄中福徳祠。
❷庄中福徳祠龍辺廟柱前の石珠。
❸庄中福徳祠虎辺廟柱前の石珠。
❹福徳祠右側に置かれた数十個の石珠。
❺金星石鎖は２つの円錐状の石塔の頂上に、１本の鉄鎖を渡してつないだもので、洪水を防ぎ村内の財庫を守るという。

奇景 十九

# 人をさらう幽霊船

探査ノート

台中駅付近には、第一広場（だいいちひろば）、金沙（きんさ）ビル、千越（せんえつ）ビルという、三つの著名な心霊スポットがある。第一広場と金沙ビルは、幽霊船伝説と関係がある。

一九九五年から現在まで、台中の空を一艘の幽霊船が漂うという都市伝説が伝わっている。その起因は、台中の衛爾康（えいじこう）西洋レストランの火災で六十四人が死亡したことにあり、その後、幽霊船が第一広場上空に停泊するのを見たという話が囁かれるようになった。その船は火災で亡くなった人の霊をさらいにきたもので、百人ぶんを集めるまで霊をあの世に運び続けることをやめない。一時期、人々は強く恐れ、メディア報道も根拠もなく後押しし、時とともにに台中の有名な怪談となった。

台中生まれの私は小さい頃、赤い服の女の子の怪談[1]についてはあまり印象がなかったが、多く

1 「奇景五十三」を参照。

の同級生が第一広場の幽霊船伝説について話すのを聞いたことがある。

後に二〇〇五年、金沙ビルの十八階で火災が発生し、遺憾にも四人の死者と三人の負傷者を出した時も、台中人は幽霊船が亡くなった人の霊をさらいに来たのだと噂した。

思うに、年齢二十歳、三十歳以上の台中人であれば、幽霊船が人をさらうため台中の空をさまよっているという恐ろしい話を聞いたことがあるに違いない。幽霊船の祟りは、台湾習俗のいうところの「抓交替」[2]に似ているが、なぜその主体のイメージが「船」なのかは、さらなる研究を待つほかない。

また、幽霊船の祟りは、同様に霊魂をさらって船に乗せるという、台南民間伝承の「採船」に似ているが、両者には正邪の違いがある。台南の「採船」は、王の船が水夫とするために人をさらうというものだが、台中人の想像する幽霊船は、西洋の幽霊船に類似している。ひょっとして、「さまよえるオランダ人」伝説を参考にしたのだろうか。

もともと、幽霊船の都市伝説は台中だけで流行ったものと思っていたが、しかし資料を調べると、実は台北の三重、台南の中国城と、島の南北に幽霊船出現の目撃の噂があったことに気付いた。しかし、幽霊船が最も早く現れたのは台中の第一広場であり、それが最も早く流通したバージョンであろう。

幽霊船と火災事故の間に強烈な関連性があるのに対し、千越ビルは幽霊屋敷の噂話を基礎とし、そこで人命死傷事故がおこったことはない。住民がじょじょに減り、ビルが廃墟のようなってきたことから、多くの台中人が噂する心霊スポットとなり、はては夜の肝試しの場所となった。

都市伝説の真偽は一体どのようなものであろうか。実のところ、慎重に整理し多方面から解読

2　惨死した死者の霊が輪廻転生できずにその場に留まり続ける心霊現象。

3　二〇一六年の台湾総統選挙以降に、与党の民進党が展開した、東南アジア各国との経済交流関係を重視する政策。

❶ 1990 年代の第一広場は商家が林立し、服飾店やボウリング場、飲食店などの店舗のあるレジャー娯楽広場であり、若い学生が休日に行く場所だった。今では、政府の新南向政策[3]の影響下で、東協広場と改名され、周囲には多くの東南アジア商店があり、異国風情に満ちている。
❷金沙ビルは、1999 年にオープンし、22 階建てで屋上には回転するレストランがあった。しかし 2005 年の火災の後、人波が退いてしまった。目下、このビルは李方艾美ホテルが運営を担っており、2019 年に正式オープンする予定で、面目一新が期待されている。
❸夜の千越ビル。外観は老朽化し暗い影が揺らいでおり、若者の探検心をくすぐる。

しなければ、伝説の背後に隠された脈絡を理解することはできない。

　都市伝説が反映するのは、語り手の身分背景、土地の文化軌跡である。例を挙げるなら、台中幽霊船の話は、学生層から広まったと推測される。衛爾康火災事件の後、台中の各学校は校外での過ごし方の指導を強化しだした。私は、当時先生が授業中にこの事件についてわざわざ説明するのを聞いたことがあり、この火災が社会の注目の的であったことがわかる。そのため、普段から駅周辺に出かけていた学生や青少年層が、当時外観がいくらか老朽化していた第一広場で様々なことを想像する際、火災事件は幻想の絶好の入口となったのである。

　第一広場がさびれたのは、幽霊船の話に影響されて人波が急減したためだという噂も伝わっている。これは因果関係の誤った噂だと思う。一九九五年の衛爾康事件の後、現地では幽霊船が噂されていたとはいえ、第一広場はあいかわらず学生が休日に遊びに行っていて、二〇〇〇年代でも賑やかだったというのが実情だ。第一広場が下り坂に向かったのは、おそらく地区の全体構造の改変のためだ。当時は一中街（いっちゅうがい）、逢甲夜市（ほうこうよいち）が栄え始めて、第一広場のある旧市街中区は次第に没落していた。誤った伝聞によって広がった幽霊船伝説は、中区没落のため盛んに人々の口の端にのぼりだし、第一広場のエレベーターが異空間に通ずる幽霊エレベーターだと噂されるようにさえなった。角度を変えてみると怪談の核心は、都市のビルの老朽化状況を反映している。

　もっとも、第一広場が下り坂だというのは、まったく不正確だ。なぜならここ十年来、この地は変化し、異国情緒に満ちた「リトル東南アジア」となっているからだ。二〇一六年、第一広場は正式に「東協広場」と改名され、ベトナム、インドネシア、タイ、フィリピン等東南アジアの移民労働者が休日に集う好スポットとなった。周辺には多くの東南アジア商店があり、特色ある商品と飲食が販売され、東南アジア風情に満ち満ちている。現地の商店は平日の営業額は多くないが、工場の給料日が過ぎると、店の営業額が四万元以上に跳ね上がる。

今では、東協広場付近は東南アジアの友人達の買い物、生活の場所であり、幽霊船の話は盛んに話されるものでは次第になくなっている。外国籍移民労働者にとって、第一広場は少しも怖くはなく、むしろ温かく日常的で、生命力に満ちた場所であり、「第二の家」のようなものだ。

東協広場付近の千越ビルでは、数年前から刷新計画が始まり、二〇一七年には芸術家グループによって各階の壁に壁画が施された。ビルに幽霊がいようがいまいが、「お化け屋敷」「廃墟」等の呼称は人々のこの地への注目を引き起こし、かえって都市伝説の魅力によって、都市再生の原動力をもたらした。

怪談は、その実は一種の忠告だ。衛爾康事件の後、社会世論と都市伝説の二重の圧力により、政府は慎重に公共安全を考慮するようになり、消防法の改正が促された。怪談は言外に、都市の新陳代謝や、地区に新生の可能性をもたらす新しい視点による再建の必要性を、私達に告げているのかもしれない。

出没情報

**東協広場**（**第一広場**）**：**台中市中区緑川西街一三五号。
**金沙ビル：**台中市中区建国路一〇五号。
**千越ビル：**台中市中区緑川西街と中山路の交差点付近。

奇景 二十

# 水害をもたらす鯰精

妖怪伝説

昔々ある村に一匹の巨大な鯰精（なまずせい）が現れた。水路でのたうちまわり、泥と砂を巻き上げ、大水を渦巻かせ、深い池を一つ作り上げてしまった。

鯰精はぬるぬるした体で暴れ続け、のたうって作り上げた池は湾曲した形状を呈した。鯰精が水を巻き上げる度に、大波が沸き起こり、周辺地域は水浸しとなって、住民の苦しみは耐え難いものだった。

しかし、鯰精が西南へ身を翻して大潭（だいたん）へ向かったとき、天公[1]はついにこれを懲らしめることにした。天公は雷電によって鯰精を撃ち殺した。それからというもの、水池の範囲は大潭までで止まった。そして、天公が雷電で鯰精を撃ち殺したため、その村落は「打廉（パーリャム）（鯰（リャム））」と呼ばれるようになった。

探査ノート

以上の物語は、私が打廉村で実地調査していて、大池のそばで一人の七十代の古老と話したとき、教えてくれた伝説の内容である。その時、池のほとりの樹陰で涼んでいた四名の老人は、みなこの伝説を聞いたことがあると言った。

打廉村は彰化県埔塩郷にある。村名には神妖大戦の伝奇物語が隠されており、深く研究する価値がある。

彰化県が設置されたのは、雍正元年（一七二三）で、当時漢人が次第に埔塩地区にやってきて開墾しはじめた。今のところ、私が調査した文献の中では、打廉の名称が現れる最も古い例は、雍正二年（一七二八）刊行の『諸羅県志』で、書中には、康熙五十五年（一七一六）に諸羅県令周金瑄が、庄民達が共同で打廉庄陂（貯水池）を築くのに資金援助したという記述がある。乾隆六年（一七四二）には、劉良璧『重修福建台湾府志』もまた、馬芝遴の管理下にある八つの漢人庄の一つとして打廉庄の名を記録している。

そのため、もし現地で妖怪騒動があったとするなら、発生時期は康熙五十五年よりも前であり、官民共同で貯水池を築いた時に「打廉」と命名されたことが推測できる。しかし、文献記述のすべては信じられないが、雍正二年に「打廉」という名称が出てくることだけが確かである。

打廉の名称の由来は、妖怪だけによるものではない。『埔塩文史専輯』（二〇〇三）の中の考察によれば、ほかに数種の説がある。例えば、かつて鎌の製造に長けた客家人がおり、そのため「打鎌」の名がついたという。或いは、池の形状が大鯰に似ているため、「大廉（鯰）」となった。或

1　道教の最高神。玉帝、上帝、天帝、玉皇上帝等とも称される。

❶打廉村活動センター前方の概念彫像。

❷大安宮の三山国王神像。

❸打廉村の古地図。「日治二万五千分之一地形図」(1921)より。「打廉」の字の下方は「逆U字形」の大池。地図中に見える池の湾曲形状は、大鯰の姿と似ている。他にも、これは鯰精がのたうちまわることでできた湾曲した池であると想像できる。

❹打廉村の大池。

いは、池には多くの鰱魚（レンギョ）がいたので、「廉（リャム）」は「鰱（リエン）」を意味するというものだ。あるいは、かつて悪さをした妖精は、実は一匹の巨大な鰱魚精だという。

打廉村を実地調査していると、突然、打廉村活動センターの前方に、鯰を捕らえた郷民の彫像が立っているのに気づいた。彫像の下の碑文には、鯰精がこの地で悪さをしたため、付近の家や水田が広い湖となってしまったが、幸いにして三山国王（さんさんこくおう）[2]が大いなる神威を顕し、鯰精を駆除してこの地に平和を取り戻したと記録されている。これは、私が古老から聞いた、天公が妖怪退治をしたという話とは異なっている。

三山国王が鯰精を退治したという話について、私は馬圃原（ばほげん）による『埔塩人文史詩風采』（二〇〇五）でも読んだことがある。この地には大安宮（だいあんぐう）という廟があって、三山国王を祭っており、打廉村の信仰の中心である。大安宮の起源は乾隆十九年（一七五四）で、社頭郷枋橋頭鎮安宮（しゃとうごうへいきょうとうちんあんぐう）からの分霊だと伝えられている。私が大安宮の廟公（びょうこう）[3]に妖怪について質問すると、彼もまたかつて災いをおこした鯰精は三山国王に退治されたと考えており、ただし詳しい経緯はよくわからないという。

もし初めに妖怪を退治した神が三山国王なら、時系列からして理解しがたい現象が発生したことになる。なぜなら、宮廟が設立された時期と、さきほど推測した妖精が暴れた時期が符合しないからである。私は、この誤差は二つの可能性を示していると思う。一つは、現地の最も古い魚精の祟りの伝説には、なんらかの神が魚精を退治したという説明はなく、後に大安宮が建立されてから、三山国王が妖魔を降したという民間伝説がこじつけられたというものだ。二つ目は、大安宮が建立された後から、三山国王が鯰を殺した事蹟が流通するようになり、そこで郷民は「打

2　広東省に起源をもつ民間信仰の神。巾山国王、明山国王、独山国王の三柱の総称。

3　寺廟の管理員。

廉」を「打鯰」であると考えるようになったというものだ。

鯰精の正体については、私は信用度の極めて高い推測が成り立つと思う。鯰精は、擬妖化された水害の歴史記憶なのだ。

打廉村の大きな池は、東螺渓（とうらけい）のなんらかの支流だった可能性が高い。東螺渓は旧名を濁水渓（だくすいけい）といい、砂の包含量が高く清濁が一定せず、現地に水害を引き起こしやすくて、歴史上幾度も河道を変えている。例えば一八九八年の戊戌大水災では、濁水渓が鉄砲水を引き起こし、激流は埤頭（ひとう）、渓湖（けいこ）、埔塩（ほえん）等の地区を襲い、一夜のうちに現地の建物や農地をみな水浸しとし、さらには東螺渓の河道を変えてしまった。

古地図の中の打廉村の池の形状を見比べてみると、逆U字形のように湾曲しており、もし東螺渓の支流が通っていたのなら、河岸は水害が絶えなかったに違いない。ということは、現地の住民が水害を妖怪の災いのせいにしたことで、鯰精が誕生したのかもしれない。

今では打廉の池は、大部分が田畑となっている。古老の話によれば、現地の農民は五十年前、牛車で土石を運んで池を埋め立て、作物を育てる田畑を作った。物語の中の鯰精が雷電に打たれた「大潭」[4]は、部分的に残っており、おおよそ、現在の埔塩の幹線排水路に近いところにある。

## 出没情報

**大安宮**：埔塩郷打廉村埔打路二号。

**打廉村概念彫像**：彰化県埔塩郷打廉村埔打路十九号之十五。

4　大きな池という意味がある。

# 奇景二十一 サオ族の過去 アカギの樹と獠牙精の戦い

妖怪伝説

サオ族は白鹿に率いられ、日月潭に安住の地を見出した。プジ[1]に住み始めると、人口は増え続け、石印、ラル島等に遷り住んだ。

当時、日月潭の辺りには一本の巨大なアカギの樹が生えていて、樹上には祖霊が住んでいた。アカギに新葉が萌え出れば、それはサオ族が子々孫々栄え続けることを意味した。

清国時期、漢人は南から北へと開拓し、水沙連の山林資源に目をつけたが、サオ族の頭目骨宗[2]の抵抗により、なかなか山奥へ侵入することはできなかった。

その時、漢人の首領は、アカギの樹がサオ族の命脈の在処であり、骨宗がその化身だということを聞きつけた。漢人の首領は夜に紛れて禁地に侵入し、アカギの樹を切り倒そうとした。ところが、斧をアカギに突き立てると、樹の傷口はふさがってしまうのだった。

1 現在の南投県日月潭古亭仔一帯。
2 「骨宗」は文献に残された中国語表記。もともとのサオ族語音は不明。

手をこまねいていた時、漢人の首領は夢の中で、「獠牙精」がアカギの天敵であるという天啓を得た。漢人の首領は素早く動き、「牙」を具えた鋸（のこぎり）を使ってアカギの樹を切るよう、配下に命じた。樹を切り倒すことに成功して、銅の釘を切り株に打ち込むと、黒犬の血が噴き出してきた。最後に大きな銅の蓋で覆い、樹から再び新芽が出てくるのを防いだ。

アカギの樹が枯れると、樹の血が日月潭全体を紅く染め、それからというものサオ族の力は大きく損なわれた。

## 探査ノート

日月潭のサオ族の歴史を紐解くと、一ページごとに嘆息が出るような過去に出会う。神秘的なアカギの樹の伝説は、実際にはサオ族の土地が侵入を蒙り、資源を奪われた血涙の痕跡なのだ。

二〇一八年、孔雀園（くじゃくえん）建設計画とサオ族伝統領域の衝突は、獠牙精とアカギの王が敵対したシーンが再上映されたかのようだった。サオ族は実際、数百年の間、日月潭の土地を

日治時期、日月潭の丸木舟。

日月潭中の島　日潭の南に偏して水面より二三十尺の島が夫である、此に上れば日潭全部月潭の大半并に化番の部落を見渡すことが出來、眺望頗る絶佳である。併し發電所が出來れば此中島が湖水に沒するとか、惜しい事だ。

日治時期に撮影された日月潭のラル島。『台湾紹介：最近写真集』より。

❶遊覧バスから、西から東に向かって日月潭を鳥瞰すると、近くの湿地に葦の草叢があり、魚やエビが多く住み、サギやゴイサギ等の水鳥が集まっている。遠くの湖面には小島が 1 つあり、それがラル島である。

❷日月潭の伊達邵埠頭。

❸現在のラル島の様子。小島の周囲に人口浮島が設置されている。現在、島は封鎖されており、サオ族が島で祭儀を執り行うときにだけ開放される。島には祝福と破邪の力をもつサオ族の最高祖霊である Paidabo が住んでいる。

❹日月潭の土亭仔歩道。かつて白鹿が水に飛び込んだ場所。歩道の入口には、フクロウのモザイク画が設置されている。フクロウはサオ族が崇拝する霊鳥だからである。昔、部族で 1 人の少女が未婚のまま子供を産み、周囲に嫌われて山中に逃げ込んで凍死してしまった。少女は死後にフクロウとなり、もうすぐ妊娠する女性の家の門前で鳴き、体に気をつけるよう呼びかけたため、その後サオ族はフクロウをさらに畏敬するようになったという。

❺土亭仔歩道は約 600 メートルの長さで、終点には 2 階建ての展望台が設置され、小型の灯台もあって日月潭を航行する船舶を導く。歩道内は密生した竹林で、緑の葉が揺れる。かつて勇士が白鹿を追った様子を思わず想像してしまう。惜しいことに、泥砂が流失したために、土亭仔のほとりの水は土褐色を呈し、日月潭の緑色の水と明らかな対照をなしている。

奪われ続けてきたのだ。例えば、日治時期に日月潭ダムが建設されたことで、サオ族の人々は伊達邵へ強制移住させられ、その後国民政府が都市計画を理由にまたもや土地を奪い、サオ族の生存空間はどんどん小さくなっていった。

サオ族が千百年住み続けてきた日月潭は、かつて白鹿が祝福した土地だったが、いまや財団による大規模開発にさらされている。民族文化の発展が押しつぶされるだけでなく、生態系環境の破壊が人々を不安にさせている。

サオ族の起源を振り返ってみると、彼らはもともと阿里山に住んでいた。パイダブ(Paidabo)という勇士とその仲間が森で狩りをしているとき、一頭の美しい大白鹿と出会い、これを追っているうちに、日月潭を見つけたのだという。パイダブはサオ族の初代頭目となり、部族の人々を率いてブジに定住した。

日月潭のサオ語はZintunで、プジのサオ語はPuziであり、白色を意味する。なぜならここは、はじめ白鹿が水に飛び込んで消えた場所だからであり、後に漢人によって土亭仔と呼ばれるようになった。

サオ族にとって、湖中央のラル島(Lalu)は、かつての居住地、祭祀の聖地だった。しかし、日月潭ダムの建設と九二一地震[3]で被害をうけ、島の面積はわずか二十坪が残るばかりとなった。埋め立てと嵩上げの工事をしても、増えた面積は百年前の島と比べて、やはり甚だしく小さい。

湖の遊覧船に乗り、ラル島のそばを過ぎるとき、船長の黄さんは私に、島には今四本の大きなアカギが生えているが、いずれも九二一地震の後に植えられたもので、そのうち一本は呂秀蓮[4]が植えたらしいが真偽はわからない、といった。

島にアカギを植えたわけは、むかし切り倒されたあの白いアカギの樹はラル島に生えていたものだった、と言い伝えられているからだ（日月潭の北東のほとりだともいう）。島に再びアカギを植え、光華島（こうかとう）をラル島と正名[5]したことは、サオ族文化の主体性を象徴している。

歳月の流れは速く、日月潭とラル島は多くの変化を経験したが、単純な言葉でそれを説明することはできないし、黒白の二分法で結論を出すこともできない。船上に座ってラル島を眺めていると、船が巻き起こした白波が小島の周囲の浮島を左右に揺らした。思わず私は、その昔、白いアカギが流した血が湖水を紅く染めた有様を、空想してしまった。

樹液が鮮紅だというのは、決して誇張ではない。アカギの樹の樹液は流れ出したばかりのときは白いが、空気に接触すると酸化作用をおこして、紅褐色を呈し、まるで血のような鮮紅に見える。かつて、アカギの紅い樹皮は、天然染料として使われた。

白のアカギはすでになくとも、近年、サオ族の人々は積極的に権利を勝ち取り、自らの文化を取り戻そうと努力しており、その精神は敬服に値する。遠くからラル島を眺望しながら、私は心の中で黙って祝福した。

### 出没情報

**日月潭：**台湾南投県魚池郷日月村にあり、四大埠頭の朝霧、水社、伊達邵、玄光で遊覧船に乗り湖を楽しむことができる。

3　一九九九年の台湾大地震。

4　台湾民進党の著名政治家。二〇〇〇～二〇〇八年に副総統を務めた。

5　「正名」とは、もともと『論語』から来た言葉で、「名を正す」という意味。民主化以降の台湾では、第二次世界大戦後国民党が台湾各地で命名した地名を、それ以前の固有の地名に戻そうとする「正名運動」が展開された。

奇景 二十二

# 日月潭（にちげつたん）の人魚タクラハ



妖怪伝説

サオ族は日月潭に居を定めた後、農耕のほか、湖の魚やエビ、タニシ、ドブガイを生活の糧としていた。しかし、ある時から、魚がとれなくなり、水中に仕掛けた魚やエビを捕る筒や籠も壊されてしまった。そこでサオ族の頭目は大変心配し、水中に怪物がいるのではと疑った。

少年ヌマ（Numa）は事情を聞くと、水に潜って事を明らかにしたいと思った。ヤスを手に取って湖底に潜ると、すぐに多くの破損した魚網を見つけた。漁具の残骸に沿って泳いでいくと、長髪の人魚タクラハ（Taqrahaz）が、人々の作った鰻筒を壊しているのを見つけた。

ヌマは眉を上げて怒り、ヤスを振り上げて攻撃した。タクラハは水中の精怪なので、瞬時に攻勢に出た。少年と水精は三日三晩激しく戦ったが勝負はつかず、最後に双方とも気息奄々（きそくえんえん）として大岩の上に横たわって休んだ。

ヌマが水精になぜサオ族に敵対するのかときくと、タクラハは「水中の籠が多すぎるのだ。節制しなければ、魚やエビを捕りつくして、我々は生きていけなくなる」と反問した。

ヌマは満面を赤らめ、過ちに気づいた。部族の人々はわけを知り、万物生息の理を悟ると、タクラハの協力により、浮島を作って魚類の産卵と繁殖を手助けした。また特定の魚種を捕る時間を固定し、魚網の網目の大きさを制限して一網打尽にしないようにした。

――『邵族：日月潭的長髪精怪』からの改作

## 探査ノート

サオ族は超自然の存在をQ̣ali と呼ぶ。この言葉の指す範囲は広く、例えば祖霊、善霊、悪霊はすべてQ̣ali に属する。他にも黒精と水精という二種の特殊な精怪がいる。

『日月潭邵族調査報告』（一九九六）の中で、唐美君（とうびくん）は、サオ族頭目パイダブ・シナワナン（Paytabu Sinawanan）の話を記述している。それによれば黒精（Matinatinaq a Q̣ali）は全身が黒く恐ろしげで、人を病気にする力をもち、水精（Daqrahaz）は船をひっくり返して人を溺れさせるという。しかし、唐美君はまた、もう一人のサオ族の語り手高武老（こうぶろう）の話を附註に記している。水精は、水中で水族のQ̣ali を司っており、災いをなすことはなく、むしろ溺死者が水幽霊（Salu.ma）となって船をひっくり返し人を溺れさせるという。

日月潭の水精が人を水中に引きずりこむかどうかはともかく、タクラハが湖の中に住んでいるのは疑問の余地がない。洪英聖『台湾先住民脚印』（一九九三）の記録によれば、サオ族と結婚した漢人劉秋香（りゅうしゅうこう）は、幼少期から部落に住み、湖辺にハマグリを拾いに行くときはいつも、石印までは行かないようにしていた。なぜなら、そこには平らで四角の大岩があり、年長者によると、人魚がその岩の上で日光浴をするからだという。人魚は長髪で、身体は魚、頭は女性の姿をしているという。『邵族：日月潭的長髪精怪』（二〇〇二）の中で、簡史朗（かんしろう）の採取した日月潭の人魚の物語は、私の改作した先の「妖怪伝説」のもととなった。

タクラハの物語は描写が生き生きしているが、水精の活動の証拠となる石印の大岩は、水位上昇によりとっくに水に沈んでしまった。しかし今でも、水上に漂う浮島が、日月潭でタクラハが存在したことを追跡できる一縷の手掛かりとなっている。

はじめ日月潭は沼地で、多くの水草や藻類が水面を覆って、泥土に根は張らず水にまかせて漂っていたという。その後、サオ族はそうした浮草の塊を基礎にして、竹で骨組みを作り、浮島を作った。浮島は浮田ともいう。四角の骨組みは竹の筏（いかだ）で、上に泥土や落葉をかぶせ、あるいは草を植える。魚群は浮島の下で産卵・繁殖するのを好むので、生態系保護の意味があるだけでなく、部族の人々が魚を捕り、または浮島のまわりに魚籠を仕掛けるのに便利だ。

水精伝説では、サオ族はタクラハの教えによって持続可能システムの道理を学んだ。しかも、この水中精怪はサオ族に浮島の設置方法を教えた。

今、日月潭の水面では、聖地ラル島の周りに多くの浮島が

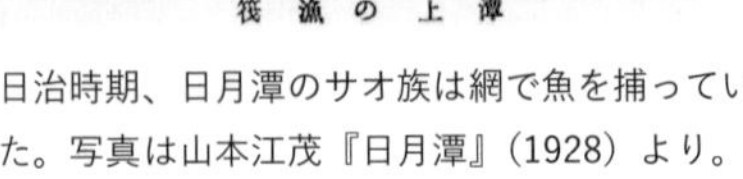


日治時期、日月潭のサオ族は網で魚を捕っていた。写真は山本江茂『日月潭』（1928）より。

❶伊達邵埠頭付近の人口浮島。
❷玄光埠頭付近の人口浮島。
❸日月潭には以前、水面に巨大な岩が１つあり、人魚タクラハはよく岩の上に座っていた。しかし、日月潭にダムができてから、水位が上昇し、大岩は水中へ沈んだ。
❹サオ族が魚を捕るのに使うダワツ（Dawaz）は、すなわち魚網である。他にも竹で編んだ魚筒（魚籠）で魚を捕る。伝説中の人魚タクラハは、サオ族が魚を捕りすぎるのを不満に思い、水底でこうした漁業装置を破壊した。

設置され、その上にはハナシュクシャの花が植えられているが、こうした浮島は一貫して存在したわけではない。日治時期、日本人は浮島が発電所に影響するのを心配し、すべて撤去した。数年前には、サオ族が作った浮島の竹筏が、申請を出していなかったために、県の調査グループによって処分されてしまった。

現在、日月潭の浮島はすべて日月潭管理処の管轄となっていて、勝手に設置することはできない。日月潭管理処は、こうすれば湖面をきれいに保ち、船の航行を比較的安全にできると考えているが、しかしこのような杓子定規の規定は、サオ族が自然と長らく共存共生してきた智恵と法則を抹殺するものではないだろうか。その影響で、浮島を作る古老の技芸は次第に失われていかないだろうか。

湖面下のタクラハは、水面上の世界がどうなっていくかを、静かに見ているのかもしれない。

出没情報

**伊達邵埠頭、玄光埠頭、ラル島：**周囲にはみな人工浮島がある。

奇景 二十三

# 高潮を起こした臭聾王爺

探査ノート

道光二十五年（一八四五）、雲林の口湖地区で大規模な高潮が発生し、数千人が亡くなった。災害の後、疫病が流行し、死者はさらに多くなった。後に、これらの罹災者の遺体は、四つの「万人塚」に集団埋葬された。万人塚の一つは口湖の下寮仔にあり、ここには一八五二年、万善同帰祠が建てられた。水甕に遺骨を納め、土に入れた後、石灰で固めて作った四百余りの小丘墳を整列させ、「万善同帰」の石碑を建てた。

そこから距離の遠くないところにある金湖万善爺廟は、金湖蚶仔寮の開基万善祠から分霊されたものであり、これもまたこの災害で命を喪った人々を記念する。廟内には「九頭十八手戦水英雄」の彫像がある。かつて高潮が押し寄せたとき、一人の陳姓の壮漢が家に戻ると母親が水にのまれており、心は悲痛だったが、近くで八名の子供が危ういのを見ると、我が身を顧みずに助

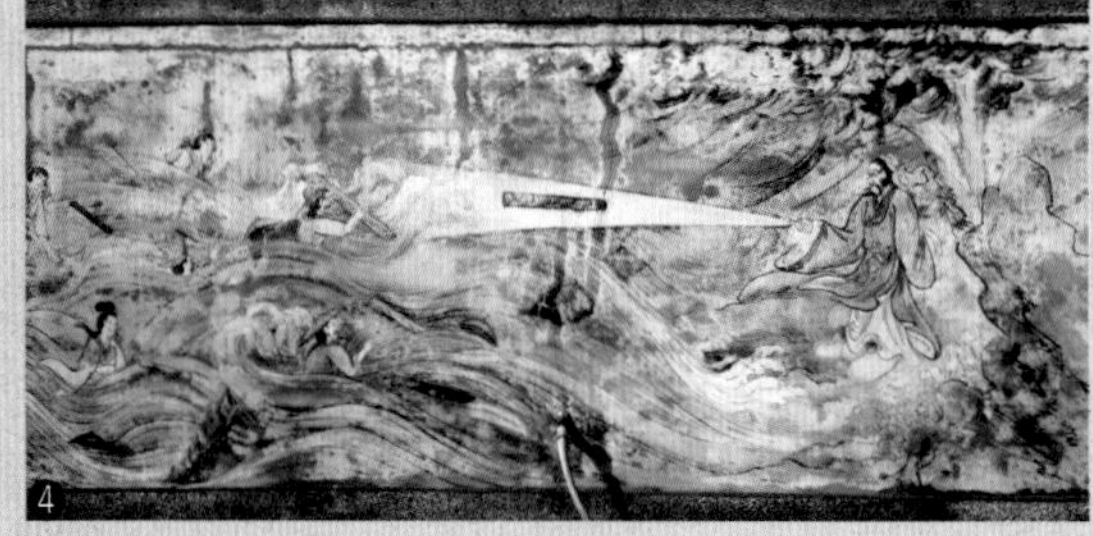

❶下寮万善爺廟の入口。
❷金湖万善爺廟の「九頭十八手戦水英雄」彫像。
❸下寮万善爺廟の万人塚。
❹下寮万善爺廟の壁には、青い服を着た臭聾王爺が高潮を引き起こす壁が描かれている。絵の作者は林厝寮の蔡火明である。

けに向かい、彼らを背負った。しかし水の勢いは猛烈で、壮漢と子供は溺死してしまった。この勇士を記念するため、住民は彼の彫像を作り、「大万人」と敬称した。

道光年間の災害について神怪の物語が伝わっている。この災害は玉皇大帝が住民を懲らしめるため、東港の蚵仔寮を飲み込もうとしたことによるものだった。しかし聖旨をうけた臭聾王爺は耳が遠く、「蚵仔寮」を「箔子寮」と聞き違えて、新港の箔子寮（口湖郷と四湖郷の境界）を高潮に襲わせ、悲惨な災害を引き起こした。臭聾王爺は天意に背いたため天誅を受けて大きな鯨となり、浅瀬に乗り上げて死に、住民にその肉を食べられた。鯨油を飲めば病の痛みが治ったという。

言い伝えでは、臭聾王爺は一頭の龍であり、「聾龍」である。しかし私は、金湖万善爺廟の管理人から、金湖万善爺は魚であるが、古すぎる話なのでどんな魚かはわからないという話を聞いた。龍神なのか魚神なのかはともかく、万善爺は民間伝説の中で過ちを犯した神の使いであり、この巨大な高潮災害を糾弾する心理をあらわしているようだ。

今日、金湖万善爺廟では、毎年旧暦六月に決まって牽水車蔵の祭儀がおこなわれ、百年前に高潮で亡くなった先人を記念している。住民達は儀式で幸福を祈り、祖先を追悼することで、同時に歴史の記憶を継承している。

### 出没情報

**下寮万善爺廟：**雲林県口湖郷下崙村二鄰下寮路七〇之六号。

**金湖万善爺廟：**雲林県口湖郷港東村民主路五号。

奇景 二十四

# 猪娘娘廟（ちょじょうじょうびょう）の黒皮（こくひ）夫人



## 妖怪伝説

清国時期、蚶仔寮に一戸の養豚を営む家があった。そこの雌豚は二晩続けて柵から脱出し、近くの農地のサツマイモの葉を食べた。サツマイモ畑の主人は三日目に被害に気づき、夜中に用水路に潜んで雌豚が食事に来るのを待ちうけ、鋤（すき）を振り上げて威嚇した。うっかり鋤で豚の鼻面を叩いてしまい、雌豚は死んでしまった。

翌日、豚の主人は雌豚の姿が見えないので探すと、サツマイモ畑で死骸を見つけた。彼は豚の死骸を持ち帰り、腹を割くと、中に十二頭の出生間近の子豚（七匹の雄、五匹の雌）がいるのに気づいた。豚の主人は画符師[1]であり、報復のため、雌豚の首を尿液に浸し、四十九日後に取り出して頭に符咒を貼り、サツマイモ畑の主人の家の近くに埋めた。ほどなく、サツマイモ畑の主人は亡くなり、母豚とともに地獄に堕ちた。

母豚は閻羅王に無罪を訴え、十三の命を取り戻すよう起訴したので、閻羅王は雌豚に烏令旗（魂を取り戻す合法証明）を下賜した。その後、母豚の陰魂は蚶仔寮に祟り、豚の主人とサツマイモ畑の主人の家族は不幸に見舞われて、村民の収穫は悪化し、落花生は雌豚に食べつくされて殻の中に実がなかった。事態が次第に深刻になると、蚶仔寮港口宮の媽祖は忠告してやめさせることにした。母豚の陰魂は祟りをやめることに同意し、村民に、蚶仔武聖爺廟の傍に彼女を祭る廟を建てさせた。最後に、玉皇大帝は烏令旗を回収し、雌豚を「黒皮夫人」に任命した。

——謝国祥のインタビュー記録より

## 探査ノート

以上の物語は、東郷港口の古老・謝国祥のインタビュー記録だ（もとの文章は洪恵環が整理したもので、エコツーリズム関係の仕事をする頼鵬智の個人サイトに発表された）。

港口村は古名を蚶仔寮という。港口宮媽祖廟の近く、嘉6郷道の沿線に猪娘娘廟があり、そこで祭られているのが黒皮夫人だ。猪娘娘廟と武聖爺廟は粗末な三片壁（三方に壁があるだけで門がない）だったが、日治末期の戦後初期に二社の隣接するレンガ造りの小廟に建て替えられた。

現地を訪ねてみると、猪娘娘廟と武聖爺廟は大きくはなく、廟前の広場はトタン屋根で雨風をしのいでいた。廟は小さく辺鄙な場所にあるが、旧暦四月二十日には猪娘娘の誕生を祝い、鯊鼓、港口、渓下の三つの村の人々がみな拝みに来るという。かつて人々は賭博を大いに楽しみ、猪娘娘廟に占ってもらいに廟へとやってきた。

1　魔よけや呪いの札を書く道士。

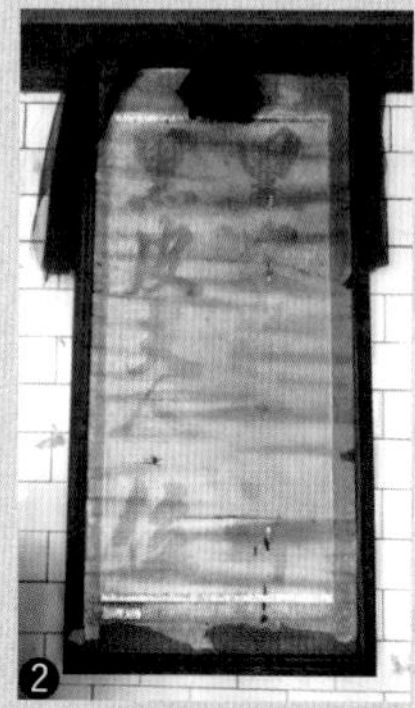

❶猪娘娘廟の神像。
❷廟内の掛け軸の字はぼやけてしまっているが、以前の写真と照合すると、おそらく「黒皮将軍、黒皮夫人」とあり、下方には「神位」の２文字がある。
❸豚娘娘廟の中の扁額。上方に「護国祐民」と書いてあり、1987年旧暦４月の猪娘娘安座大典の時に設置された。
❹港口宮の媽祖廟。

猪母鬼の物語は民間ではよく聞くもので、例えば台南北門区の鎮海将軍廟（ちんかいしょうぐんふ）もまた、無実で死んだ雌豚を祭ったものだ。紀府千歳（きふせんさい）がこの廟を建てるよう導き、ようやく雌豚の怒りが静まったのだった。

文史学者の林培雅が収集した台南の物語では、かつて石門小学校に雌豚の幽霊が出没し、教室内で糞をしたとある。雌豚の幽霊に祟られると腹痛をおこし、王爺に伺いをたてるか（護符を燃やして邪気払いするなど）、収驚（ショウジン）（お祓い）[1]に行かなければならない。

『台湾むかし話』第三集、「豚母鬼」の文中挿絵。

日治時期、鶴田郁の著した『台湾むかし話』第三集（一九四三）には、「豚母鬼」という不思議な物語がある。一頭の雌豚が死んで地下に埋められるも日月精華を吸って霊魂が甦り、ある祠に住むようになった。雌豚鬼は人食いが好きで、食べた少女を手下にして、人間をさらうよう命令した。ある男が祠で夜を過ごしたとき、少女が男に雌豚鬼に気をつけるよう警告したので、男は計略を使って雌豚鬼を翻弄し、二度と人に危害を加えないよう承知させた。後に少女の遺骨は肉を取り戻し、男は彼女と結婚して子供をもうけた。しかし、雌豚鬼は悔しがり、復讐に戻ってきた。男の一家は寺廟に隠れ、幸いにも廟の中の宝刀によって雌豚鬼を殺すことができた。

**出没情報**

**猪娘娘廟**：嘉義県東石郷嘉6号道。

1 「奇景二十七」を参照。

奇景 二十五

# 水牛厝（すいぎゅうさく）の牛将軍廟（ぎゅうしょうぐんびょう）

妖怪伝説

十六世紀、国姓爺に従って来台した武将・葉観美（ようきんび）は、命令により軍隊を率い、中国から耕作用の水牛も八頭連れて、現在の嘉義（かぎ）・水牛厝へ屯田にやってきた。しかし、開拓は苦労が多く、八頭の水牛は過労のため相次いで死んでしまった。兵士は水牛の貢献に感謝し、その肉を食べるに忍びず、村内の大埤（だいひ）（池）の傍に丁重に葬った。その後、村では奇怪な出来事が相次いだ。

例えば、農民が大埤の近くで牛を放していると、池の中では牛が一頭増えている。ところが牛の群れを岸に上げると、頭数に異常はみられない。或いは、田畑の傍で一頭の水牛が稲やサトウキビの盗み食いをしているのをよく見かけるが、翌日に調べると盗み食いの痕跡がない。住民は皆、これを水牛神の化身だと考え、「金水牛（きんすいぎゅう）」と呼び、廟を建てて祭った。金水牛が出没する場所は「水牛穴（すいぎゅうけつ）」、池は「金牛埤（きんぎゅうひ）」と呼ばれた。

## 探査ノート

葉観美は現在の水牛厝の葉家の祖先で、葉明邨という一子があり、その墓は嘉義市山仔頂植物園の後方にあって嘉義市の市定古蹟となっている。明邨の名は、当時の屯田の事蹟を記念したものだ。葉観美については、人名ではなく葉姓の家族祭祀公業の名称だという別の一説もある。

牛神伝説は水牛厝に古くから伝わる物語で、現地の慧明社醒善堂は、一九七三年に五聖温主公廟の傍に牛将軍廟を建てた。この廟の物語は『聯合報』の報道により蔣経国総統の関心を呼んだ。蔣経国は一九七八年にこの廟を参拝した後、農業精神を発揚するため牛将軍廟の増築を指示した。

嘉義県政府は蔣経国の支持を受けて、金牛埤と俗称される大池を埋め立て、農村文物公園を造営することを決定した。この公園は一九八八年に完成し、園内には新しく建てられた牛将軍廟があり、慧明牛将軍を招請して参拝対象としてある。

私が嘉義に牛将軍廟を訪れた時はちょうど牛将軍の生誕祭日で、慧明牛将軍廟にも水牛公園内の牛将軍廟にも花と果物が供えられ、牛将軍の誕生が祝われていた。独特だったのは、供物台は牧畜用の飼料が置かれ、牛将軍に捧げられていたことだった。

## 出没情報

**慧明牛将軍廟**：嘉義県太保市南新里、五聖温主公廟の傍。

**水牛厝牛将軍廟**：嘉義県太保市南新里中山路一段六十四号。

❶慧明牛将軍廟の入口。

❷慧明牛将軍廟内の水牛神像と牧童。

❸水牛公園の入口。両脇に 2 つの水牛彫像がある。

❹水牛公園の牛将軍廟の水牛神像と牧童。

❺供物台に置かれた牛将軍に供えた飼料。

奇景 二十六

# 奇怪に出会った男

私は縁あって嶺東科技大学の陳美先生と知り合い、彼女の父が多くの神怪体験をしたという神秘的な物語を聞いた。そこで、私は陳美先生のご実家を訪れ、陳慶章さんにお話をうかがうことにした。

陳美先生のご実家は、春社里嶺東科技大学の付近にある三合院[1]だ。春社里は旧称を番社脚といい、数百年前に平埔族のバブザ族の居住地だったところにある。ここには番子井などの遺跡があり、平埔族がかつてここで活動した証拠となっている。

陳慶章さんは九十歳で、老いて益々盛んであり、訪問した当日の午後は、山での「バカンス」から帰ってきたばか

陳慶章さん。

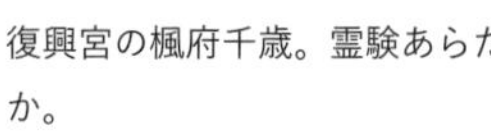

復興宮の楓府千歳。霊験あらたか。

1 台湾、中国大陸に伝統的な、中庭をコの字形に囲む住宅建築様式。

りだった。話が始まると、陳さんは熱心に春社里のかつての物語を教えてくれた。例えば、この地には俗称を楓樹公（ふうじゅこう）と呼ぶ、楓府千歳（ふうふせんさい）を祭る一社の復興宮（ふっこうぐう）がある。かつて一本の大きな楓の樹があり、霊験無比であったために、廟が建てられ祭られたという。話しているうちに、陳さんは自身が経験したいくつかの奇妙な事件を語ってくれたが、その中の三つは妖鬼神怪と関係があった。

### ①白骨精（はっこつせい）

陳さんは二十九歳の時、金門島[2]で兵役についた際、恐ろしい体験をした。当時は宿泊場所が少なかったので、彼は営隊の戦友達と一緒に丘に穴を掘り、洞穴に稲草を敷き詰めて寝場所とするしかなかった。洞穴は平らに掘ることができず空間も狭く、横たわると頭が高く脚が低い姿勢になるうえ、一つの坑内に九人がひしめき合っていた。

ある夜中、眠りに就いてしばらくしてから、突然体の具合が悪くなった。ゆっくり目を醒ますと、ぼんやりとした影が前方に現れ、白い掌を挙げて彼の胸を撫でようとした。

陳さんは驚き、身につけていた護身符を握りしめて神の加護を祈った。護身符に触れた途端、不思議な白影は消えて見えなくなった。

その後まもなく、洞穴は作りが不安定だったせいで崩落してしまった。崩れた土塊の中からは、驚いたことに手や足など多くの白骨が見つかった。陳さんは、あの時白骨精に出会ったのだと悟った。その後、彼は死後には確実に魂があると信じるようになった。

## ②水鬼（すいき）

春社里には知高圳（ちこうせん）という田畑を灌漑する用水路がある。陳さんによると、以前この用水路では溺死事件がよく発生したという。

ある日、田畑で働いていたとき、水路の水面に女の赤ん坊が浮いていることに気づいた。見たところ三歳ばかりで、水をたくさん飲んで溺死しそうだった。陳さんは急いで水に飛び込み、赤ん坊を助けて水を吐き出させた。幸いにも赤ん坊は水を吐いて呼吸を回復した。その時は冬で、陳さんは赤ん坊の衣服を脱がせ、タオルでくるみ凍えないようにした。陳さんの助けによって赤ん坊は無事に家に帰ることができた。

少し後で、陳さんは夢を見た。夢の中で裸の子供達が陳さんを取り巻き、「お前が売買の邪魔をした！」と言うのだった。

陳さんはこの夢と助けた赤ん坊の間に関係があるとは思わなかったが、しかしその後、陳さんの息子と娘（つまり陳美先生）には相次いでよくないことが発生した。

陳美先生の補足説明によると、当時お兄さんは背中に腫れ物ができて意識を失い、神に「処理」を祈ってやっと好転した。また陳美先生は小学五年生の時、知高圳に落ちてしまった。幸い、その時王（おう）姓の軍人が近くにいて、急いで彼女を助けてくれた。

知高圳。水面は青緑で底が深く見えない。

2　福建省廈門のすぐ傍にある島。冷戦期は中華民国の前線基地として全島が要塞化されていた。

陳美先生はその後、嶺東大学で教鞭を執るようになってからも怪事に出会った。学校近くのアパートに住んでいたのだが、夜はいつもよく眠れず、部屋の中で多くの声がするのを聞いた。そこで陳美先生は一体の観音菩薩をアパートに置いて祈ると、怪事が起こらなくなった。彼女はある日、水の中でたくさんの人が笑っている夢を見た。菩薩のおかげで彼らはもう苦しまずにすんだようだった。

助けられた赤ん坊についていえば、その後無事に成長して結婚した。

### ③魔神仔（モシナ）

陳さんは三十～四十歳の頃、家の前で魔神仔を見た。

その時は七、八時で、魔神仔は道端の段ボール箱の上に立っていた。全身が灰色の毛で覆われ、眼が大きく身体は小さく、百二十センチほどの身長だった。猿に似ていたが猿ではなかった。口が平らで、全体的に非常に不気味だったので、陳さんはこれを魔神仔だと考えたのだった。

陳さんが急いで傍にあった棒を手にとって身を守ろうとすると、魔神仔はすぐに段ボール箱から離れ、奇怪な足取りで歩いた。陳さんは棍棒を持って付近の街道まで追いかけた。陳さんは大声をあげ、人を呼ぼうとしたが誰にも聞かれなかった。魔神仔が白いセダンの下に滑り込んだので、陳さんは四つん這い

魔神仔が消えた街道は、以前はレンガ造りの家が並んでいたが、現在はビルが立ち自動車が溢れている。

になって覗いたが、魔神仔の姿は消えていた。その後、陳さんが魔神仔を見ることは二度となかったが、魔神仔はまだ近くに潜んでいると考えている。

実は、魔神仔が消えた街道の入口には三合院があり、四十年以上前に爆発事件が発生したことがあった。一人の兵士が手榴弾を手に取った時、うっかり爆発させてしまい、三人が死亡し多くが重傷を負った。当時、一人の住民の腹からは腸が飛び出てしまい、地面を這って助けを求めたが、結局亡くなってしまった。

陳さんは、爆発事件のあとまもなく魔神仔に出会ったので、当時の爆発事件はあの魔神仔と関係があるのではないかと疑っている。

多くの不思議な出来事を経験し、魔神仔と対峙したこともあったとはいえ、しかし陳さんは、鬼怪は人間の前にむやみに姿を現すものでなく、多くの場合、疑心が暗鬼を生むのだと思っている。彼は、最も重要なことは心が「正」であることだと考えている。「邪は正に勝てない」というのが世の中の道理だからだ。

# 奇景 二十七 収驚舗（しゅうきょうほ）で教えを乞う



## 探査ノート

私はしばしば沙鹿（さろく）の老舗の収驚舗（お祓い屋）を訪れ、店の人に収驚（ショウジン／シウギア）について教えてもらう。歴史の長いこの台湾の民俗儀式をもっと理解したいのだ。

店内には二人の宗教服務員がいる。収驚阿嬤（アマ）（お祓いお婆さん）と収驚阿姉（アジイ）（お祓いお姉さん）の母女だ。はじめこの店はお婆さんのお姑さんが収驚の仕事をしていたが、後にお婆さんとお姉さんが引き継いだ。今では、お婆さんは収驚をして六十年以上になり、お姉さんの収驚経験は三十年以上だ。

収驚は一種の特殊な民俗文化で、人々は、精神不安定だったり神仙を怒らせたりしたら、こうしたお祓い儀式によって霊魂を鎮める必要があると考えている。収驚お姉さんによると、収驚に来る人の多くは、以下の事情をかかえている。頭が痛い、風邪をひいた、身体の具合が悪い、転

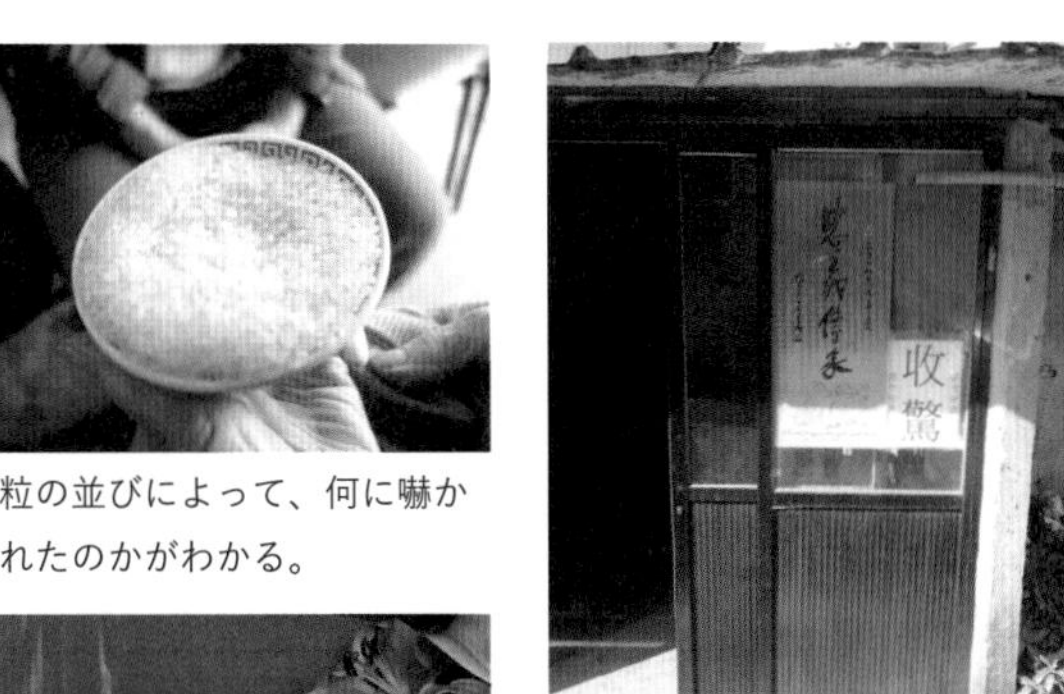

米粒の並びによって、何に嚇かされたのかがわかる。

沙鹿収驚舗の門。

沙鹿収驚舗の中に奉納された神像。

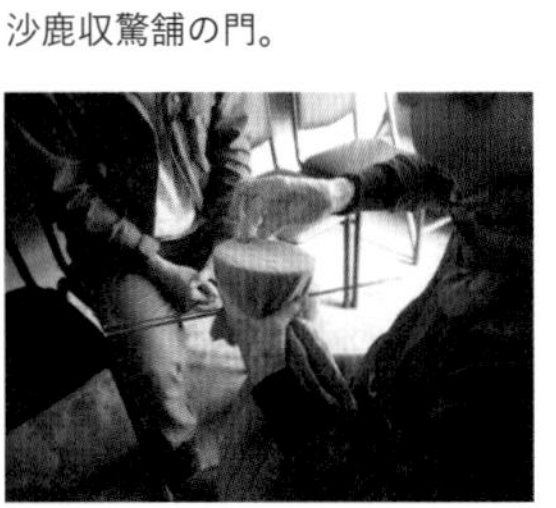

収驚阿嬤が米碗をこすっているところ。

んだ、路上で事故に遭った（交通事故など）、悪い夢を見た、運気が悪い、諸事うまくいかない等々。最もよくあるのは子供の収驚である。子供が熱を出した、寝つきが悪い、顔色が悪い、緑色の便が出る等だ。しばしば人々は、忌中の家を見かけたり、全身の具合が悪かったりすると、「とりつかれた」と思って収驚に来る。或いは、子供の試験が近くなると、試験運をよくして心身を安寧にするため収驚に来る。また或いは、旧正月が近づくと家の大掃除をしなければならないが、人の心霊もまた掃除が必要で、明るい新年を迎えるため一家で収驚に来て穢れを払う。他に比較的特殊な例として、犬の主人が犬をつれて収驚に来ることがある。

収驚には多くの方式があり、各地の宮廟、神壇の形式もそれぞれ異なる。比較的簡易な方式は、三本の線香か金紙を持ち、依頼者の頭上と身体の前後で燃やして、邪気と穢れを除くというものだ。この沙鹿収驚舗の方式は伝統的で、依頼者の衣服を使用する。

まず、依頼者は一着の服を提供し、施術者はそれでお碗一杯の米を包む。服は「魂衣」、米は「魂衣」と呼ばれる。施術者は依頼者に姓名、誕生日、年齢をたずね、神壇に奉納した仏、菩薩に礼拝する。そして、施術者は依頼者の前方で服に包んだ米碗の表面をこすりながら、諸仏諸菩薩の加護と依頼者の平安健康を願う言葉を口の中でとなえる。米碗を数分間こすってから、施術者は服を取り除いて米粒の並び方を見る。米粒の並び方から、依頼者の収驚の具合を知ることができるのだ。儀式の過程をとおして、施術者は依頼者の心中の疑惑と不安を解き、魂を鎮めて三魂七魄[1]を呼び戻す。

お姉さんは、収驚はカウンセリングのようなもので、伝統的な心理治療方式であり、信仰と宗教の力によって心霊と肉体の間の平衡を調節できると考えている。「人が人をひどく驚かす」ことは多く、こうした時にはいくつかの方式で心霊を鎮める必要がある。収驚は台湾民俗において最もよく見られる安魂の方式なのだ。お姉さんはまた、依頼者は病気の苦しみが原因で来ることがあるが、彼らは医者が処方する薬を飲むと同時に収驚にも来るという。なぜなら彼らは、「人も要るし神も要る」（台湾語のことわざ）、つまり人力と神力の相互の協力が必要だと考えているからだ。

収驚舗を訪れる度に、お姉さんはいくつかの印象深い収驚経験を紹介してくれたので、私はその中から二つの話を記録することにする。

### ①病院の怪事

一人の若い女性がある病院で、夜にトイレに行ったところ、個室の中から外で怪しい音をするのを聞いた。ハンドドライヤーがガーガーと作動する音らしかったが、しかしトイレの中にいるのは明らかに彼女だけで、他の人が入ってくる音は聞こえなかった。女性はとても怖がって、急いでそこを出た。その後も女性は、不安に苛まれ続けたので、お姉さんのところに来て収驚をしてもらった。

## ②線痕

ある四十~五十代の婦人が収驚に来たので、お姉さんが米碗の中の米粒の並びを見ると、一すじの線の痕跡がぼんやり現れた。お姉さんは依頼者に、最近「一本の線」のようなものに驚かされたことはなかったかとたずねた。なぜなら収驚に来る人の多くは犬に驚かされたためで、お姉さんは「一本の線」は犬の尾を意味するのかと考えたのだ。しかし依頼者は、市場で一匹の鰻が跳ねて驚かされたと言った。鰻の姿形は確かに「一本の線」のようだ。

1　道教思想では、人間は三種の魂と七種の魄をもち、魂は精神、魄は肉体を支えるとされる。

奇景 二十八

# 聴暗卦（ティアアムグァ）は当たるのか



台湾ではかつて、元宵節（げんしょうせつ）、中秋節（ちゅうしゅうせつ）になると、女性達が「聴香（ちょうこう）」、台湾語で「聴暗卦」という神秘的な占い儀式をおこなった。

儀式が始まると、三本の線香を焚いて神仏に祈りを捧げ、聴暗卦によって知りたい未来について口にし、神仏に教えを請う。祈る場所は、自分の家の神壇でも地方の宮廟でもかまわない。祈り終えたら、三本の線香を近くの壁角の下の地面に挿し、煙が漂ってゆく方向を見る。煙は次に移動するべき方向をしめす（別の方法として、ポエ[1]を投げて移動する方向を決めるというものもある）。

移動していくときにもし偶然人の話し声が聞こえたら、その初めの一言は、一言半句であろうと必ず覚えておかなければならない。そして神仏のもとへ戻り、ポエを投げて神仏にこの一言が「神諭」かどうかをたずねる。もし一陰一陽（二つのポエがそれぞれ裏と表になる）の「聖筊（せいこう）」が出れば、この一言は、占う者が求めていた預言ということになる。

聴香の起源は、唐の時代に存在した「鏡聴（きょうちょう）」だろう。王建（おうけん）の「鏡聴詞」（『聊斎志異・鏡聴』）にもこの儀式について言及がある。鏡聴は、鏡を懐に抱きながら、路上で他人の言葉を盗み聞きしなければならないところが異なる。

銅鏡を抱くのであれ線香を使うのであれ、他人の話の盗み聞きなど荒唐無稽のようだが、こうした占いはかつて非常に盛んだった。日本軍が台湾に来た初期の頃、島では戦乱が絶えなかった。大稲埕のある一家は逃げるべきかどうかわからず、聴香の結果に従って家に残っていたところ、逃げた隣人は帰ってこず、彼らだけが難を逃れたのだった。

明治三十四年（一九〇二）、『台湾慣習記事』は一人の夫人の聴香のいきさつを記録している。一九四〇年代、雑誌『民俗台湾』もこれを記録しており、この儀式は次第に流行らなくなっているとある。戦後になって、『民声日報』も聴香の習俗を報道しているが、文章中で「伝説」という語彙が用られており、こうした儀式が当時すでに衰退し、人々が実際にこれをおこなうことがなくなっていた可能性が高い。

聴香はそれほどまでに奥妙なものなのだろうか。文献を調べていたとき、私の心にはこうした疑問がつねに浮かんだ。ならば実際にやってみよう。私は二〇一八年の中秋節の夜に、古式に則り吉凶を占った。

私の家の近くには、三府王爺を祭る保安宮（ほあんぐう）があり、私はよくその廟で平安を祈るので、そこで聴香をすることにした。

夜七時、丸く明るい月の下、私は宮内に入り三本の線香を持って三府王爺（さんふおうや）に祈った。いったい何をきくべきだろうか。ちょうどその時、私は一週間以上風邪をこじらせていて具合

1　道教寺院でよく見られる占いの道具。ポエは台湾語の発音で、「杯」「貝」「盃」などと表記し、貝殻形の二つの石を投げて占う。

保安宮で聴香の儀式をおこなう。

王爺に祈り、聴暗卦をしてもよいかたずねる。

3本の線香を廟の盆栽に挿し、煙の漂う方向を見る。

忠勇路を歩き、聴暗卦の盗み聞きをする。

暗掛を聴いた後保安宮に戻り、ポエを手にとって王爺に聴いた言葉が神諭かどうかをたずねる。

ポエを投げると聖筊（裏表）が出た。

が悪く、前日には鼻水が止まらず夜通し眠れなかった。そこで私は、今度の風邪がいつ治るのかたずねることにした。

文献上では、人々が聴香でたずねる質問は、ほとんどが人生の大問題や命にかかわることなど、深刻なものだ。しかし、こうした重大な問題は長い時間待たなければならないので、短時間で答えが出る問題についてきくしかない。しかも、答えが容易に確かめられ曖昧にはならないものだ。そうすれば、聴香の儀式の信頼度を確かめることができる。

私は王爺に祈り終わると、廟の床に三本の線香を挿した。煙の漂う方向は東南だった。そこで私はその方向に進んだ。

この方角に対応する街道は忠勇路で、大きな道路だ。この儀式は他人の話を盗み聞きするというコソコソした行いをしなければいけないので、私は心の中で緊張した。

私は、道行く人の話はすぐ聞けるだろうと思っていたが、夜風が冷たく、しかも近くには家が少なかったためか、二十分以上も何の成果もなかった。道で話す人がいても、風音がうるさくて聞こえなかった。

はじめ高揚していた気分が次第に退屈へと変わっていったとき、向かいから楽しそうに話す一組の父娘が歩いてきた。黄色の洋服を着た九歳ほどの女の子が、「草の芽が出てきて、たのしい……」と言った。

すれ違ったとき、私はぼんやりとこの一言を聴いたのだった。

急いでこの一言を暗記し、保安宮に戻って王爺にこれが聴香の結果かどうかをうかがった。ポエをとり真剣に祈って投げると、裏と表が出た。その時、時刻は七時四十五分だった。この儀式には四十五分かかったのだった。

「草の芽が出てきて、たのしい……」、この一言は私の病気の状況を預言していた。しかし、どういう意味なのだろう。

私は不思議に思った。もしやこれは、家で栽培している植物に芽が出たということなのだろうか。しかし、芽は予想外の場所で萌え出したのだった。

ある日家族の一人が、ベランダで栽培している塊根植物ステファニアが新芽を出して急速に成長し、若枝と若葉を次々に出すという夢を見た。現実のステファニアは芽を出さなかったが、その日から私の病状は明らかに好転し、鼻水も止まって風邪は九割以上治った。

おそらく、快復はたまたまだろう。或いは、私が聴香の儀式について打ち明けたため家族は日夜そのことが頭にあり、そのせいでステファニアの芽が出る夢を見たのだ。神秘的な出来事というのは、どんな理論でも解析することはできる。しかし、この体験を通し私の心には、聴香に対する厳粛な敬意が浮かび上がってきたのだった。

奇景 二十九

# 台日妖怪フィギュアコンテスト

妖怪のイメージは千差万別で想像力を刺激するため、フィギュアや玩具を作る原型師のインスピレーションのもととなる。ここ何年か、多くの台湾の原型師は妖怪フィギュアを作ることに力を注ぎ、関連コンテストも創作を促してきた。二〇一七年、妖怪造型コンテスト「第四回妖怪造形大賞」が台湾・日本共同で開催された。多くの台湾の原型師が入賞し、最高賞も台湾人劉宇桓が獲得したことから、台湾の原型師の非凡さをうかがうことができる。

台日妖怪造形大賞の主催者は日本の「小豆島迷路のまち妖怪プロジェクト実行委員会」で、これまでに三度妖怪フィギュアコンテストを開いたことがあった。四回目のコンテストは台中の「緑光＋marüte ギャラリー」との共同開催で、台湾と日本の妖怪模型作品を広く募った。翌年の二〇一八年にも、台日妖怪フィギュアコンテストは引き続き開催された。

この二回のコンテストで、台湾の原型師で台湾妖怪を主題とした作品は多くなく、多くの作品が日本妖怪に偏っていたのはまったく残念なことだった。しかしこのコンテストは、台湾の原型師が台湾の妖鬼神怪説話を素材にするよう鼓舞した。コンテストでは虎姑婆、海翁、海和尚、魔人仔、猪母妖等々のフィギュアが披露され、人々に強い印象を残した。

「虎姑婆」。台湾の原型師「嵐」の作品。

「魔人仔：戦利品研究中」。台湾の原型師沈家平の作品。

「海和尚」。台湾の原型師黄皓の作品。

奇景 三十

# 七月には鬼門が開く

台湾人は、旧暦七月に鬼門が開くと信じており、七月を「鬼月」と呼ぶ。この一ヶ月の間、あの世の鬼門が開き、霊魂がこの世に戻ってきて親しい人の様子を見たり、人々が供えるご馳走を楽しんだりすることができるのだ。

好兄弟[1]を祭る日は七月十五日で、中元節と呼ばれる。宮廟ではこの日に盛大な法会が開かれ、普度（供養）の儀式が執り行われる。地域住民の普度は簡略化することができ、門の外で食事を準備するだけの「拝門口」や、近所で一緒に執り行う「街普」がある。

霊魂たちが一緒に中元節を祝うので、もし妖鬼が悪さをしたらどうするのだと気になる人はいるかもしれない。心配はいらない。普度の会場には、一体の鬼王がましまして、現場の秩序を監督している。

鬼王は、大士爺、普土公、面燃大士とも呼ばれる。普度会場の大士爺像は紙と糊で作られ、通常は青い顔に牙をむき出し、鎧甲を着て、赤い炎のような長い舌を出している。大士爺は威厳に

1 天災や戦争、事故、無実の罪などで非業の死をとげた人の霊や、供養する人のない無縁仏。

満ち獰猛な顔つきで、千万の鬼怪を震え上がらせ普度儀式を万事平安に守ってくれる。旧暦七月の最後の一日、すべての法会祭儀が無事終わると、大士爺の紙像は火葬され、鬼月の祭祀がとうとう円満に終わったことを象徴する。

2017年、台中沙鹿市場で中元を祝う普度現場。

沙鹿市場の普度。

2018年、台中三聖宮の普度会場の大士爺。

三聖宮の普度会場の牌位。域内の男女弧魂を祭る。

沙鹿市場の普度会場内の大士爺。

# 南部

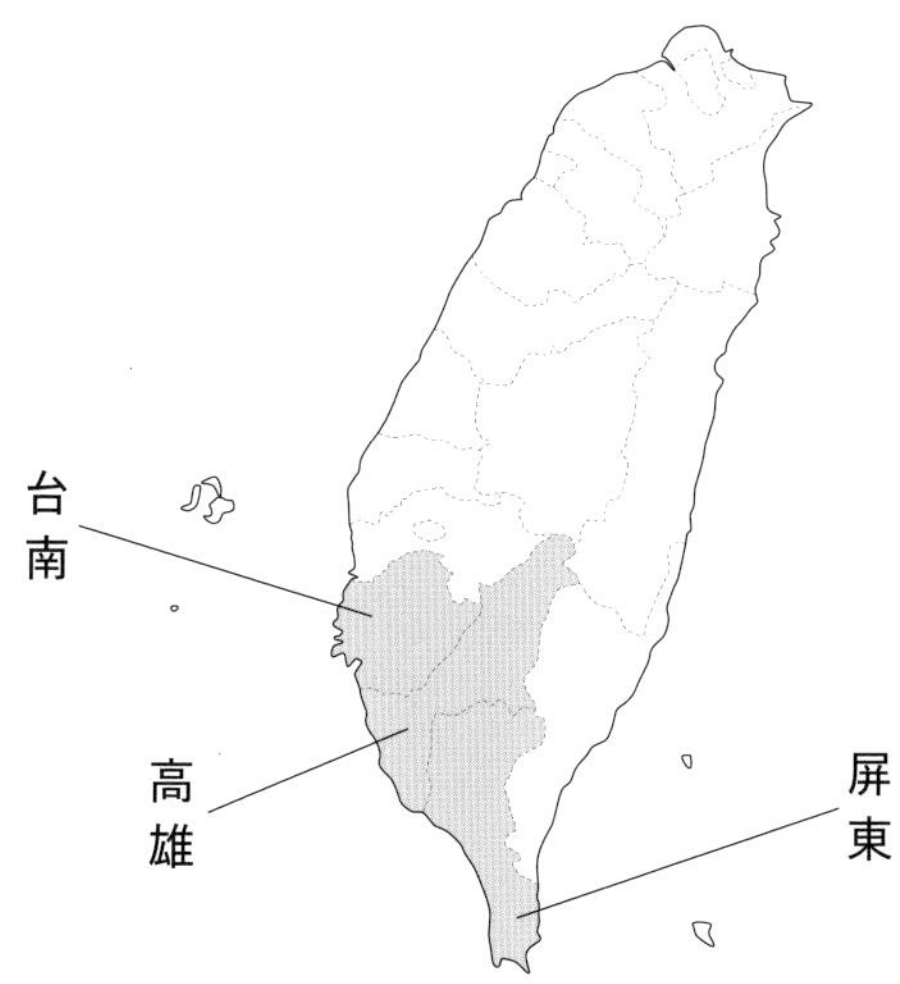

奇景 三十一

# 林投姐（ナータオジー）の復讐記

妖怪伝説

清朝の光緒年間、台南府に一人の未亡人がいた。名を李招娘（りしょうじょう）といい、独力で二人の息子と一人の娘を育てていた。幸いにも、彼女の夫が生前に経営していた貿易会社で稼いだ財産があったので、母子に衣食の憂いはなかった。しかし夫にはかつて、周阿司（しゅうあし）という汕頭（せんとう）からやってきた商人の友人がおり、招娘の家に大金があるのを知って悪心をおこし、少しずつ彼女に近づいた。

周阿司は順調に招娘の信頼を得て恋人にまでなり、そして言った。樟脳を仕入れて香港に転売し、大儲けするのだと。招娘は疑わず、家の中の蓄えをすべて阿司に渡しただけでなく、家を抵当に入れ銭荘（せんそう）[1]で借金までして、一万両あまりをそろえた。あにはからんや、周阿司は香港で商品を売った後、汕頭へ去ってそのまま戻らなかった。

招娘は騙されたことを知って何日も泣き続けたが、どうしようもなかった。借金取りが門に押しかけると、家中の値打ちのある衣装や器具を売るほかなく、家さえも取られてしまった。まもなく二人の子供は飢えて死に、招娘は行き場を失って、ちょうど満三歳だった幼女を連れてアダン（林投）の林に向かった。まず女児を絞め殺し、そして一本の縄をアダンの樹に結びつけ、自ら首を吊って死んだ。

その後、アダンの樹のそばに女の幽霊が出るようになった。ある露天商のところに彼女が肉粽を買いに来た時、店主は商売がうまくいったと思ったが、すぐに、受け取った金が銀紙に変わってしまったことに気づいた。店主が呼び止めると、その女は頭髪を振り乱し、口から二〜三寸の長さの舌を伸ばした……その後、村人はみな「林投姐」の存在を知るようになり、彼女のために小さな祠も建てられた。

ある日、周天道（しゅうてんどう）という名の占い師が、アダンの林を通りかかったとき、林投姐の恨みを知り、復讐の手助けをすることにした。周天道は神主牌（しんしゅはい）[2]を彫って傘で覆うと、林投姐の名を叫んだ。彼女は一緒について来られるようになり、周天道とともに船に乗って汕頭に到着した。最後に周阿司は、林投姐の魂が姿を現すのを見て発狂して妻と息子を殺し、自らは林投姐によって首を絞められ絶命した。

## 探査ノート

林投姐の伝説は非常に有名だが、以上の物語は、寥漢臣（りょうかんしん）による『清代台湾三大奇案』（一九五五）中の篇章から書き直したもので、最もよく知られたバージョンだ。林投姐の事件は、清国時期に

1　宋代から清代にかけての中国の旧式金融機関。

2　儒教祭祀に起源をもつ、神や聖賢、死者を祭る木の札。「牌位」「神座」「神牌」などと称し、日本の「位牌」に相当する。

発生したものだが、年代や場所、人物を確定するのはすでに困難だ。今のところ目にした物語のバージョンは、民間の逸話に尾鰭がつけられ、文人が潤色した成果だ。

日治時期の文献、例えば片岡巌『台湾風俗誌』（一九二一）、『台湾に於ける支那演劇及台湾演劇調』（一九二八）、『三六九小報』（一九三一）、『台湾民間文学集』（一九三六）、『台湾演劇の現状』（一九四三）等にはみな林投姐に関する記載がある。文学者林逢春もこれを詩歌とし、「誤適匪人、一貧如洗遂萌厭世（誤って悪人に嫁ぎ、赤貧洗うが如しとなって、ついに世をはかなんで死んでしまった）」と注記している。その詩は次のようなものだ。

苦守孀幃志不終、誤聴媒妁続絲桐。
貲財席捲身誰託、縊死林間作鬼雄。
（未亡人の節操を苦労して守ったが志を全うせず、仲人の言うことを誤って聞き入れ再婚してしまった。財貨を持ち逃げされ、誰を頼ることができるだろうか。林の中で縊死し鬼となってしまった）

――赤崁西河逸老（林逢春）「崁南故事六首：林投姐」（一九三〇）

古書『台湾四大奇案』の表紙。林投姐が樹下で露天商から肉粽を買う様子を描く。

戦後になっても林投姐の幽霊譚は伝わり続け、映画にまでなった。一九五六年、唐紹華監督、慕容鐘脚本による『林投姐』が北投で撮影開始され、安平港、赤崁楼、孔子廟等を背景に採り入れ、歌仔劇の有名な歌手・愛哭昧がヒロインを演じた。愛哭昧は本名を陳秀娥といい、大正二年（一九一三）頃に生まれ、歌仔劇の演技で一家をなした。歌声は切なく人の心を動かし、台湾本島人に好まれるだけでなく、日本人までも注目した。

この林投姐映画は、寥漢臣が書いた物語をアレンジしたもので、上映後は大きな話題となった。とくに林投姐を演じた愛哭昧の演技は人々の心を動かした。この映画が波乱を巻き起こすことによって、林投姐伝説はさらに広く知られることになった。

小さい頃、私は児童書で林投姐の話を読み、心を深く揺り動かされた。大きくなってから、私は次第に物語に隠された歴史背景（海を渡っての通商）、民俗概念（傘で魂を遮る習俗）等の文脈がわかってきて、この物語が勧善懲悪の道徳教訓であるだけでなく、台湾特有の風情をかもし出していることを知るようになった。林投姐をよりよく理解するため、私は林投姐の祠があったという民族路東亜楼付近に赴いた。惜しいことに、風景は大きく様がわりし、民族路一帯は車と人が行き交い、なんらの遺跡も見られず、アダンの樹すらもなかった。学者王釧芬が古老の林燕山にインタビューして下した結論によれば、小祠は大正九年（一九二〇）の後、市区開発のために撤去されたようだ。

林投姐に寄り添うには、自分の目でアダンの樹を

写真中の人物は、林投姐を演じた女優・愛哭昧。古い新聞『撮影新聞』1956年9月1日から。「彼女は悲劇を演じるのに長じ、しばしば歌いながら泣くので観衆は愛哭昧と呼ぶ。昨日上映時に登壇し、やはり歌いながら泣いた」

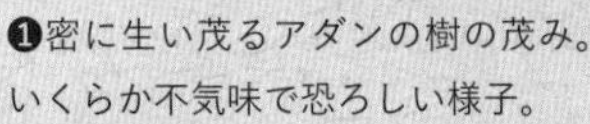

❶密に生い茂るアダンの樹の茂み。いくらか不気味で恐ろしい様子。
❷アダンの樹の根。
❸アダンの果実。赤いパイナップルに似ている。果実は樹上高くに下がっており、画家の張季雅は私に「夜に見れば人の首が下がっているようでしょう」と言った。
❹楊麗花が演ずる林投姐の映画。1979 年に上映された。
❺ 1972 年上映の映画『可恨的人』は、林投姐伝説をアレンジしたもの。
❻ 1988 年の『林投姐』映画のポスター。ヒロイン施思の幽霊衣装は非常に古典的なものである。

見るに越したことがないのかもしれない。なぜなら、それは林投姐の魂魄が憑依する重要なものだからだ。アダンの樹はおもに海岸に生育し、別名を露兜樹（ろとうじゅ）と呼ぶ。常緑灌木で、葉は鋭く尖っていて、茎に気根ができて下方へ伸び、養分を吸収して地面の把捉力をも強める。

しかし、いまや都市開発のため、あまり経済価値のないアダンの樹はみな掘り起こされてしまい、私は台湾でこの樹を見たことがなかった。数年前、台中自然科学博物館植物園でこの浜海植物が栽培されているのをようやく知り、とうとうアダンの樹の正体をこの目で見ることができた。その後、蘭嶼（らんしょ）で見渡す限りのアダンを見た。葉はぎっしりと生い茂り、恐ろしげな様子で、伝説で幽霊の出没する古典的場面となるのも無理はなかった。

アダンが次第に少なくなっている状況は、いま多くの人がこの府城[3]伝説の現状を聞いたことがないのを反映しているのだろう。しかし私は、幽霊物語は一種の歴史の痕跡であり、時代が下ってゆけば、林投姐の記憶は彼女の安住の地を探し当てるだろうと思う。

出没情報

**アダン（林投樹）**：海辺で自生するアダンはすでにあまり見られなくなっており、台中科学博物館植物園前方の園地で栽培されている。あるいは墾丁、花蓮、台東、蘭嶼の海辺でも見ることができる。

3　府城とは台南を指す。

# 奇景 三十二 陳守娘(ちんじゅじょう)、幽霊となって不当な扱いを訴える

**妖怪伝説**

道光年間の末期、台南府城辜婦媽廟の近くに陳守娘という女がいて、林寿(りんじゅ)に嫁ぎ東安坊経庁巷(とうあんぼうけいちょうこう)に住んでいた。惜しいことに林寿は早くに死に、守娘は若くして未亡人となってしまった。役所の師爺(しや)[1]は守娘の美貌に目をつけ、亡夫の母と妹に賄賂を贈り一夜を取り持ってもらおうとした。あにはからんや、守娘はそれを望まなかったので姑と小姑は怒り、腰掛けの上に追いやって錐で下半身を刺し、言うことを聞かせようとした。守娘は従わず憤死した。

守娘の死後、弟は悲しみにくれ、棺に納めようとしたとき姉の遺体の異常に気づき、虐待を受けていたことを知った。郷民も林氏母女の悪行を許せず、官府に報告して公正な裁きを期待した。知県の王廷幹(おうえんかん)と師爺はもともと交際があり、互いに庇いあって、事を荒立てないよう、遺体は無傷だったという調査結果を発表した。人々は憤慨し、石を投げて知県の輿を破壊したので王廷

幹は一目散に逃げ出し、現地には「王廷幹、事件を調べる金がない」という俚諺が残された。官府はやむをえず林氏母女を死罪としたが、師爺はとうに唐山（中国大陸）に逃げて法の網をかいくぐってしまっていた。

陳守娘を葬った墓は山仔尾（さんしび）にあった。報われない魂は成仏せず府城を祟り、顕霊将（けんれいしょう）帥爺までも絞め殺してしまった。それでも守娘の恨みは晴れず、夜半になると青い光となって宙を舞った。仕紳[2]は地方の安寧のため広沢尊王（こうたくそんのう）[3]の出現を願った。

広沢尊王は一すじの赤い光となり、青い光と戦った。尊王は法力無限で、守娘は神威に敵せず魂魄が飛び散りそうになった。その時、観音菩薩が現れた。観音は、守娘の祟りの背景には不当な扱いを受けた身の上があり、魂霊を滅ぼすのはあまりに憐れだと嘆息し、尊王に守娘と和解するよう頼んだ。広沢尊王は憐憫の心を持っており、手を引くことにした。守娘は、復讐にさいして無辜を傷つけたことを追及しないよう条件を出し、また節孝祠（せっこうし）に入って自らの節操を示すことを望んだ。その後、幽霊の祟りは発生しなかった。

## 探査ノート

清国時期の道光年間、陳守娘という女が非業の死を遂げ、魂が府城（台南）を祟り、神々でさえその恨みをやすやすと平らげることができず、最後に和解して事が収まったという。陳守娘の力の非凡さは神に対抗できるほどであり、現代人は「台湾最強の女幽霊」と呼ぶ。

古くは劉家謀『海音詩』（一八五五）がこれを記録し、事件の発生を「道光末年」と説明している。

1　王朝の官吏が私的に雇い入れた行政補佐。

2　現地の有力知識階級。

3　保安広沢尊王、郭聖王、翘脚仔神、聖王公とも称される民間信仰の神。福建、台湾、香港、東南アジア等で信仰を受ける。

連横『台湾通史』（一九二〇）は、はじめ事件を担当した官吏を「知県王廷幹」としている。

王廷幹はかつて彰化県知県、嘉義県知県、台湾府海防兼南路理番同知、鳳山知県をつとめた。これらの任官経歴から判断するなら、道光二十四年（一八四四）の後、王廷幹が台湾府（今の台南地区）の官吏だった時に陳守娘の事件がおこった可能性が高い。しかし当時王廷幹は知県ではなかったので、彼が事件を担当したのかどうか疑う人もいる。あるいは、王廷幹が民間で評判が悪かったためこの罪をなすりつけられたのだろうか。

もし王廷幹が本当に陳守娘事件と関係があるなら、そこから事件発生の時期を推定することができる。つまり一八四四年から一八五〇年（道光最後の年）の間だ。

陳守娘事件がどの年におこったのか証明はできないが、郷人がみな陳守娘は非業に死んだと信じていたことは確かだ。連横は『三六九小報』の「雅言」（一九三二）で、当時台南で、歌で生計を立てる一人の盲女が、月琴を弾いてこの伝説を歌ったと述べている。王釗芬が国宝級歌芸師の楊秀卿にインタビューしたところ、楊先生は、むかしこの物語を弾き語りしたことがあったけれど、あらすじはやや異なる（守娘の夫は死んでおらず、小姑の名は牽治といい、神と幽霊の戦いはなくただ魂が復讐するだけ）と述べた。文人劉家謀と林逢春にも弔いの詩がある。

陳守娘の物語は、郷民が官に訴え、陳守娘のために正義を守ることを請うた。清朝の時代の官府公堂の様子は、1897 年出版の『南中国写真』にあるこの写真を参考できる。

闡幽郡伯有伝文、呉女沈冤得上聞。

我向昭忠祠外過、披榛空訪守娘墳。

（郡伯の記録の隠された秘密をさぐり、呉女の無実を上層に知らせる。私は昭忠祠の外を通り過ぎ、草木を切り開き守娘の墓を徒に訪れる）

――劉家謀『海音詩』（一八五五）

潔身終守玉無暇、自嫁癡夫敢怨嗟。

最痛姑嫜心太毒、不従売俏折瓊花。

（身の潔白を守り通し、愚かな夫に嫁いでからも恨み嘆きはしなかった。最も辛いのは姑の心に毒があることで、売ることを承知しなかった美しい花は手折られてしまった）


――赤崁西河逸老（林逢春）「崁南故事六首：陳守娘」（一九三〇）

陳守娘が幽霊となり祟りをなした事については、台南の全台開帰永華宮（ぜんたいかいきえいかぐう）のオフィシャルホームページに「清の乾隆年間、本区の陳守娘が非業のうちに自尽し、魂が成仏しなかったので住民は恐れたが、幸いにも尊王の神威に頼って幽魂を鎮め、地方に安寧がもたらされた」という説明がある。永華宮はもともと鳳山寺（ほうざんじ）と称し、その後陳永華を記念して改名された。この宮廟の公式説明では、陳守娘の事件は実際にあり、廟の広沢尊王によって屈服させられたと考えられている。しかし、陳守娘事件の発生は乾隆年間だったと考えられている。

現代のネット記事やニュースメディア、または関連書籍ではみな、陳守娘の力が強く広沢尊王ですら鎮圧できなかったと述べられており、学者石万寿（せきまんじゅ）の執筆した「府城街坊記——大南門」もこのことに触れている。しかし、私がインタビューした永華宮の現任の廟公[4]である陳さんは、まったく違うことを言っていた。

陳廟公の話は古い世代から伝わる物語にもとづく。陳守娘が災いを起こし、廟の広沢尊王が立ち向かったところ、その神威は赫々たるもので、陳守娘を消滅させる寸前まで追いつめた。しかし幽霊の魂は消えてしまえば二度と世に存在することができなくなる。その時、観音菩薩が現れ、守娘の身の上を憐れに思い、双方のために仲裁した。

廟公の話は筋が通っている。なぜなら永華宮はもともとただの小廟で、大廟に拡張することができたのは、信徒が敬虔に信奉するに足るだけの神蹟があったに違いないからだ。もし守娘の祟りを平らげられなかったのなら、信徒は神霊を疑っただろう。したがって、この地で最もはやくに伝わった話は、「陳守娘は広沢尊王と引き分けたのであり、神よりも強かった」というものではなかった可能性が高い。いったい真相はどうなのかについては諸説紛々で、物語の各種バージョンはそれぞれの立場がある。私は永華宮近くの徳化堂（とくかどう）で調査を続けたが、それ以上の情報は得られなかった。伝説によれば、調停者の観音菩薩は徳化堂の観音大士だったという。私が徳化堂のおよそ七十過ぎの廟公にたずねたところ、陳守娘事件については聞いたことがないという。ということは、観音が広沢尊王と陳守娘を調停したというストーリーは噂話であって、廟そのもののサイドの話ではないのではなかろうか。これは今のところ答えが出ず、さらに多くの資料が現れるのを待つほかない。

4 廟の管理人。

❶陳守娘の牌位を安置する孔子廟節孝祠の入口。

❷永華宮の広沢尊王。俗称は「翹脚王」。

❸陳守娘の孔子廟節孝祠の中の牌位。

❹徳化堂の観音。

❺辜婦媽廟。陳守娘は辜婦媽廟の近くで生まれ、小さい頃から辜婦媽を崇めていたという。

陳守娘と広沢尊王が対抗するストーリーは、学者黄淑卿（こうしゅくきょう）による、永華宮の楊宗保（ようそうほ）さんが古老から聞いた話のインタビューにもとづいており、非常に神秘的なものだ。「当時、山仔尾では、夜中につねに青い光が見えた。里民は非常に驚き恐れ、南門城内の鳳山寺の広沢尊王に幽霊を鎮圧してもらうよう請願した。夜になると赤い光と青い光が戦う様子がしばしば見えたという。赤い光とは広沢尊王で青い光は陳守娘であり、最後に神と幽霊は話し合って混乱を収め、地方は安寧を取り戻した」

山仔尾とは、かつて陳守娘を葬った地であり、現在の台南府前路と南門路の交差点の東南、台南女子高級中学付近である。『海音詩』には、郷民が陳守娘を祭るのを、官府が「民を惑わす」と考えたため陳守娘の墓地は他へ遷されたとある。この本の刊行年代から推測すると、山仔尾の墓地は遅くとも咸豊五年（一八五五）から後にはなくなっていたことになる。

山仔尾から南門路に沿って北へ行くと、台南孔子廟に着く。民間伝説によると、陳守娘が祟りをなさなくなるための条件は、節孝祠に祀られることだった。孔子廟の節孝祠には赤と金の字で「欽褒節烈邑人林寿妻陳氏守娘神位」と記された牌位[5]があり、陳守娘の物語の中で最も信憑性のある証拠となっている。

出没情報

**台南孔廟**：台南市西区南門路二号。

5 「奇景三十一」注2と同じ。

奇景 三十三

# 呂祖廟（ろそびょう）の偽焼金

## 探査ノート

連暁青編著の『清代台湾三大奇案』（一九五五）の中で、「林投姐」と「周成過台湾」はよく知られている。それに比べると、「呂祖廟焼金」を知る人は少ない。この物語は、清国時期に台南府城にあった、呂洞賓（りょどうひん）を祭る呂祖廟で発生した淫靡なスキャンダルと殺人事件だ。私の知る文献には四つのバージョンがある。

①趙鐘麟（筆名錬仙）が『三六九小報』第十五号、第十六号で発表した「呂廟焼金」。台南に名高い文士がいたが家が貧しく、ある貢生（科挙の成績優秀者）が、他所の土地で年貢徴収管理の仕事をしに行くよう要請したので、文士の妻と娘は家で留守をすることになったという。その時、ある屠殺業者が文士の妻の美貌に目をつけ、呂祖廟の女道士に取り持ってくれるよう頼んだ。女道士は婦人を廟へお参りに来るよう誘い、こっそり春薬を飲ませたので、屠殺業者は思いを遂げ

ることができた。思いもかけないことにこの婦人は内心で心を許しており、しばしば呂祖廟へ行って屠殺業者と密会するようになった。婦人は廟へ行くさい娘に、焼金[1]をして糕餅（蒸し菓子）を持って帰ると告げたが、毎度そのことを忘れてしまった。のちに貢生は友人の妻の様子がおかしいことに気づき、雇いの者に調査させた。雇いの者が婦人の娘に訊くと、母親はしばしば呂祖廟に焼金に行くが、糕餅を持って帰るのを忘れてしまい、彼女を騙して一人で留守番させると答えた。娘の言葉によって母親の浮気が発覚したのだ。文士が事情を詳しく知った後、妻は罪を認めた。貢生は怒って呂祖廟での密通を官府に報告した。官府は女道士と屠殺業者に重罰を科したが、「呂祖廟で焼金し、お菓子を持ち帰り忘れる」という俚諺は、人々に知れ渡って笑いの種になってしまった。

明代の顧繡『八仙慶寿屏』の中の呂洞賓画像。

②連横が『三六九小報』に発表した「雅言」（一九三二）に「かつてここに尼が住み、掟を守らず、男女の遊びをする若者を出入りさせた」とある。つまり、比丘尼がこっそりと呂祖廟を男女の歓楽場とし、婦女を誘って来させたというのだ。人々は非難し、「呂祖廟で焼金をし、蒸し菓子を持ち帰り忘れる」という俚諺が伝わるようになった。官府は事情を知ると、比丘尼を追い出し、引心書院と改称させた。その他、連横の『台湾通史』もこれを記録している。

③鄭明が『台湾新文学』に発表した「呂祖焼金」（一九三六）。台南に陳さんという人がいて、もともと関帝廟で教師をしていたが収入がよくないので、鄭さんの誘いで町を離れ仕事をするよ

うになった。ある日、彼の妻が娘を連れて呂祖廟で線香をあげ参拝をしたが、廟を離れた後、菩薩にお供えした蒸し菓子を持ち帰り忘れたので、取りに戻った。その時、興化から来た屠殺業者が婦人を偶然見かけ、彼女に傾倒してしまった。屠殺業者は呂祖廟の比丘尼啓明に賄賂を贈り、その手引きでとうとう相手と密通することができた。その時、鄭さんはそのことに気づき、陳先生に手紙を書いて台南に戻るように言った。陳さんは鄭さんのアドバイスに従い、悪人を懲らしめることにした。彼はまず妻に罪を認めさせ、それから妻に屠殺業者を誘わせて、隙をついて刀で彼の舌を切り取った。それから、陳さんは再度呂祖廟へ行って比丘尼啓明を殺し、その口の中に舌を詰め込んで、「屠殺業者が暴行しようとしたが従わないので比丘尼を殺した」ということにした。官府は屠殺業者を逮捕し死刑とした。その後、現地に「呂祖廟で焼金し、蒸し菓子を持ち帰り忘れる」物語が流布した。

④呉剣虹が『清代台湾三大奇案』に書いた「呂祖廟焼金」（一九五五）。呂祖廟に月仙という名の女道士がいて、屠殺業者の木発と密通した。木発は月仙に対し、ある女に近づく手助けをしなければ、不義の秘密を漏らすと脅した。その女は杞家の若妻であり、素貞という名で、夫は杞介仁といった。杞介仁は郭姓の貢生に頼まれ、数ヶ月前に年貢管理の仕事を担当し他所へ出かけた。ある日、素貞が呂祖廟を参拝すると、月仙はこっそり春薬を飲ませ、木発は機に乗じて素貞と交歓した。家に帰ると、娘が以前買ってくるよう約束した糕餅をせがんだので、素貞は糕餅を呂祖廟に置き忘れてきたと言い訳した。郭貢生は事情を知ると、杞介仁に家に帰るように言った。杞介仁が調べると、女道士がまず妻に薬を飲ませ、木発に目的を遂げさせたことがわかった。素貞は自分が騙されたと知り後悔した。木発がふたたび家にやってきたとき、素貞は機に乗じて鋏で

1　民間信仰で、廟で金銀紙を燃やし、死者があの世で使用する費用とする参拝習慣。

木発の陰茎を切り落としたので、木発は泣き叫んで走り回り、転倒して死んだ。杞介仁は木発の陰茎を取り出して女道士に見せると、驚き慌てる隙に彼女を屠刀で刺し殺した。最後に人々は、呂祖廟の門前に、陰茎を半分失った下半身裸の木発が倒れており、女道士が部屋のベッドで半分に切られた陰茎を手に握って死んでいることに気づいた。町の人々はみな、女道士がよからぬことを企んだ屠殺業者に抗った結果、双方ともに死んでしまったのだと言った。

以上の四種のバージョンからは、呂祖廟の伝説がそれぞれの時代の文人による潤色を経た痕跡が見うけられる。例えば、女道士、屠殺業者、若い夫人等に姓名がつけられ、また屠殺業者と女道士の死にさらなる劇的効果がつけ加えられている点だ。

この奇妙な事件のストーリーは人を驚かせる。そのため映画会社は、監督王重光（おうじゅうこう）、脚本呂継尚（ろけいしょう）、主演劉玉璞（りゅうぎょくはく）（若妻役）、陳観泰（ちんかんしん）（屠殺業者役）、陸儀鳳（りくぎほう）（女道士役）の『屠夫』（一九八四）を製作したことがある。映画のストーリーでは、許木発はもともと大泥棒で、官兵に追われていたときに月仙と知り合ったことになっている。二人は地の果てまで逃げ続け、呂祖廟の老女道士を殺して廟を占拠した。月仙は廟の女道士となり、木発は屠殺業の商売をすることになった。その後、月仙は木発に頼まれ、彼と若い夫人素貞の間を取り持った。素貞は春薬を飲み、木発の思い通りにされてしまった。素貞は屈辱を感じたが涙を呑むほかなかった。生死のわからなかった夫が海外から帰ると、素貞はとうとう自身と向き合うことができるようになった。最後に素貞は木発に酒を飲ませて酔わせ、その隙に鋏で陰部を切り落とし、傷ついた木発は逃げたが川に落ちて死んだ。続いて素貞は月仙を殺してから割腹自殺した。

明らかに、映画は呉剣虹のバージョンをアレンジするとともに、多くのアイデアを付け加えたものだ。例えば、若妻が被害者となり「女の復讐」をするという部分は、他のバージョンにはない話だ。

映画のほかにも映像作品として、三立テレビ局の（台湾のケーブルテレビネットワーク）「戯説台湾」の枠内でこれを題材に製作された「呂祖廟焼金」（二〇〇三）というテレビドラマがある。

呂祖廟事件はまるで昔のゴシップニュースのようだ。物語の中で最重要の呂祖廟がある場所は柱仔街だ。ここはかつて商品の集散地で、挑夫（ちょうふ）（荷担ぎ人夫）が集まるため挑仔行（ティウアハン）と呼ばれ、閩南語音をもとに柱仔行（ティアウアハン）と書かれた。現在この通りの名は府中街と改められている。

呂祖廟には三川門（さんせんもん）、拝亭、正殿、後殿があり、規模は非常に大きかった。しかしこの廟はとうになくなっている。私がここを訪れたときは、すでに民家となっており、廟殿とおぼしき梁柱と壁面だけが残されていた。かつての廟は消えていたが、いくらかの手掛かりが呂祖廟の身の上をほのめかしていた。

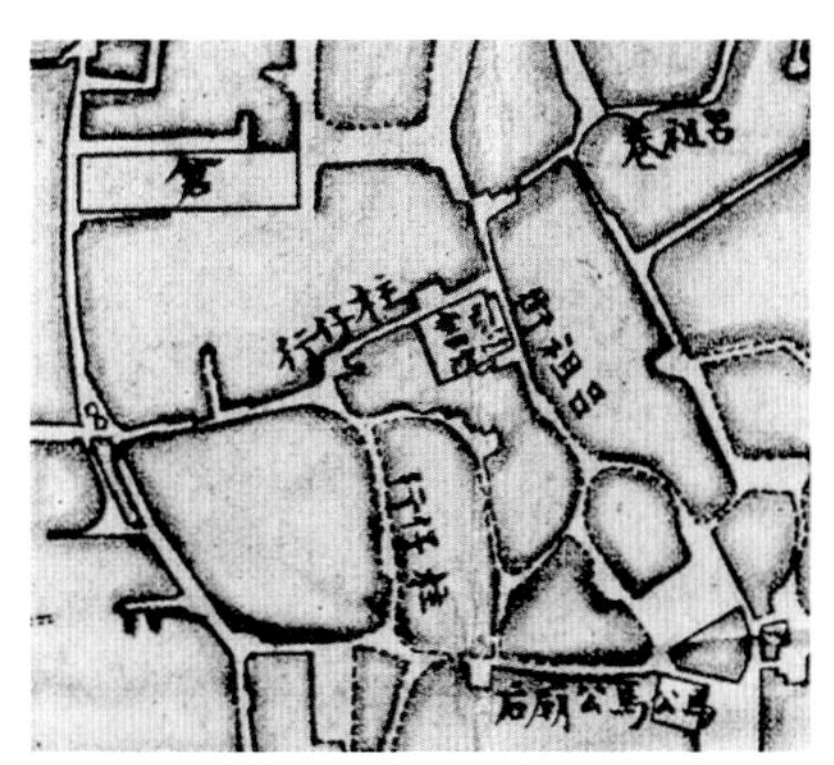
福州船政局が測画した「台湾府城街道全図」（1875）。柱仔巷街道周辺が描かれ、引心書院（旧呂祖廟）が呂祖街と柱仔行の交差路にあったことがわかる。

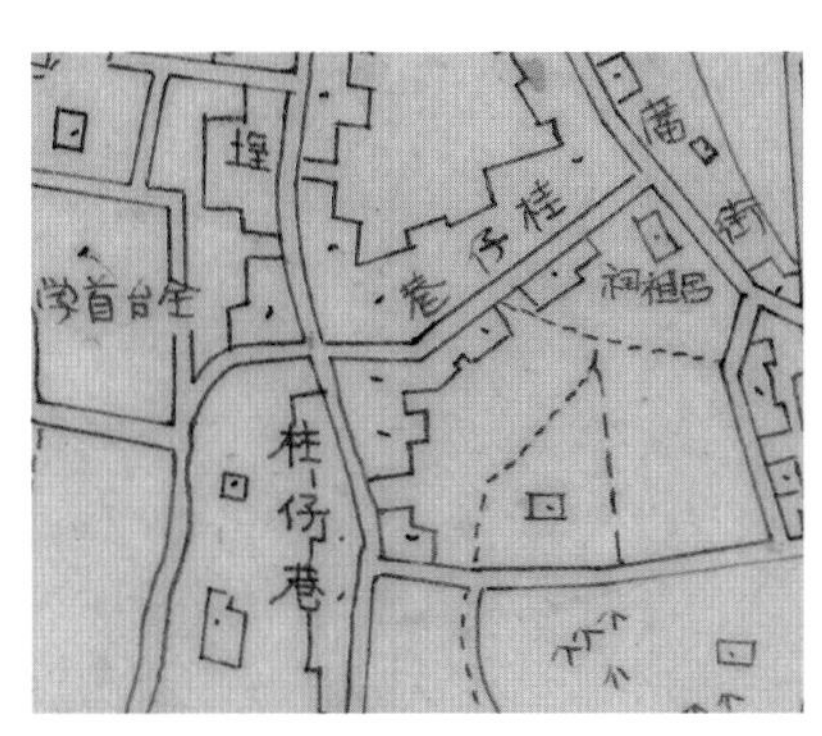
古地図「台南府迅速測図」（1896）。呂祖祠が「桂（おそらく「柱」）仔巷」の交差路にあることを表示している。この資料から、1890年の後に現地の仕紳が確かにこの地を、呂祖を祭る廟に戻したことが証明できる。

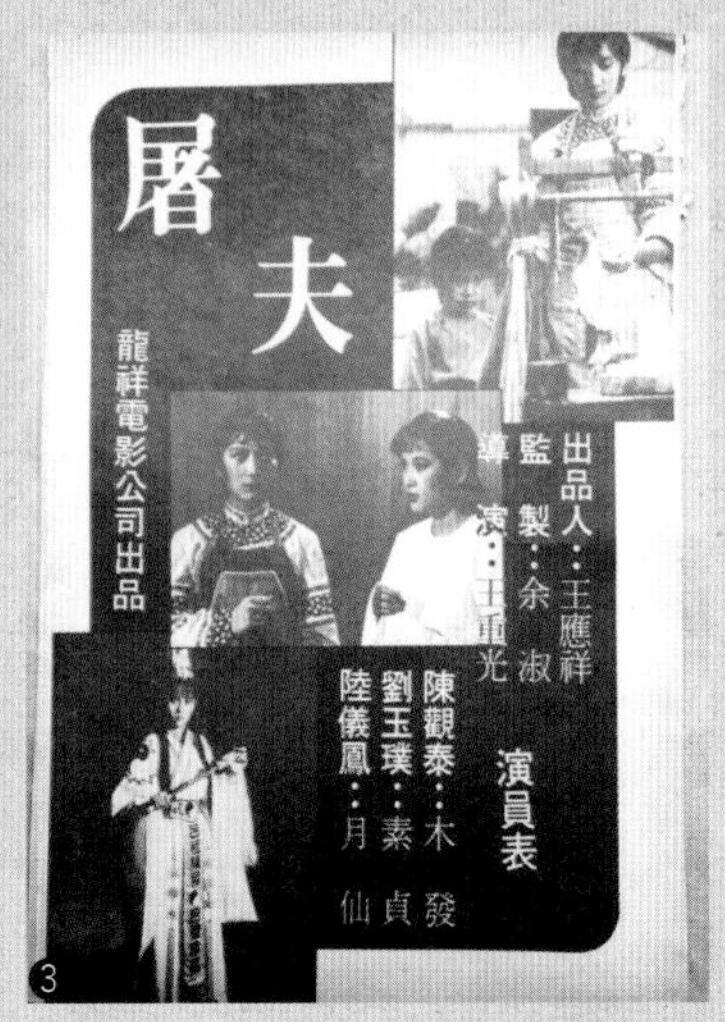


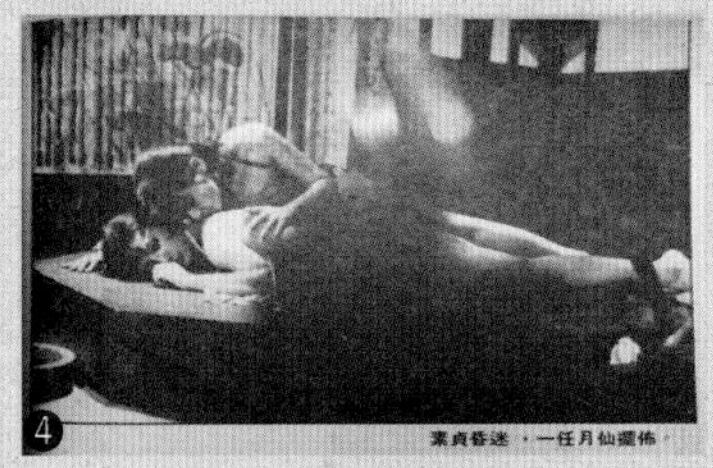

❶府中街九十八巷。廟殿らしき梁柱と壁面を遺している。

❷府中街九十八巷に入ると路地裏は狭くて、昔日の呂祖廟の風景を想像するのは難しく、探検するかのような雰囲気がある。

❸ 1984 年上映の映画『屠夫』。当時の雑誌に掲載された映画紹介。

❹映画『屠夫』の一場面。

❺撤去された呂祖廟付近の民家。今でも呂洞賓の神像を祭っている。しかし、もともとの廟中の神像は行方不明である。

嘉慶年間に編修された『続修台湾県志』には、呂祖廟は一八〇七年に建てられ、純陽子呂洞賓を祭ったとある。

日治時期、連横が『台湾通史』で引心書院について言及している。元の名称は引心文社で、一八一〇年に様仔林街に成立したという。一八一三年、知県の黎溶（れいよう）と邑紳の黄抜萃（こうばつすい）[2]が協議しこれを台湾県轄書院とした。政府が民間に経営を任せ、不動産も譲渡したのである。その後、柱仔行にあった呂祖廟は引心書院に改められた。一八八六年、知県の沈受謙（じゅけん）は引心書院をさらに赤崁（せきかん）楼（ろう）[3]の傍に移し、蓬壷書院と改名した。

以上の叙述を参考にするなら、「呂祖廟情色事件」が起こった時期は、一八〇七年から一八一三年にかけてである可能性がある（ただし、連横の文章は呂祖廟を書院とした正確な年代を明記していないので、もう少し後かもしれない）。呂祖廟での淫らな事件が世を騒がせた後、官府と現地の仕紳は「道徳修養」を象徴する書院を、この背徳の地に再建した。

呂祖廟はすでに存在しないようだが、実のところ、その後も展開はあった。唐贊袞『台陽見聞録』および『台湾南部碑文集成』の中の「改建呂祖祠碑」という文によれば、引心書院は後に赤崁楼の傍に遷されたものの、一八九〇年になって現地の仕紳が、捨て置かれた書院（つまり呂祖廟）が荒れ果てていると考え、これを再び呂祖廟に戻し、一八九三年に碑を建てて記念したという。

改建後の呂祖廟の詳しい状況を知ることはできないが、日治時期になって『台湾日日新報』は「赤崁特訊：選任管理」（一九二四年八月二十一日）を掲載し、呂祖廟が黄欣、許廷光、陳鴻鳴、趙鐘麒、石秀芳という五人の管理人を選任したとした。もう一つの報道は、「三祠管理設定」（一九二六

2　現地の有力知識階級。

3　十七世紀、オランダ人によって建設された西洋式城塞。原名はプロヴィンティア城（Provintia、普羅民遮城）。

年九月二十八日）だ。この二つの報道から、呂祖廟が一九二六年まで存在していたことがわかる。呂祖廟がいつ廃棄されたかは、もう一歩調査が進められなければならない。

この奇妙な事件は、ほかにも多くの謎が未解決だが、街で伝わり始めた「呂祖廟で焼金し、お菓子を忘れる」「籠を提げて偽の焼金に行く」などの言い方は、すでに民間で定着した俚諺となっている。そして、もともとの不倫の笑い話から、「表と裏が一致しない」と他人を評する意味あいが派生することになったのだ。

出没情報

**呂祖廟旧址**：台南市府中街九十八巷。

奇景 三十四

# 石母宮の鄭母奇石

探査ノート

台湾に鄭成功の母親・田川氏を祭った廟はとても少なく、彼女を祭る台南鎮門宮と高雄石母宮は非常に特殊なものだ。しかも民間では、石母宮が建てられたのは、鄭成功が反清復明の基地を探す過程と関係があると伝えられており、人々の好奇心を惹きつける。

鄭成功は生前に様々な名前をもっており、福松、鄭森、朱成功はみな彼のことだが、多くは「国姓爺」と尊称した。鄭成功の母は日本の肥前国平戸藩（今日の長崎県平戸）出身で、名はマツという。国姓爺伝説が枚挙にいとまがないように、その母の逸話も非常に多い。彼女は千里の浜で潮干狩りをしていたとき思いがけず出産し、その子は鯨の生まれ変わりであった。川口長孺『台湾鄭氏記事』は、田川氏の家庭が武士階級であったと推定し、劉献廷『広陽雑記』は、鄭母は日本で行き詰まっていた鄭芝龍と出会ったと述べている。崇禎三年（一六三〇）、齢七つの福松（鄭成功）

は中国の父親に引き取られたが、田川氏は日本に一人残り、南明[1]の隆武元年（一六四五）になって中国へ行き我が子に再会した。しかし再会はごく短い間に過ぎず、翌年清兵が浙江から福建へ越えてきて、安海を攻撃したとき、田川氏は戦乱の中で陵辱され自ら縊死した（辱めを受けないよう自殺したともいう）。黄宗羲『賜姓始末』は、鄭成功は母の遺体に対して、「成功は大いに恨み、定法により母の腹を割いて腸の穢れを清め、再びそれを納めた」と述べている。

田川氏が世を去ったとき、鄭成功は血気盛んな二十三で、母の惨死を知って義憤やるかたなかったに違いない。そのため、鄭母の死が鄭成功の反清の誓いを促したのだという伝説もある。

鄭成功は一六六二年に台湾南部を占領してまもなく病を発して死んだが、彼が島内各地で宝探しや妖怪退治をする物語が盛んに流布している。例えば、鄭成功が打狗山と玉山に赴き玉石を探したという民間伝説がある。鄭成功が南部の山間部に深く分け入ったという伝説は、石母宮の創廟の基礎となっている。当時、鄭成功は物資を隠し戦争に備えるための秘密の場所を探しており、ある山谷にさしかかったとき、そこにまるで自分の母が端座しているかのような巨岩があるのを見つけた。鄭成功は感銘を受け、母を懐かしむあまり、「国太一品夫人」等の字を岩に彫るよう命じた。それからというもの、奇岩は住民の信仰対象となり、その所在地に石母宮が建てられた。

私が訪れたとき、ちょうど神像の白粉塗り直し作業の完成日で、現地で文化歴史調査の仕事をする黄木旺（こうもくおう）さんが廟にいた。この機会に私は黄さんに廟史について聞いた。それによれば、鄭氏は一六六二年にこの土地にやってきて、その七十年後、十八世紀初期に住民が山中の奇岩を発見した。古い写真によれば、かつては簡易な石造りの台を供台としていただけだったが、一九八〇年代になって信徒達が費用を集めて廟を建てた。伝説中の岩に彫られた字は本物なのかと黄さん

1　明朝が清の侵入で北京を失った後、南方で明の皇族が建てた政権。

❶石母宮の１階にある成功宝殿は延平郡王鄭成功を祭り、２階の石母殿は鄭母を祭る。殿内には「妙養嬰児」の扁額が掛けられ、左右にはそれぞれ猪石（比較的大きい）と羊石（比較的小さい）がある。

❷手に杖をもつ石母娘娘（一品護法夫人）の神像。左右に扇をもった宮女がいて、後方の巨岩は神霊が宿る神体である。

❸石母の神体には黒い突起があり、石母の左の乳であると伝えられ、お茶を灌いで流れ落ちてきたものを子供に飲ませれば駆邪祈福になる。

❹石母神の神体の右側。写真中央の突起は、石母の右の乳であるという。管理委員によれば、写真の左側の楕円形の凹凸は石母の「第三の眼」であるという。

に質問した。黄さんは頭を振り、岩に刻まれた字はとっくに磨耗して存在しないと言った。

宮廟管理委員の案内で、私は神龕の中に入って近距離から石母の神体を一瞥することができた。管理委員は、石母娘娘は郷民、とくに女性を守護し、出産と子育てを祈願すれば力を傾け助けてくれると説明した。例えば、奇岩には女性の乳頭のような突起がひとつあり、お茶をそこにそそいで、流れ落ちてきたものを持ち帰って子供に飲ませれば、平安無事が得られ素直に言うことを聞くようになる。そのため現地では多くの父母がこの廟に来て、子供を石母娘娘の養子養女とする。

廟には石母奇石のほかにも、その左前方と右前方に二つの巨岩がある。これは天然に形成された岩で、廟を整地したときに発見されたものだ。地元の仕紳は、これは神を祭るために準備された供物で、ひとつは猪、もう一つは羊だという。そのため廟では猪石、羊石と呼ばれている。

石母宮が正式に建てられてからの歴史は三十数年に過ぎないとはいえ、霊験の事蹟は多く、女性信徒がここを参拝した後に順調に子を得るだけでなく、郷民が付近で石母娘娘がその霊験を顕すのを目撃したこともあった。ここ何年かの間、テレビやネットのメディアが報道したため、多くの参拝客がこの地を訪れた。

史実では、鄭母の最期はとても悲惨なものだったが、民間伝説の中で、彼女は人々を救済する慈悲の女神となり、黙々と美濃の郷里を守護している。

出没情報

**石母宮：**高雄市美濃区興隆二街一四〇号。

奇景 三十五

# 白馬がもたらした財宝

妖怪伝説

百年あまり前、宋家の夫婦が瀰濃庄(びのうしょう)に住んで、田畑を耕し豚を飼って生計を立てていた。ある日彼らは、庭の水甕の水がなくなり、傍らに置いてあった豚に食べさせる菜っ葉(サツマイモの葉)も消えていることに気づいた。

夫婦二人が身を隠して真相を確かめようとしたところ、なんと真夜中に一匹の白馬が天から飛来して、豚の餌を盗み食いし水甕の水も盗み飲みするのを見た。

彼らは内心恐れ戦き、庄内の地理師に白馬が人を傷つけないか質問した。地理師は、それは神馬であり、姿を現したのは福兆であると述べ、またどうやってこの機会を活かして富を得ればいいかを教えてくれた。

宋家の夫婦は半信半疑だったが、翌日の晩に再度庭に身を隠していたところ、またもや白馬が天から降りてくるのを見た。彼らは白馬が十分に飲み食いするのを待ち、一着の客家藍衫[1]を白馬に被せた。白馬は驚いて飛ぶように逃走し、彼らはそのあとをつけた。

彼らが竹林にやってくると、白馬の姿は見えなくなり、服が地面を覆っているだけだった。そこで彼らは、服をどけて土を掘り起こすと、一甕の金銀財宝を探し当てた。

## 探査ノート

以上の物語は、宋雲集（そううんしゅう）さんが話してくれたものだ（二〇一八年に訪問した当時、宋さんは六十四歳だった）。彼もまた物語の中の宋家の子孫で、いまは美濃博愛街（びのうはくあいがい）と永安路（えいあんろ）の交差点にある旧家に住んでいる。

美濃はもともと瀰濃といい、現地には宋氏の先祖が白馬の隠された宝を獲得したという伝説が伝わっている。宋氏の祖先は現地で一番の金持ちとなった後、貧しい人々を助け、多くの茶亭を建てて、毎日人を雇って亭内でお茶を供し、道行く人の喉の渇きを癒やしたという。清朝の光緒年間、宋家は一族式の学堂・唫杏書室（ぎんきょうしょしつ）（唫は「吟」の古字体）を建てて郷内の子供達が学べるようにした。

宋氏一族は非常に大きく、様々な方面に広がっており、今では教育界、医学界でその子孫達が成功をおさめている。宋氏の子孫は先祖を忘れず、「青山老屋、白馬名家」の事蹟をしっかりと記憶している。一九八四年には祖堂を改築し、毎年大晦日、端午節、中元節には故郷に戻って祖先を祭る。宋雲集さんによれば、時には人数が二百人以上になることもあるという。

1 客家に伝統的な青い衣服。

❶宋家祖の門。門前には一対の対聯[2]がある。「東倚青山地、門高白馬家」
❷宋家祖堂の正門。堂号は「賦梅第」、対聯には「随意竹橋関蟻渡、乗時瓦屋賦梅花」とある。
❸宋家祖堂の2階。堂号は「京兆堂」で、清の同治11年の「貢元」の扁額がかかっている。この扁額は当時科挙で貢生となった宋家の子弟に与えられた。
❹唸杏書室のいま。門の対聯には「瀰水臨門成化境、濃山擁座作書城」とある。
❺白馬名家祖屋前。もともと典雅な燕脊門楼があり、門聯には「白馬」とある。しかし道路拡張のためこの門楼はすでに撤去されている。宋雲集さんはわざわざこ古写真を取り出してきて私に門楼のかつての様子を解説してくれた。この写真のなかの女性は宋雲集の妻である（写真を提供してくれた宋さんに感謝します）。

私は白馬名家の物語に惹きつけられ、現地を調査に訪れたところ、宋雲集さんと知りあうことができ、隠された宝の伝説の概要を語ってもらえた。宋さんの話は、実のところ『美濃鎮誌』（一九九七）に記録されたバージョンとはやや異なる。その本によれば、白馬は天から降りてきたのでなく竹林から出てきたのであり、宋家夫婦も地理師に相談したのでなく、竹林の中で石頭伯公（客人信仰の土地神）と出会って、付近で一缶の金銀を掘り当てたのだった。

私が宋さんに宝の埋まっていた場所をたずねたところ、宋さんは、その場所は不詳で子孫は誰も知らない、と言った。しかし、「青山老屋」の典故について、宋さんは次のように説明した。

宋家が台湾に渡ってくる以前、一人の宋姓の書生がいた。彼は科挙の試験を受けに上京する途中、大雨に降られ、そのとき道端に無数の蟻が水難で苦しみ、今にも溺れ死にそうなのを見かけた。書生はすぐに、竹の橋を編んで蟻に渡らせた。その後、書生が科挙を受けた時、無数の蟻が試験用紙の上に集まり、払っても逃げなかったのでよく見ると、蟻が集まっているところは自分が書き落とした部分なのだった。蟻が注意してくれたおかげで、書生は状元[3]を獲得し、順調に官吏となった。彼は年老いたのち、引退して故郷に帰る途中、遠くから故郷の山の麓の老屋を眺めた。その後、彼は「青山老屋」の名のもと、子孫に自身のルーツを忘れないよう教え諭した。いま宋家の祖堂の門聯[4]には「随意竹橋観蟻」とあり、この伝説を伝えている。

宋さんの話す典故は、宋郊が蟻を渡らせたという中国での逸話がもとになっているのだろう。しかし宋さんの話では青山老屋の名は中国の源郷から伝わったもので、美濃の山の中の老屋を指すという、現地でのもう一つの話とは内容が異なる。事実がどうなのかについては、後日の引き続きの考察を待ちたい。

宋さんの案内で、私は唫杏書室に足を踏み入れ、朗々と本を読み上げる声を想像しながら、宋さんが家について一つ一つ解説するのを聞き、悠久の昔日に分け入った。歴史と伝説は複雑に交錯しているが、宋氏の子孫の、先祖の物語を忘れようとしない精神は、人々の心に敬服と感動の念を起こさせてやまない。

**出没情報**

**宋屋祖堂**：高雄市美濃区博愛街八号。

**唫杏書室**（**宋屋学堂**）：高雄市美濃区博愛街と永安路の交差点の旧家の門を入る。二つ目の中庭を囲むエリア。

2　戸や門の両側に掲げられた魔除けの対句。

3　科挙の筆頭合格者。

4　対聯と同じ。

屏東

# 石獅子の三兄弟

奇景　三十六



探査ノート

二〇一二年七月、私は美濃の鍾理和記念館の文学営隊スタッフを務めた時、付近の大路関石獅を訪れることができた。急いで少し見ただけだったが、三体の巨大な獅子の彫像に強く惹きつけられ、石獅子の背後の歴史に好奇心をかき立てられた。二〇一八年、私はふたたびそこを訪れ、三体の石獅公に挨拶した。

この三体の石獅子公は屏東県高樹郷にあり、人々は「獅老大」「獅老二」「獅老三」と呼ぶ。現地の有名な獅子の彫像であり、鎮郷の宝である。かつて、人々はこれらの石獅子を彫って、風を鎮め邪気を防いで村を守護してくれるよう祈願したため、三体の石獅子は大路関開拓史の目撃者となった。

しかし、この三体の石獅子は同時に作られたのではなく、順を追って完成したものだ。最も早くに彫られたのは「獅老大」で、「神獅」「開基石獅公」とも呼ばれる。この彫像は清朝の時代に建てられたが、咸豊七年（一八五七）に口社渓が洪水を起こし、村も獅子も埋もれてしまったので、それからこの石獅子は百年の間泥の中に隠されていたと、古老は伝えている。一九八四年、村民は泥に深く埋もれていた巨大な石獅を吊り上げ、順天宮の傍に安置することを決定した。

獅老大の物語については、日治時期に出版された『台湾地方伝説集』（一九四三）に、福原頑椿が書いた「埔塩の神獣」という一文がある。

文の大意は次のようなものだ。

高雄州屏東郡埔塩庄に大路関という場所があり、かつては瘴煙の充満するところだった。悪疫、水害、風害等、天災が常に発生した。後に、住民は一体の巨大な神獣の彫像を建立し、魔除けの守護神とした。しかし、神像は河流の傍にあり、ある時の洪水で砂と泥に埋もれてしまったので、住民は大正年間にふたたび一体の神獣の彫像を作った。

二つ目の石獅子・獅老二は、大正七年（一九一八）に建てられた。獅老二の傍にある案内板（大路関人文工作室が作った）によれば、その物語は次のようなものだ。

かつて大路関と旧南勢の両地の住民は互いを敵視し、自分達の村が洪水に呑まれたのは相手が陰謀を企んだからだといつも疑っていた。例えば、昭和九年（一九三四）口社渓は再び氾濫をおこし、旧南勢の災害は深刻だった。現地の神は乩童をとおして告げた。大路関の石獅（獅老三）が力を

1　屏東出身の作家。一九一五～一九六〇年。

❶獅老大の彫像

❷獅老二の彫像。

❸獅老二の臀部にはいまだに釘痕の穴がある。

❹獅老三の彫像。

顕し、洪水を分流させ旧南勢の水害を深刻なものにさせたのだと。旧南勢の村人は弱みを見せたくなかったので、夜に乗じて鉄釘で石獅子の臀部に穴をあけ、神力を破壊した。その時、石獅公は痛みに耐え切れず、三日三晩声を上げて泣き、怒って風を呼び雨を降らせ、旧南勢の家を壊し人を傷つけたという。

大路関は石獅子の守護を受けており、旧南勢の守護神は媽祖である。旧南勢の古老によると、かつて大路関が堤防を築き、洪水を旧南勢を襲うようにしむけたので、媽祖は杖を突いた老婆に化身して旧南勢を守った。老婆が堤防の上を歩き、一歩ごとに杖で堤防を叩いたところ、叩かれた場所には大きな穴があいた。堤防が破壊されてから、洪水は逆に大路関を襲った。

大路関の第三の石獅子・獅老三は、順天宮の媽祖の指示により一九六五年に建造されたという。さきの二体が素朴な石獅子であるのと異なり、獅老は全身を彩色され、身体の色はベージュである。

出没情報

**獅老大**：屏東県高樹郷広福村広福路三十号（順天宮の傍）。
**獅老二**：高樹郷石獅公公園の傍にある。
**獅老三**：高樹郷石獅公公園の傍にある。

奇景 三十七

# 墾丁のオランダ王女

探査ノート

二〇〇八年七月、墾丁の社頂で女魔神が人をさらったという話が流布した。八十二歳の老婦人が山中で失踪したが、五日後に自力で下山し、山の中で金髪碧眼の背の高い女魔神に後をつけられたと公言した。これが広まると人々は騒然とし、現地の住民は、女魔神は数百年前に墾丁大湾で遭難した八宝公主であろうと推測し、厄払いと幸福祈願の法要を執り行った。しかし、これを荒唐無稽だと批判する人もいた。八宝公主はすでに墾丁に根を下ろして現地の守護神になっており、人に危害を加えるはずがないと考えたのだ。

ニュースメディアであまりに喧伝されたせいか、八宝公主の名は一時期全台湾で流布した。翌年八月、三立電視の番組「戯説台湾」は、八宝公主を主役とした台湾語時代劇『碧眼公主』を放映した。実のところ、「戯説台湾」はかつて二〇〇四年六月に『荷蘭公主討廟記』を放映したことがあり、二〇〇九年のテレビドラマは同じ題材を再びアレンジしたものだった。

いったい、八宝公主とは誰なのだろうか。なぜ墾丁大湾で神となったのだろうか。

石文誠の研究によれば、最も古い記録は十九世紀の『恒春県志』らしい。「同治初年、外国の番船が一隻、風に流されて鵞鑾（がらん）一帯まで漂流してきたが、亀仔角（きしかく）番によって多くが殺された。その中には番女一名がおり、上下の歯列はそれぞれつながっていて、数の見分けがつかなかった。亀仔角番はそれを見て怪異と考え、首を掲げて人々に示した。……（略）……伝えるところでは、殺された番女はその国の王女であった云々」。学者の推測によれば、この文献が指すのは「ローバー号遭難事件」の可能性があるという。

一八六七年、アメリカ船ローバー号が墾丁南端で座礁し、船員は上陸後に全員、亀仔角社の人々に殺害され、船長ジョセフ・W・ハントとその夫人も殺された。その後、パイワン族の頭目トキトクとアメリカ駐アモイ領事館ルジャンドルが和解し、トキトクは首をふくむハント夫人の遺品を返還した。

十九世紀、現地の人々はすでに、殺された船長夫人について、彼女が異国の王女であるという話を伝えていた。日治時期、一人の墾丁人が大湾で遺骨を拾い、付近の万応公祠（ばんおうこうし）に安置した。その後ある乩童が神諭をつたえ、数百年前に一人の「紅毛公主（こうもうこうしゅ）」がこの地で死んだことで地方の安寧が破られたと述べたため、人々はこの遺骨を祭るようになった。一九六一年になって、社頂で張子という名の女乩童が突然トランス状態に入り、自分は八宝公主であると告げた。その八宝公主は万応公祠の紅毛公主だという。その後、八宝公主の名称は飛ぶように広まり、彼女を祭る神壇は八宝宮と呼ばれた。

1　公主とは姫、王女をあらわす。

❶墾丁大湾の浜辺の傍には万応公祠があり、万応公を主神として祭る。左側には土地公の神龕が、右側には八宝宮がある。

❷八宝宮の神龕。

❸神龕中央の八宝公主神像。色彩豊かな衣をまとい、左足で蓮花を踏んで勢いのある様子。しかし顔つきは漢人である。背後の対聯には「宝主飛来駐台海、座自山面向海上」とある。上部に横書きで「荷蘭女公主」とある。

❹八宝公主神像の後方には、一幅の絵がかけてあり、作者は現地の画家蔡成雄。彼は八宝公主の伝奇に感動し、油彩で公主の姿を描いた。絵の中の女性は頭に宝冠を戴き、左手に剣を握り、右手に地球儀を捧げ、神々しい様子である。蔡成雄はこの絵の制作中、何度か色の使い方を誤ったとき、不意に電灯が消えてしまった。色を調節すると電灯が回復したという。さながら暗闇の中で不思議な力が彼の色使いを助けたかのようだった。

❺神像の傍に置かれた木片。一艘の船が波の間を航行し、上方に「公主事長征、少小荷蘭客」と題されている。

❻万応公祠前の空地。荷蘭古船の遺骸だというものが放置されている。

❼八宝宮の神龕には、信徒が奉納した木靴、鏡、赤ワイン、真珠のネックレスが置かれている。

❽墾丁大湾の海辺。

八宝公主の来歴については諸説紛々だ。例えば、八宝公主は名をマーガレットといい、十七世紀オランダ王室の王女で、オランダ東インド会社によって台湾に派遣された恋人ウェセリンを捜していたという。また、オランダ木靴、絹の頭巾、真珠のネックレス、宝石の指輪、トランク、宝石のネックレス、羽根ペン、紙という八つの宝物を持っているともいう。そして、紅毛公主が八宝公主となったのは、歌仔戯「狄青戦八宝公主」の影響だという学者もいる。

私がはじめて八宝公主のことを聞いたのは、二〇〇八年のニュース放送を見た時で、その後『碧眼新娘』の演劇を見て、この伝説に対する憧れはさらに増した。二〇一八年にとうとう八宝宮を訪れる機会をもち、墾丁で神になったこのオランダ王女に拝謁した。

万応公祠を訪れた時、私は管理人が隣の民家に住んでいることを知り、この機会を活かして八宝公主について質問した。管理人によれば、八宝公主の遺骨はもともと大湾の海辺の岩場にあったという。毎年十月になるとその海辺は潮が満ち、四月になってようやく潮が引くので、遺骨は半年以上の間水中に浸かっていた。住民の請願により、遺骨はようやく万応公祠に入ることができた。祠の前には小さな空き地があり、古い木板が置いてあった。これはオランダ古船の残骸で、以前は浜に埋もれていて、潮の満ち引きのため半年以上水中に浸かっていたが、三十数年前に運び出されたのだという。

八宝宮の神龕には、四体の八宝公主の神像が一緒に置かれていた。管理人は、願い事が成就した敬虔な信徒が、神像を作って奉納に来たのだと述べた。オランダ王女の遺骨は神龕の下の骨壺に入れてあり、廟では三年ごとに取り出し、拭いて日に晒すという。

八宝公主の物語からは、歴史事件と民間伝説の間の相互の絡まりあいと融合の過程を見ることができる。もちろん、逸話が本当であろうとなかろうと、八宝公主が今では墾丁大湾の有名なオランダ女神となっていることは、すでに疑う余地のない事実だ。

出没情報

**八宝宮**：墾丁路文化巷の万応公祠内。

奇景　三十八

# 椅仔姑(イーアーゴー)　少女の心は私だけが知っている

空の満月は明るく輝き、三合院(さんごういん)の煉瓦道を照らし出している。十歳ほどの女の子が一人、月光を踏んで、怯えたように、護龍(ごりゅう)[1]の裏にある部屋のほうへと向かった。この部屋はがらくたが積み上げられた倉庫だったが、戸を開けると中では、同じくらいの年頃の少女達が輪になっていた。少女たちの輪の中には、竹椅子が一つ置いてあった。彼女たちは部屋の戸をしっかり閉じて、入ってきた女の子を閉じ込めた。彼女たちは椅仔姑の儀式を執り行っていたのだ。

彼女たちは「謝籃(しゃらん)」を竹椅子の上に置いた。その籠（籃）には、豚の餌箱の傍から掬ってきた泥が入っていて、籠に乳白色の服がかぶせられ、籠の取っ手には黒い帯が結び付けられて花が挿されている。椅子の前方には口紅、白粉、果物、鏡、鋏などの供え物も置かれている。

二人の少女が竹椅子を支え、さきほど入って来た女の子は手に三本の線香を捧げながら竹椅子に向かって礼拝し、椅仔姑の降臨を請願した。全員が歌を歌いはじめ、低い歌声が繰り返された。

1　台湾、中国の伝統的な建築様式である三合院の中にある建物の一つ。正門から入って左右両側に位置する。

椅仔姑さま、土の上にお座りください。土の椅子にお座りください、高貴な椅子です。
蓮の花が三つ、蓮の実が四つあります。ビンロウを食べて、歯を黒く染めてください。
あなたの前には、花があり、白粉もあり、口紅もあります。唇に塗ってください……

椅仔姑は順調にその場に降臨すると、椅子に座り、そして椅子を左右に揺さぶった。このとき、女の子達は質問を始められる。椅仔姑は椅子を床を打ちつけて鳴らす音によってそれに答える。そのため、女の子の質問は必ず数字と関係がなければならない。例えば、そこにいるのは何人ですか、という質問ができる。人数に応じて、椅子は正確な回数を打ち鳴らすだろう。

以上の情景は、昔の台湾でおこなわれた、椅仔姑召還の想像場面であり、歌の出典は『台中市民間文学採録集（3）』（一九九九）に収録された、大興街（だいこうがい）の劉宝玉（りゅうほうぎょく）が語った話による。椅仔姑の童謡は各地で相違がある。例えば昭和七年（一九三二）に編纂された『南屯郷土調査』では、同じ台中の南屯に伝わる椅仔姑の童謡について、次のように記されている。

観椅仔姑において謝籃は重要な道具だが、地域によっては使わず、椅子の上に直接、服、口紅、花、鏡などを置く。

椅仔姑さま、土の上にいらしてお座りください。

土の上にはあなたがいらっしゃり、蒟醬（キンマ）の葉で包んだ檳榔（ビンロウ）があります。
檳榔はとてもおいしく、私と三姑[2]さまはとても仲良し。
椅仔姑さま、こちらへお越しください。椅仔姑さま、あなたは神聖で名高い。
通りは広く、小道は愉快です。
天清清、地靈靈。三姑さま、壇にお出ましください。

昔の台湾人は、万物に霊があり天地のいたるところ針神、厠神、灶神などの神がいると信じていた。多様なアニミズムから奇妙な降霊儀式が生み出されたのだ。椅仔姑は椅子の上の神霊だ。椅仔姑ははじめから椅子の神だったのではない。もともと一人の女の子だったが、三歳のときに叔母と兄嫁に虐待を受けて死んでしまった。死ぬときちょうど椅子の上に座っていたため椅神へと化身したのだという。彼女の死体は豚の餌箱の泥の中に埋められたため、降霊の儀式には餌箱の泥が必要で、歌の中でも「土」が歌われるという話がある。

未婚の女性は、椅仔姑を通じて未来を予知できるという。椅仔姑は既婚女性を嫌うので（叔母と兄嫁に虐待されたため）、この儀式は未婚の少女だけがおこなうことができる。

文献で「観椅仔姑」はしばしば「観三姑（かんさんこ）[3]（冥界の旅）」と混合される。例えば、鈴木清一郎『台湾旧慣：冠婚葬祭と年中行事』（一九三四）は観三姑の儀式の解説で以下の歌詞を記している。

三歳の椅仔姑さま、四歳のお姉さま、
私たちの家には檳榔の芯があります、蒟醬の葉もあります。

2　椅仔姑と三姑は同じ。

3　法師の導きにより、三魂（生魂、識魂、覚魂）の一つである覚魂を離脱させ、あの世を探訪する儀式。

とてもおいしいのであなたたちにさしあげます、三姑さまと私は仲良しだからさしあげます。
私たちはどんどん仲良くなって、豆藤(ずとう)とも仲良くなります。
豆藤はとても白くて、小道が一本、奈何橋(なかきょう)に通じています。
奈何橋までゆけば、足もゆれる、手も揺れる。

「奈何橋」[4]は冥界へといざなうものだが、これはおそらく「観落陰(かんらくいん)」[5]のことであろう。観三姑は探亡親(たんぼうしん)[6]、探花欉(たんかそう)[7]、探元神(たんげんしん)[8]等の類別を含むからだ。鈴木清一郎は文中で、この儀式には椅子を使う必要があり、椅子の上の神にはいくつかの質問をすることができるとしているものの、一方で冥界へ入って亡者と会う場面については説明していない。これは、鈴木清一郎が観三姑と観椅仔姑を混同していたせいか、あるいは当時の人々がこの二種類の儀式を執り行うとき、両方の歌を互いに混淆していた可能性が高いだろう。池田敏雄は『民俗台湾』でこの点を指摘し、さらに論を進めて、艋舺地区の観三姑と観椅仔姑は、ふたつの全く違う法術であると述べている。おそらくはこうした混同のため、両者が降ろす鬼神がともに三歳で亡くなった「三姑」となったのだろう。

観三姑の儀式は、鬼神をこの世に降臨させるもので、やや奇異なものに感じられる。しかし実際のところ、かつて少女達がおこなったこの儀式で最も重要なのは遊び心だ。少女達は友達を誘い、この遊びをとおして互いの気持ちを知り、心の中での未来への不安を吐露できる。例えば、彼女たちは椅仔姑に対し、何歳で結婚するのか、結婚したら子供が何人できるのか等を質問するのだ。

かつての農村社会では、未婚の女性の娯楽は多くなかった。そこで椅仔姑の遊びは彼女達の生活の苦しみの心情を和らげ、心を慰める効能を含んでいたのだ。

4 道教における冥界の入口。
5 観三姑と同じ。
6 亡くなった家族を探訪する。
7 あの世にある花園を訪ね、女性の健康や運勢を占う儀式。
8 身体の内部に存在する無形の自己を訪れる儀式。

奇景 三十九

# 恐怖の童謡
## 鬼神を降霊させる郷土遊戯

むかし、台湾の子供たちのあいだで器物神の降霊法術が盛んにおこなわれた。遊びながら「観(グワン)器物神(キーブッシン)」の儀式をおこなったのだ。観椅仔姑のほかにも、籃子姑(らんしこ)、箒神(しゅうせん)、箸神(ちょしん)、扁擔神(へんたんしん)といった降霊儀式があった。

観神（降霊）の儀式過程は、実のところよく似ている。通常は満月の夜（元宵節(げんしょうせつ)や中秋節(ちゅうしゅうせつ)のような）におこなわれ、特定の人がなんらかの器物に触れながら歌を歌うと、その器物は神鬼が降霊する憑代に変わる。台湾には各種の観神の遊戯が伝わっており、みな福建や広東から伝わったもので、在地化を経たのち特殊な台湾民俗風情を形成した。以下に、箸神、籃子姑、扁擔神、四(し)脚神(きゃくしん)の観神儀式を挙げる。

**①箸神**

米穀を米枡の中にいれ、箸の一本を挿してその上端に箸のもう一本を置き、丁字形になるよう固定する。準備ができたら、子供たちは輪になって取り囲み、香を焚き拝んで歌い始める。「箸の神様、おいでください、箸の鬼さま、おいでください、広間においでください、鳥の腿肉が食べられます！」と数回歌うと、横にわたした箸がひとりでに回転する。箸神が降りてきたのだ。

### ②籃仔姑

籃仔姑の降霊儀式は、多くは元宵節と中秋節におこなわれる。儀式が始まると、二人の目隠しをした女性が竹籠の両側の取っ手をおさえ、そのほかの女性が輪になって歌を歌う。「籃子姑、籃子姨（らんしい）、牽花枝（けんかし）、小さいときも、いまもお嫁に行かず、今年も姑仔はたったの三歳」。竹籠がひとりでに揺れ始めれば、籃仔姑が降りてきたということだ。

### ③観扁擔神

金門では、子供たちは観扁擔神[1]を行いたければ、月の明るい夜に下駄を履いて空地を駆け、天秤棒を地面に置く。その後、二人が天秤棒の両端のところで頭を伏せ、その他の人は下駄を鳴らし、口の中で次の歌を歌い続ける。

箸神を呼ぶときに必要なのは、箸と米だ。箸を１本米に挿し、もう１本をその上に置く。箸神が降臨すると、上の箸が回りだす。

現代ではあまり見られなくなったが、木や竹でできた天秤棒は荷物の運搬に重宝されてきた。観扁擔神は人々の日常生活から生まれたのかもしれない。

扁擔乱、扁擔神、五四の龍でも担げる天秤棒。
天秤棒を飛び越せれば君子、飛び越せなければ小人。
むこうに飛ぶときはのろま、こっちに飛んでくるときはとんま。
こっちにくれば手紙が来る、こなければ頭はクラクラ。

歌を繰り返し歌うと、天秤棒の両端の人はトランスしたかのようになり、目つきがおかしくなって、無意識に天秤棒を動かし地面の上で回転させる。その時、扁擔神が現場に降りてきたのだ。しかし、このような遊びは危険をともなう。例えば、歌を歌っているとき、歌詞はかならず全部歌わなければならず、途中で急にやめてはならない。さもなければ参加者は魂魄を失い、精神が錯乱する可能性がある。

もし子供がこの儀式で召還した鬼神にとりつかれれば、年配者はその子を廟に連れて行って収驚[2]（お祓い）をしなければならない。人の霊魂は鬼神に影響されると魂が抜けてしまうので、特殊な招魂儀式で失われた魂を呼び戻し、霊魂の状態を安定させ直す必要がある。

**④観四脚神**

観器物のほかに、かつて農村の子供のあいだで「観四脚神」と呼ばれる一種の降霊遊戯が盛んにおこなわれた。四脚神とは蛙であり、台湾語で四脚仔、水鶏（すいけい）と俗称する。

この儀式をおこなうのは、通常、元宵節や中秋節のような満月の夜だ。そして、この降霊遊戯

1　扁擔とは天秤棒をさす。
2　「奇景二十七」を参照。

を始める前には、一杯の白飯と鶏腿肉、味付け卵を、水路や畦道のような水に近い場所に置いておかなければならない。

始まると、香を焚いて神に祈り、乱童となる者を中心にして、手に線香をもって廻りはじめ、歌をうたう。「四脚神、四脚神、うちに来て鶏腿を食べてください、落花生もあります……」

歌はだんだん速度を上げ、輪の中で「観者」となる子供が地面にうつ伏せになって蛙のように息を吸って吐き、四つん這いで跳ねまわる。この現象が起きれば、「青蛙神」がその子の身体に降臨したということだ。

観四脚神の儀式はかつて田舎でよく見られたもので、各地でそれぞれの歌と儀式が発展した。例えば東石漁港では、青蛙神の憑代は、金紙で両眼を覆いさらに赤い布で縛って、両耳のあたりに線香と古仔紙（黄色のお札）を挟みこむ。東石の童謡は「四脚神、四脚肚、土地神が道案内をします」あるいは「四脚公、四脚婆、今日は八月十五日です、うちに白飯と味付け卵を食べに来てください」というものだ。

台中市には「観蛙古神」の民俗がある。蛙古神とは「老蛙神」のことだ。儀式をおこなうとき、憑代は真ん中に蹲り、両手を両頬のところにやって蛙が頬を膨らます様子を表現したのち、黒い布で目を覆わなければならない。儀式が始まると、三本の線香を憑代の前で揺らし、すべての子供が一つの輪となって、一斉に繰り返し歌う。

蛙古神、蛙古跳、跳ねろと言ったら跳ねろ、跳ねなければ、死んじゃうぞ。
蛙古神、蛙古跳、跳ねたければ跳ねろ、跳ねなければ、死んじゃうぞ。

この時、老青蛙神が憑代の身体に降臨し、蛙のように跳ね回らせる。そして、すべての子供は憑代の様子を真似て、一緒に集まって飛んだり跳ねたりする。

台中の蛙神の童謡では、歌詞中の「跳ねなければ、死んじゃうぞ」は楽しい遊びの中の暗黒面をあらわしている。もし一緒に跳ねなければ、命の危険がある。このような歌詞は、「われわれと一緒にならなければ仲間外れにしてしまうぞ」というある種の社会集団宣言を暗示しているのでないだろうか。

もちろん、このような推測は考えすぎかもしれない。児童あるいは少年少女が蛙神とコミュニケーションをとって遊ぶ、最も大きな理由は楽しいからであろう。あるいは、かつて台湾人の多くは農業で生計を立てており、農民にとって蛙は田畑の害虫を駆除してくれるものだった。そこで、もともとは敬意と恐れの感情をあらわしていたものが、とても楽しい郷土遊戯へと変化していったのかもしれない。

奇景　四十

# 庶民の想像力　外方紙（がいほうし）

探査ノート

本書ではさきに、初期の台湾妖怪絵画は日治時期の書籍の挿絵にさかのぼることができると述べた。しかし書籍はおもに文人と上層階級の間で流通したものだ。庶民階層や非識字者にとって妖怪や鬼怪はどのようなイメージだったのだろうか。

私はその答えは民間芸術の領域に隠されていると思う。調べたところでは、「外方紙」（「小紙（しょうし）」とも称する）がその解答の一つである可能性が高い。

漢人には、祭祀のとき金銀紙を燃やして神と鬼霊に敬意を表す習わしがある。金銀紙は冥紙（めいし）、冥銭（めいせん）、黄紙（こうし）、紙馬（しま）等とも称し、おおまかに金紙、銀紙、紙銭という三つのカテゴリーに分けられる。

金紙を奉献する対象は、天地自然、三界の神仏、祖霊だ。金紙には神仏、菩薩、縁起のよい字句が書かれ、錫箔と金薬で表装されている。銀紙の祭祀対象は陰界[1]、陰霊[2]、鬼神、好兄弟[3]だ。銀紙の造形は比較的素朴で、錫箔が施されるのみで金薬はなく、銀紙を積みあげた側面に赤い印が押されている。

紙銭についていえば、「準金銀紙」とも称され、一種の特殊なカテゴリーである。張益銘『金銀紙的秘密』（二〇〇六）によれば、通常、錫箔が施されているとはかぎらず、多くは図案と印文によって識別される。道士、乩童等の法師によって、祭煞[4]や改運、超渡[5]、替身受過[6]、趨吉避凶[7]等、ありとあらゆる用途に使用される。

そして紙銭のカテゴリーのなかの特殊な一種を外方紙という。これは関煞[8]に対処するときに使用する特殊な紙銭で、「外方」は外来の凶神を指す。古代星命学の説によれば、天地間には百八種の関煞があり、民衆は災厄に遭ったり身体が不調であったり、または不運に見舞われたとき、「祭煞、改運」（祭改、祭解、補運とも称する）の儀式をする必要がある。施晶琳が台南市の金銀紙舗業者と宗教事務関係者にインタビューしたところ、これらの関煞は百八種の外方紙で対応できるということだった。しかし、学者たちの調査では、目下台湾に伝わっている外方紙は四十数種だけだという。もちろん、本当にもともと百八種あったかどうかはわからない。

いわゆる「関煞」とは「難関、神煞」を意味する。人間が生きる中で遭遇する難関、あるいは鬼神の祟りのことだ。

外方紙で最も独特なのは、その表面に特殊な版画による図が押されている点だ。金銀紙によく見られる神と三仙の図案とは異なり、外方紙の版画によくあるのは鬼怪、神怪、精怪、妖煞等の図である。

ほかにも、外方紙の呼称は地方による差異があるようだ。南部の宗教用品店では外方紙の名を

1 あの世。
2 死霊。
3 「奇景三十」を参照。
4 お祓い。
5 死者の弔い儀式。
6 他人を身代わりに立てて悪い物事を避ける儀式。
7 開運と厄払い。
8 人間の人生の中で運命づけられた災難。

煞神紙銭。紅印紙銭は台中、黒印銭は台南から。私はかつて『台湾日日新報』で「煞神連殺三命」というニュースを見たことがある。文中では台湾人が「結婚の途中で煞気に出会えば人は必ずたちどころに死に、全身が火で焼かれたように黒焦げになる」と信じている様子が描写されている。その後、私は台中で紅印紙銭を収集した。図の中央の煞神の身体が黒い点で覆われているのは、民俗社会で煞神が人の全身を黒焦にする力をもっていると考えられていることと、関連があるのだろうか。

天狗の紙銭。紅印紙銭は台中、黒印銭は台南から。

白虎紙銭。紅印紙銭は台中、黒印銭は台南から。

用いるが、私が訪れた台中の多くの店では、店長はみな首を振ってその名を聞いたことがないと言った。台中市西屯区の茂芳堂では、こうした祭改専用の神銭を「小紙」と呼んでおり、私もいくつかの場所でその呼び方を聞いたことがあった。比較でいえば、「小紙」「小銭」の呼称のほうが台湾では広く使われている。

妖怪は超自然の奇異存在で、しばしば災害をもたらすので、この定義は伝統民俗でいう「煞」とよく似ている。そのため私は、煞もまた、台湾妖怪の系統のうち一種独特のカテゴリーたりうると考えている。外方紙に描かれた各種の神煞、鬼怪の造形は、台湾民間の天地鬼神についての具体的な想像力を反映しているのだ。

私にとって外方紙は、民俗儀式に使えるだけのものでなく、台湾妖怪芸術の領域における非常に貴重な民間版画作品だ。日治時期の画家浅井暹は『台湾土俗資料』五集を刊行し、のちに『台湾宗教版画』(一九三一)を編集した。その中では五鬼、白虎、黒虎等の小紙の図形が挙げられ、いくつかの図は今日でも外方紙に印刷されており、外方紙妖鬼図画の長い歴史を伝えている。

以下、三種の独特な外方紙を列挙し、簡単に紹介する。

### ①白虎

山野にひそむ白虎。もし白虎に祟られれば流血の災難がおこる。同時に、白虎は天上の白虎凶星も代表しており、人間界に危害を加える。白虎が入宮すれば(白虎を犯せば)、凶事が差し迫ることになり、白虎の紙銭によって災厄を取り除く儀式をおこなわなければならない。

**②天狗**

天狗という語は、最も古くは『山海経』に現れており、のちに一種の凶星とみなされ、民間では凶神とされた。もし生まれた年、月、日、時間が天狗星と相性が悪ければ、財産を損ない災厄に遭遇し、万事うまくゆかないので、厄除けをして運気を補わなければならない。廟へ行って天狗銭を燃やし災厄を解くことになる。

**③煞神**

煞神は、凶煞の神である。もし生活がうまくゆかず、病の苦しみに悩まされるなら、煞神の祟りとみなされる。紙銭を燃やして厄を払う必要がある。そのほかにも、死者の霊魂が家に帰るとき煞神が門まで送ってくれることを、「帰煞」と呼ぶ。煞神の紙銭の図では、つねに二匹の小鬼が傍に付き従っている。

奇景 四十一

# 庶民の想像力 十殿図

台湾民間の鬼怪をめぐる想像は、「外方紙」の版画芸術作品にはっきり見ることができるだけでなく、「十殿図」の地獄絵図においてもまた、異なるイメージがあらわれている。

十殿図は十殿閻王図とも称し、人間が冥界の十殿に入り審判を受ける情景を描いたもので、台湾ではよく見られる民俗絵画だ。十殿図は警世の役割を果たすだけでなく、同時に亡者を供養するものでもある。この種の地獄絵図は道徳書として印刷されることもあれば、葬礼と法要の現場に置かれることもあり、時折、廟でもこうした図画が掛けられている。

仏教が中国に伝来してからというもの、地獄の冥王伝説は漢人のよく知る物語となった。唐代の『十王経』が仏教、道教に影響したところは甚大で、その後、地獄の十王の概念は広く伝わり始めた。

十王は、十殿閻羅、十殿閻君、十殿閻王、地府十王とも称する。その内訳は、秦広王、宋帝王、楚江王（初江王）、五官王、閻羅王（森羅王）、卞城王（変成王）、泰山王（太山王）、平等王

台中市城隍廟の十殿閻羅図。

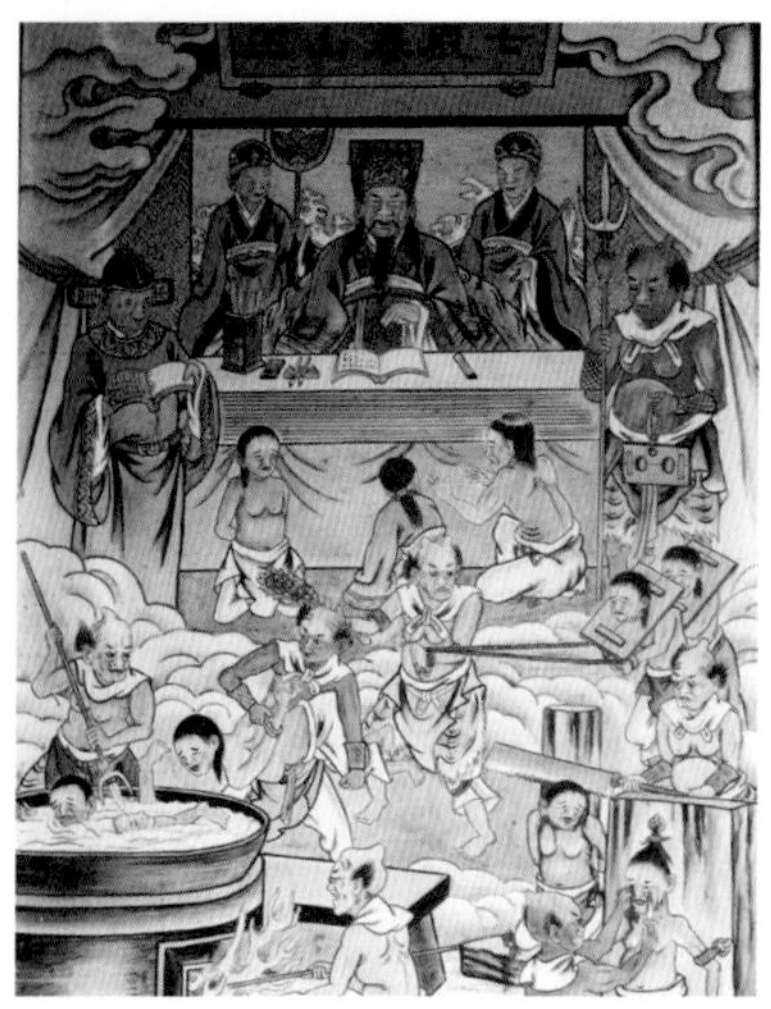
七殿泰山王の地獄図。

鬼差が鎖で罪人の手を縛っており、後ろでは２羽の妖狗が罪人の血肉を食らおうとしている。

（平政王）、都市王、五道転輪王というものだ。これらの冥王は亡者の功績と過ちを審判することができる。

十殿図の絵画の中で、閻君の手下である鬼差、鬼卒は、鬼神、陰神、鬼怪の存在に近い。例えば、国宝級の彩絵師・陳穎派とその一族が、台中市城隍廟のために製作した十殿閻羅図は、冥界十殿の閻君が審判をする過程を描き出している。青い顔に牙を生やしたあの世の使いは、閻君の下した判決にもとづき、各殿特有の懲罰を執行する。陳穎派が一族に伝えた筆法のもと、鬼差は古代の衣服を身にまとい、皮膚は青緑色や赤色を呈し、頭には一本角、二本角を生やすという奇異な姿をしている。鬼怪だけでなく、画中では妖狗、魔蛇などの怪物が罪人の血肉を食らおうとしている。

ほかにも、大甲鎮瀾宮には、清代の水陸法会の「典刑掛軸」が保存されており、鬼差のイメージを描き出している。絵画の中の鬼差は、頭に二本の角を生やし、皮膚は緑や赤で、容貌は獰猛

十殿図の青緑鬼差。

奈何橋の下に２匹の魔蛇。

で恐ろしげであり、様々の残酷な刑罰を執行している。

中国で地獄の情景描写は、最も古くは北朝にさかのぼり、唐代に画師の呉道子、張孝師が仏寺に地獄変相図を描いている。漢人が海を渡って台湾に来たとき、民間では地獄伝説が伝わるだけでなく、十殿図もまた道徳書の中に印刷され、あるいは葬礼の場や廟の中で掛けられていた。民衆が十殿図を見るとき、絵画の中の恐ろしく凶悪な容貌の青鬼、赤鬼は、人々が鬼怪の造型を理解するうえでの一つのルートとなったのだ。

奇景 四十二

# 烏鬼の正体

南台湾には、烏鬼井（台南）、烏鬼橋（台南）、烏鬼埔（高雄）など、「烏鬼」という語を含む地名が多くある。これらの地名の中の烏鬼は鬼怪ではなく、オランダ人、スペイン人などが台湾に連れてきた黒人奴隷を指す。

十八世紀の『重修台湾県志』には、「烏鬼井は鎮北坊にあり、水源が非常に豊かで旱魃でも枯れることがない。烏鬼とは番国名であり、紅毛奴である。体中が真っ黒で水に入っても沈まず、平地のように海を歩く。かつて紅毛が烏鬼にアダン（菻荼）を積んで井戸を掘るよう命じたので、菻荼井ともいう」と記載されている。烏鬼井は台南鎮北坊の水仔尾の北側にあり、この文献によれば、この井戸はオラン

オランダ人が黒人奴隷（東南アジア人）を働かせている。そのイメージはこの図を参考にできる。この絵は日本の出島のオランダ商館を描いており、街では２人の黒人奴隷が貨物を運搬している。

ダ人が黒人奴隷に命じて掘らせたものだ。

王瑛曽（おうえいそ）の『重修鳳山県志』にも「紅毛人」と烏鬼の関連について記されている。「烏鬼埔は県東北十五里、横山へと連綿つらなる。オランダ時代、烏鬼がここに集住していたと伝えられ、今も遺跡がある。薪を採る者がしばしば地面から瑪瑙や奇石のような宝を掘り出すが、おそらくオランダ時代に埋めたものである」

大航海時代、ヨーロッパ人とともに台湾島に足を踏み入れた黒人奴隷はアフリカ黒人を連想させるが、実際には多くがインドネシア、フィリピン等東南アジアの南島先住民だっただろう。しかし、漢人にとって、ヨーロッパ人に使役される黒人奴隷は、見たところみな皮膚の黒い異邦人であり、そこから烏鬼という俗称が発生したのだった。

台湾では烏鬼の痕跡はもはや消えているが、彼らはいまだ特殊な形式で私達と共存している。台湾の廟でよく目にする「憨番扛廟角（かんばんこうびょうかく）」の建築構造に見られる「憨番」は、烏鬼の化身なのだ。かつて漢人は、ヨーロッパ人の連れてきた皮膚の黒い奴隷がつねに力仕事に従事し、非常に力が強い様子を目にした。そこで廟の大工は、廟の屋根のひさしに憨番の形をレリーフとし、廟を担ぐ重責をになわせるという、奇妙な発想を思いついたという。

台湾の廟の柱には、「憨番扛廟角」の塑像がある。この図は台中の均安宮龍辺墀頭の、憨番の剪黏。

この図は台中の均安宮虎辺墀頭の、憨番の剪黏（廟の屋根に取り付ける装飾）。

烏鬼の正体はヨーロッパ人が外地から連れてきた黒人奴隷だったが、この語にはそのほかの可能性もある。例えば、屏東県小琉球で有名な「烏鬼洞」においては、かつて現地に住んでいた平埔族の原住民のことだ。

十九世紀に編纂された『鳳山県采訪冊』には、小琉球の烏鬼洞について「かつて烏鬼番が部族で集住していた。下顎に魚のようなエラがあり、海中に数日潜っていることができる。のちに泉州人[1]がここに住んで開墾したが、番人は受け入れず、ついに泉州人によって、夜に乗じて火を放ちこれをことごとく焼き殺すところとなった。今もその洞は残っており、好事家が行って遊ぶことがある」とある。この話は、「烏鬼番」がエラをもっており海中に数日もの間潜っていられると

小琉球烏鬼洞の入口。

小琉球烏鬼洞に設置された「烏鬼洞主」の牌位。

烏鬼洞の石階段。

烏鬼洞は珊瑚礁の石灰岩洞窟である。

いう、幻想的な色彩を帯びている。しかしこの文献には多くの疑わしいところがある。例えば泉州人と烏鬼番の間で衝突が発生し、しかも火を放って殺しつくしたというくだりだ。小琉球の歴史を顧みれば、実際に「火を放ちこれをことごとく焼き殺」した首謀者はオランダ東インド会社だ。

十七世紀、小琉球には千名以上の原住民が住んでいた。彼らはオランダ人と衝突したので、オランダ東インド会社は部隊を派遣して彼らを殲滅した（この支部隊には新港社、放索社の原住民と漢人の海賊も含まれていた）。度重なる討伐を経て、小琉球原住民はほぼ絶滅した。とくに一六三六年の襲撃の時、島の原住民はみな地下洞に隠れたので、オランダ部隊は入口を塞ぎ、火をつけて煙でいぶし、二百～三百人以上が死亡した。そのほか捕虜となった原住民は奴隷となり、ジャワのバタビアあるいは魍港[2]に送られて苦力となった。女性と子供は新港社の下僕となった。

かつて数百人が死亡した場所が烏鬼洞だ。今では小琉球の著名な観光スポットとなった地下洞には、その実、暗く残酷な歴史が隠されている。

1　福建省沿海部の都市。明、清時代にここから多くの人々が台湾へ渡った。

2　現在の台湾嘉義県布袋鎮好美里。

# 東部

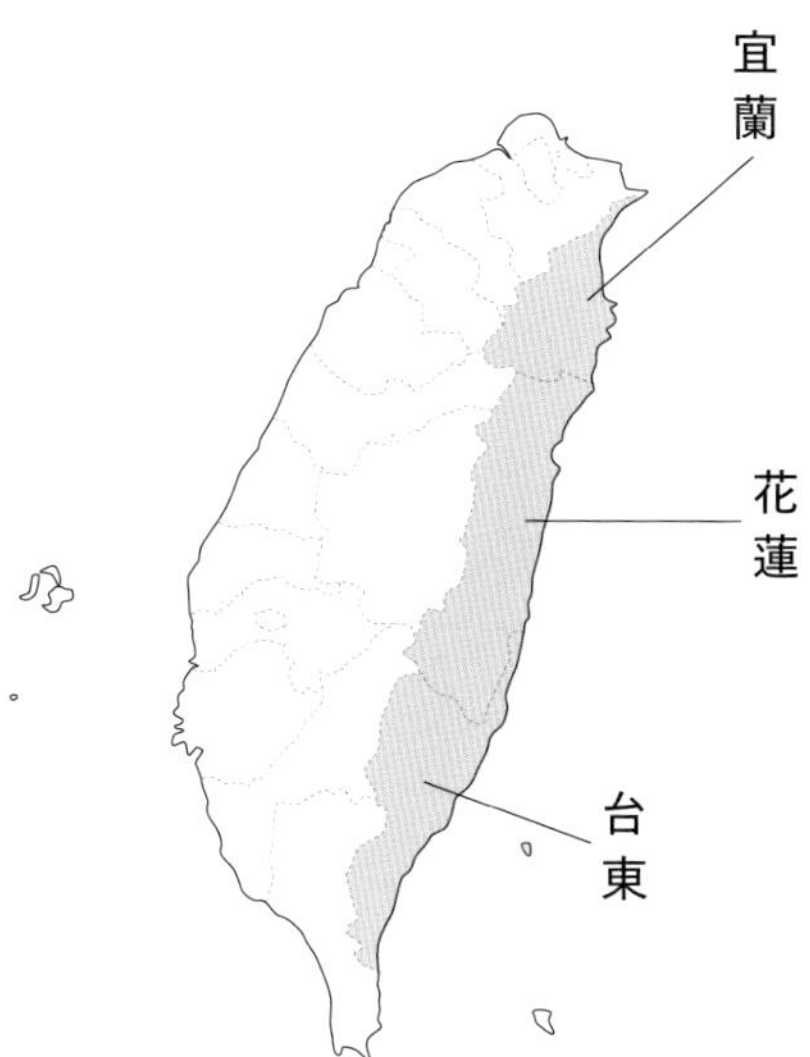

奇景 四十三

# 鯉魚精(りぎょせい)と山猫精(さんびょうせい)の戦い



妖怪伝説

台東平原には多くの精霊が修練する重要な場所がある。数百年前、この地で一匹の山猫が日月の精華を吸って修練し精となったという。

当時、川に一匹の鯉魚精がいた。しばしば岸に上がり悪さをして、命あるものに危害を加えた。山猫精は平和を守るため、鯉魚精が陸に上がるやそのあとを追った。しかし鯉魚精はめざとく、山猫精を遠くから見かけると狡賢く逃げた。この二匹の妖精は白昼には岩石に化け、夜になると元の姿に戻って、再び追いかけっこを始めるのだった。

ある時、空がもうすぐ明るくなろうとする頃、鯉魚精は水中に戻るのが間に合わず、山猫と一緒に岩となった。そこへ丁度、一艘のオランダ船が台東(たいとう)沿岸に立ち寄った。オランダ人は山中に二つの巨大な宝石があるのを見つけ、上陸して掘り出し持ち去った。

実は宝石は鯉魚精の両目であり、鯉魚精は両目を失ってから霊気がなくなり、二度と動けなくなってしまった。山猫精は鯉魚精が動こうにも動けず地面に横になっているのを見て、この前方の獲物をじっと見つめた……

## 探査ノート

台東の市街地で最も著名な妖怪伝説を挙げるとしたら、人々を最も興味津々にさせるものとして、鯉魚精と山猫精の恩恨情仇に勝るものはないだろう。この二匹の精怪は鯉魚山と猫山の霊なのだという。

二匹の妖怪の伝説はバージョンが非常に多く、その中の一つでは、鯉魚精は太平洋から来たのであり、しかも雄と雌の二匹がいたという。陸に留まったのは雌のほうで、雄は海中に消えて緑島となった。しかし真面目によく考えてみれば、この話にはおかしな点がある。なぜなら鯉はもともと淡水魚であり、塩分の高い海中で生きることができないからだ。

他にも、鯉魚精はもともと西王母(せいおうぼ)[1]の宮女であり、山猫精は玉皇上帝の召使いだったという伝説がある。ある日、山猫精は白鳥の卵を西王母に届けて誕生祝いとするよう命令されたが、悪戯好きの鯉魚精に驚かされて白鳥の卵を割ってしまった。そこで二妖は地上界に下って苦労する罰を与えられ、台東平原に転生した。そのため山猫精は鯉魚精を見るといつも恥と怒りにかられて追いかけた。このバージョンの結末では、一匹の猿精も登場し、山猫精を噛み殺して食べてしまい、鯉魚精の両目もくりぬいてしまう。玉皇大帝は激怒し、雷電で猿精を殺した。最後に三匹の妖精

1 古代中国の最高位の女神。王母娘娘、九霊太妙亀山金母、太霊九光亀台金母、瑶池金母、西海聖母、西老とも呼ばれる。

❶鯉魚山入口の彫像。鯉に似ていないのは、彫刻家林勝賢が、鯉魚山のもともとの名称は鯊魚山であり、サメはアミ族を守護する神の魚である、と考えたからである。そこで林勝賢はサメのイメージにもとづいて創作した。
❷自転車専用道路付近の、鯉魚山の魚頭部分の山壁。窪んだ目を見ることができる。魚の目は貴重な宝石だったが、オランダ人に掘り出されてしまったという。
❸鯉魚山のストリートアート。
❹鯉魚山の山頂端、台東平原を眺望できる展望台。左側の低い小丘陵は猫山で、写真の一番右側の山は猴子山。
❺猫山の現在の様子。写真右側は猫の上半身と頭部で、鯉魚山が位置する西南の方向に狙いを定めている。写真左側は身構えた脚で、今にも跳ね起きそうである。日治時期の詩人譚康英は『風月報』に「台東雑詠」という詩を書き、詩中の「猫児遥望鯉魚山」という句はこの風景を活き活きと描写している。

は死んでから鯉魚山、猫山、猴子山（こうしさん）となった。

三妖が互いに争う伝説は興味深く、途中で猿精を殺すストーリーにも意外性がある。しかし、猴子山が猿精の化身だという話についていえば、文字面だけを取り上げた結果であろう。台東海岸の猴子山の命名の起源は、実際には猿とまったく関係がない。アミ族はもともとこの山を、「祖霊の地、神の地」を意味するKawasanの名で呼んだ。漢人がこの地に来てから、発音の近い字を当てて猴子山と呼んだのだ。

鯉魚精と山猫精の各種伝説を比べ合わせると、バージョンを問わずすべて「猫が鯉を追う」というストーリーが強調されているが、これは日治時期に広く知られていたものだ。漢詩人李碩卿は昭和七年（一九三二）に台東を遊歴し、「猫子山」という詩を作った。「誰把猫児放此間、伺魚日久化為山。憐他身小魚偏大、攫取無能覓食艱。（誰が猫をここに放ったのか、魚を狙って長い間が経ち山となってしまった。その体は小さく魚は大きく、捕ることもできず食べるのも難しいのは哀れだ）」。他に彼は「鯉魚山」という詩も作った。「山勢分明似鯉魚、疑従東海躍来初。錦鱗畢竟宜於水、願汝揚鰭返尾閭。（山の様子が明らかに鯉に似ているのは、東海から躍り上がって来たためだろうか。鯉は畢竟水にいるべきで、お前がヒレを高く上げて河口に戻ることを願う）」。この詩は、鯉が太平洋から来たという話が当時すでに流通していたということを証明している。

『台湾むかし話』（一九四三）の中で稲田尹は、猫と鯉の戦いの他に、鯉魚精が祟ったせいで現地の女性が双子を産みやすくなった、という話にも言及している。双子は不吉とみなされたため、人々は鯉魚精の目をくりぬいたという。

施翠峰は『思古幽情集』（一九七六）で、猫が鯉を追いかける伝説として、他にも、昔アミ族の青年が鯉魚山で一着の金色に輝く宝衣を見つけた話を記している。宝衣はその後で紅毛番（オランダ人）に騙し取られたという。まもなく部族で生まれた子供や牛、羊はみな盲目だった。人々は、鯉魚山の二つの大宝石が紅毛番に掘り出されて持っていかれたせいで、鯉魚穴の霊気が失われてしまったのではと疑った。

鳥羽博が『台湾むかし話』第二集に描いた猫精と鯉魚精の挿絵。

私は、実際に鯉魚山と猫山を訪れてみると、民間伝説がなぜこの二つの山を主人公にしたのかを理解できた。台東平原は卑南渓、太平渓、利嘉渓がともに沖積してできた三角州であり、鯉魚山と猫山は標高が高くないものの（鯉魚山の高さは七十五メートル、猫山はたったの五十七メートル）、平坦な地勢の中で、この二つの孤丘が二つそびえる様子は人目をひく。この二つの山丘に登れば、台東平原を余すことなく一望できる。天気のよい日には、鯉魚山の頂から緑島や蘭嶼までも遠望できるという。

鯉魚山と猫山は平原で際立って突出しており、形は動物に似ている。そこで先人達は豊かな想像力を発揮し、この二つの山丘のために素晴らしい追跡伝説を作り出したのだ。

出没情報

**鯉魚山歩道入口**：台東県博愛路交差点から入ることができる。
**猫山**：卑南渓南岸、馬亨亨大道近くにある。

奇景　四十四

# 美崙山の巨人アリカカイ

妖怪伝説

アリカカイは長髪で猫の眼をもち、アミ族の人のたっぷり四倍の身長がある巨人であり、煙草を吸うのが好きだという。彼らは美崙山西側の洞穴の中に住んでいて、魔法で女性に悪さをするなど、どんな悪いことでもするので、部落の人々は頭痛が絶えなかった。

アリカカイは変身魔法が得意で、赤ん坊を連れた母親の後を追って耕地へ入ったことがあった。彼は手の毛を抜いて呪文を唱えると母親の姿になり、相手の不注意に乗じてこっそり赤ん坊の内臓を食べてしまった。

アリカカイの悪行はますますひどくなり、アミ族の人々はとうとう耐えられなくなって抵抗を決心した。しかし部落の勇士が美崙山にある住処を何度襲撃しても、アリカカイの邪悪な魔法に打ち勝つことはできなかった。

人々がどうすることもできず、カラン（Kalang）という長老が一人で海岸に行って悩んでいると、海神（Kafid）が夢の中で彼に告げた。「アリカカイは人間ではないので、尋常の方法では倒せない。祭祀に使うマポロン（ma-porong、束ねて縛ったススキ）でなければ勝つことはできない」。天啓を得たカランは、歓喜して部落に戻り、人々とともに大量のマポロンを作った。最後にアリカカイはマポロンの聖なる力に敵わず次第に敗退し、ついに二度と部落を騒がせないことを受諾し、美崙山を永遠に去って二度と戻らないと言った。アリカカイは、アミ族の不殺の恩に感謝し、こういったという。「毎年夏に、海岸に檳榔と酒、餅を供えて我々を祭れば、大漁になるぞ」。これはアミ族の海祭（Miladis、漁祭ともいう）のはじまりをめぐる物語の一つである。

## 探査ノート

妖怪は歴史の一部分であり、さらには重要な郷土文化資産だ。二〇一八年の夏、台湾有史以来おそらく初めての、「アリカカイ」の名で企画された妖怪展覧が花蓮（かれん）市で開幕した。展覧は「美崙山の巨人族とその産地」というタイトルで、「O'rip 生活旅人（せいかつりょじん）」で文化歴史調査の仕事をする黄啓瑞の企画による。そこでは文物展覧、絵画芸術、影絵人形劇、テーマ講座等のイベントがあり、アリカカイに関係する品物や二次創作が、一挙にほぼ網羅されていた。そこで私は花蓮まで展覧会を見に行き、同時に伝説中のアリカカイに関する風景を実地調査したのだった。

アリカカイのアルファベット表記は Alikakay、Arakakai で、阿里卡蓋、阿里嘎該等に音訳される。南勢アミ族やサキザヤ族の伝説では、アリカカイは人食いの巨人族で、特に赤ん坊の内臓を好んで食べる。『蕃族慣習調査報告書』『蕃族一班』に関係記録がある。

伝説のバージョンは複雑で、日治時期の文献の中で、アリカカイを退治する武器はマポロンでなく、女性が月経の時に穿いて汚れた服である。いくつかのバージョンでは、アミ族の「運動祭」(Malishen)の起源は、もともとアリカカイを討伐するために各部落が勇士を年齢ごとに分けて訓練し、各種の戦闘技術を学ばせたことから派生したものだとされる。またいくつかのバージョンでは、天啓を与えた神は山神マラダウ(Malataw)だという。現代の学術研究では、アリカカイは金を探しに台湾東部にやってきた西洋人(オランダ人或いはスペイン人)であり、外貌が奇異であったために現地の住民から妖魔化された、と分析されている。

「O'rip生活旅人」は、美崙山周辺の日治時期の古蹟である「将軍府(しょうぐんふ)」に妖怪展覧会場を設置し、アミ族が魚を捕る竹籠や弓矢武器等の器物を展示した。他にも地元の人々に様々なイメージのアリカカイを描くよう募り、さらにボランティアに対し、百本のマポロン——かつてアリカカイを退治した聖なる道具——を作るよう要請し、それを展示した。

黄啓瑞になぜこの展覧会を企画したのかときくと、彼は、数年前にこうしたことを思いついたのは、これまで多くの地域でそれぞれのコミュニティーイメージが創り出されるのを見てきたものの、イベントの多くは現地の歴史文脈と全く関連性をもっていなかったからだと述べた。郷土との関連性を失えば、文化の養分は急速に流失してしまう。黄啓瑞は、特色を出すためには、最も代表的な郷土伝説をシンボルとするにしくはないと考えた。そこで、花蓮に伝わるアリカカイ伝説が、彼の心の中で第一候補となったのだ。

黄啓瑞は、物語が語られ続ければ部族の精神が保存され、郷土と地元に根ざしたアイデンティティーが深まっていくと考えている。展覧会場が将軍府にあることについては別の意義がある。伝説上の巨人の棲息地であった美崙山まで歩いてすぐに行けるからだ。

今となっては、かつて巨人が隠れていた洞穴をはっきりと探し出すことはできない。その穴は埋められてしまったという。今の美崙山の北半分は軍事管制区となっていて、自由に歩けるのは南半分だけだが、かつての幽闇な雰囲気は一掃されている。登山歩道では多くの人々がジョギングや運動をしていて、バドミントンコートや児童遊戯施設があり、巨人がこの地を荒らした痕跡はまったくない。

では、アリカカイの遺跡にはどのようなものがあるのだろうか。金栄華の著作『台湾花蓮阿美族民間故事』(二〇〇一)によれば、吉安郷のアミ族陳光緑(ちんこうりょく)は、「アリカカイは瑞穂(ずいほ)に家を建てて住んでいた。今その山上にある二本の大石柱は、かつての家の柱だ」と述べた。『火神眷顧的光明未来：撒奇莱雅族口伝故事』(二〇一二)の中で、寿豊郷水璉村(すいりんそん)のサキザヤ族蔡火坤(さいかこん)は、アリカカイと石柱の関係についてこう説明している。「掃叭石柱(そうはせきちゅう)はアリカカイの遺跡である。昔、アリカカイが島で民と共同生活をしていた頃、彼らは杵と臼など多くの家具をもっていたが、後に石に変わってしまった。この石柱は杵である。アリカカイが去ったとき、彼らが使っていた家具は石となった。杵、杯と朝食を食べた場所はすべて石に変わってしまった」

掃叭石柱は瑞穂舞鶴(ぶかく)にある二本の巨大な直立石柱だ。古老達のいうアリカカイと石柱の関連性は、祖先から伝えられたものだが、こうした話はおそらく比較的後になって生まれた物語だろう。なぜならアリカカイ伝説の発生地は美崙山と密接に関連しているが、美崙山と瑞穂は七十キロ以上離れており、石柱が彼らの家の柱や残された杵であるというのは、いくらかおかしいからだ。

❶「美崙山の巨人族とその産地」展覧会では、Sakor 部落の年配者と青年が共同で創作した３つのアリカカイ絵画が展示されている。右の図のアリカカイはとても特殊で、アリカカイが女性に化けている様子をあらわしている。

❷高韻軒先生が指導した静浦国民小学の影絵劇「ずるがしこい巨人」の舞台道具も、将軍府に展示されている。

❸美崙山のいま。この地は人々のレジャー公園になっている。アミ族に伝わる巨人説話以外に、サキザヤ族にもアリカカイが悪さをする伝説があり、美崙山にはアリカカイの足跡が遺された岩があるという。他に、閩南人の伝説では、この地は魔神仔の縄張りでもあり、言うことを聞かない子供がいれば、大人は、魔神仔にさらわれて北笠子山（美崙山のこと）で牛の糞に漬けられるぞ、と言う。

❹草の葉で作ったマポロン。アリカカイを撃退した聖なる武器だという。

❺花蓮県農会の精米工場の外壁は、国福社区の文化コーナーとなっていて、壁には美しい原住民文化の物語が描かれている。写真はアリカカイの壁画。

❻瑞穂の掃叭石柱。２本の石柱が地面に立つ様子は非常に不思議である。口承記録によれば、石柱はアリカカイの家の柱と残された杵らしいという。

アミ族、サキザヤ族の口承物語の大部分は、やはり美崙山をアリカカイの根拠地とみなしている。

掃叭石柱に関する伝説についていえば、アミ族の大部分の言い伝えでは、これはカララ部落（Kalala）の祖先の遺跡であるという。サキザヤ族では、石柱は天神フォトン（Butung）が天上界に行くときに使う梯子だといわれている。

花蓮各地で掃叭石柱とアリカカイの物語が流布している理由は、黄嘉眉の研究によれば、現地に石器の遺物と奇景怪石が非常に多く、またアリカカイの物語が広く伝わっているため、両者の関係がこじつけられたためだという。例えば、豊浜石門洞付近には変わった岩が一つがあり、これはアリカカイが食べ残した餅が変化したものだという。ジラカヤン（Ci-lakai-yan）部落の山興郷第八鄰区域では、多くの石器遺物が発見されたため、現地では、第八鄰にアリカカイが出没したのだという物語が流布した。

物語は入り乱れているが、しかし私達はそれらの伝説が語られる土地の分布から、アリカカイの伝説圏の影響範囲がどれくらい大きいかを知ることができる。

アリカカイの足跡はすでに現代から遥か遠く離れ、巨人をめぐる話は荒唐無稽で奇妙なものとなっている。しかし、もしこれらの伝説により強くの好奇心を抱くのなら、私達は、花蓮の郷土の文化歴史をよりよく理解できるだろう。

**出没情報**

**美崙山公園**：花蓮県花蓮市尚志路二十五之二号。

奇景 四十五

# 七星潭（しちせいたん）の青石（せいせき）妖怪

## 妖怪伝説

これから、青石公（せいせきこう）の物語を聞かせましょう。

むかし、青石公は一匹の妖怪でした。妖怪は佳山（かざん）に住んでいて、佳山は佳冬脚（かとうきゃく）と呼ばれていたのです。加礼宛（かれいえん）のあたりに狩人が一人いて、顔立ちの綺麗な妻と結婚しました。狩人は佳冬脚に行こうとしました。そこには山があり、行って狩りをしました。

妖怪は狩人の妻が美しいのを見て、その夫、つまり狩人を殺してしまいました。殺した後、妖怪は狩人に化けて、家に行ってその妻と暮らしました。

しかし狩人の妻に気づかれてしまったため、佳冬脚に逃げ帰りました。加礼宛の村人達は大勢を集めて、妖怪を退治しようとしました。追いかけると、妖怪は逃げ回りました。妖怪は体が大きく、逃げ回ってはぶつかり、十個以上もの洞穴を作ってしまいました。あの十個以上の洞穴は、妖怪が作ったのです。妖怪は逃げ回ってこの海岸に来たとき、この海岸で叩き殺されました。叩き殺されてから神様が言いました。お前は悪さをしたのだから、ここを守るのだ、と。妖怪を一塊の青石公に変えて、そこにいさせるようにしたのです。

――『花蓮県民間文学集（二）』

## 探査ノート

以上の物語は、李進益と簡東源が編集した『花蓮県民間文学集（二）』（二〇〇五）からのもので、七星潭の現地住民潘清宗が語る海岸の巨大青石の由来だ。彼の話によると、この青石はもともと一匹の色好みの妖怪で、狩人の妻を奪うために狩人を殺してしまったという。結局、妖怪の陰謀は露見し、村人に追われて海岸に逃げ、神によって現地を守護する青石公へと変えられた。

物語の中の「佳冬脚」は佳林村のことで、今では佳山空軍基地になっているが、昔は多くのアカギ（茄苳樹）が生えていたためその名がつけられた。物語中の「加礼宛」は花蓮県新城里の嘉里村で、十九世紀中葉から宜蘭のクバラン族が続々とこの地に移住してきて、加礼宛の六つの部落を作った。人数は六千人に達したこともあり、タロコ族、サキザヤ族、アミ族と隣り合って暮らした。一八七八年、加礼宛事件[1]が発生し、加礼宛の人々はサキザヤ族と共に清軍に対抗したが惨敗して、二部族は故郷を離れてアミ族の部落に身を潜ませるほかなかった。

青石公の物語中では、狩人の来歴が語られていないが、地縁関係から狩人の身分はおそらく原住民であり、しかも加礼宛人だろうと推測できる。もう一つの口述記録は、研究者詹嘉慧が現地住民にインタビューしたときのものだ。青石公の由来について、怪物に狙われた妻は「山の娘」だと聞いたことがあるという。以下、詹嘉慧が収集したバージョンを簡単に述べよう。

佳山に一頭の青龍がいて、白面の書生（勉強中の若者）に化けていたときに、嘉里村の山の娘に恋をした。そこで青龍は人間に化けて彼女の夫と一緒に狩りに行き、一人だけで戻ってきた。夫の姿に変身して戻ってくることで、彼女を騙そうとしたのだ。山の娘は夫の様子がおかしいと思い、もとの夫ではなくなっていることに気づいて、村内の壮丁[2]を集めてこの怪物を追いかけた。青龍は七星潭の海岸まで逃げたところで、山の壮丁達に叩き殺された。死後、青龍は大青石に変わり、七本の光を発して天へと飛び去った。後世の人はこのことから、この地を七星潭と名づけた。

この二つのバージョンによれば、青石公の物語は、加礼宛社ではじまったのかもしれない。詹嘉慧もまた、この伝説にはクバラン族と七星潭海岸の間の何らかの関係性が潜んでいるのではないかと疑っている。しかし、青石公が青龍の化身であるというバージョンには、多くの漢文化の要素（青龍、白面の書生など）が含まれており、この物語が伝わる過程で漢文化の影響を多く受けたことが見て取れる。

### 出没情報

**青石公**：七星潭海岸にある最大の青石。おおよそ七星街と原野牧場の前方の海岸にある。

1　清朝の侵入に対し、クバラン族とサキザヤ族が抵抗した事件。花蓮地区の原住民部族の分布に大きな変動をもたらした。

2　成年男子のこと。

❶七星潭海岸の青石公は、深緑の片岩（片麻状組織の変成岩）で、直径はおよそ2メートル、高さ170センチ以上、長形の岩石が斜めに砂の中に挿し込まれているように見える。海岸には3つ以上の青色岩があり、最大のものが青石公であると判別できる。伝説では青石公は妖怪の化身であり、他にも現地の漁民を守るという言い伝えもある。天気が良くないときには、青石は赤い光を発し、漁民に海へ出ないように警告するため神石と称される。

❷別の方向から見た青石公。

❸七星潭を遠望する。写真の右下隅が青石公。七星潭の名の由来については、青龍が青石に変わったという伝説の他に、2つの異なる話がある。1，ここにはかつて7つの池があった。2，民間の言い伝えでは、海底に7つの洞穴があるため七星潭という。

奇景 四十六

# 羅山村の四つの宝物

## 探査ノート

『花蓮県民間文学集（二）』で、羅山村の四宝伝説を読んでからというもの、私はこの地について思いを馳せるようになった。

羅山村はもとの名を螺仔坑という。盆地の形状が田螺に似ているためこの名称となり、盆地を流れる河川もまた螺仔渓と呼ぶ。戦後に羅山と改名された。羅山村は風水の絶好地で、かつて四つの宝物が出現した。金鶏母、金水鴨、金茶杯、金剣だ。それについての物語は以下のとおりだ。一、羅山滝の頂上に一羽の金鶏母がいて、滝の下には一つがいの金水鴨がおり、この二匹はともに天気が曇りの時に鳴き声を上げた。二、村内に金茶杯が一つあったため、天気の良いときには村の両側にある山脈から鳴き声が発せられた。人々は白馬が走る音と龍銀の金属音を聴いたという。本文では金茶杯と白馬の関係については書かれていない。三、葉聡林の家にはかつて林金福が住んでいて、家の中に一振りの金剣を所蔵していた。

語り手の朱金田(しゅきんでん)夫婦と潘金来(はんきんらい)によれば、この四つの宝物は後にすべて「紅毛番」に持っていかれてしまったという。金剣を所蔵していた家の青年は、もともと千斤(きん)を挙げる力を持っていたが、宝物を奪われたために普通の人になってしまった。

話の終わりで四つの宝はみな失われ、今の羅山村でこれらの宝を見ることはできない。しかし私は、羅山村の風景を実際に目にして、いくつかの疑問を晴らしたいと思った。例えば、羅山村周辺の地形図を見回しても、村の両側の山脈がいったい何処にあるのかわからなかったのだ。

二〇一八年に現地に足を踏み入れたところ、山脈の位置の問題はすぐに氷解した。現地の山脈は高くないため、地形図ではその形がはっきりせず、おおよそ螺仔渓の両岸に位置する小型丘陵にすぎなかった。東北の方角にある丘陵は、羅山観光センターから羅山滝まで伸びていて、西南側の丘陵は比較的低い。

民宿のオーナーの引き合わせで、私は現地で農業を営む林運枝(りんうんし)さん(当時八十一歳)と知り合った。彼は村の丘陵を「崙仔(ろんし)」と呼んだ。そこで私は、『花蓮県民間文学集(二)』に山脈が「龍仔(りゅうさい)」であると書いているのは再考の余地があり、正確な書き方は「崙仔」かもしれないと気づいた。

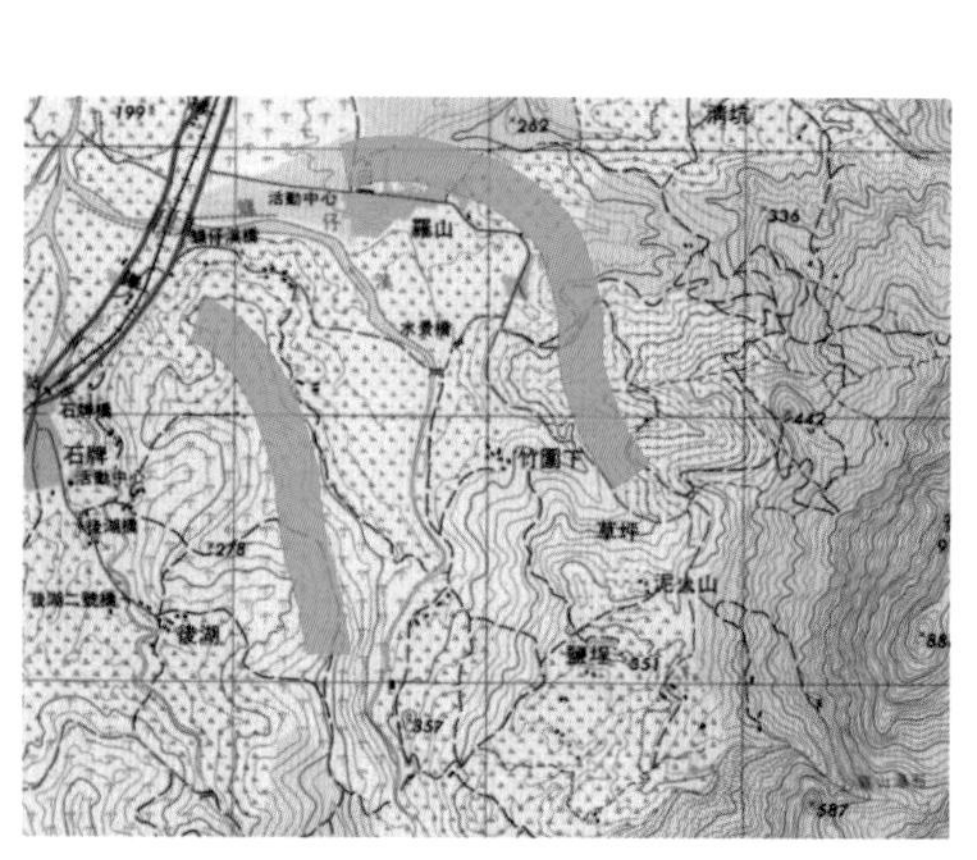


地図上の緑の筆跡は、羅山村の２つの丘陵の方向である。(二万五千分之一行政院経済建設委員会版地形図、第２版)

林運枝は現地で「大自然体験農家」を経営し、老いてなお盛んで、情熱的でもてなし好きだ。彼による羅山村の紹介を通じて、私は本の中で記録された四つの宝物伝説を一つ一つ検証した。彼の話によれば、かつて確かに白馬が駆けるのを見た人がおり、その場所は桂竹林と南側の丘陵の間だった。白馬は低い所から高い所に駆け上がり、目撃者は何人もいた。しかし彼は金茶杯の物語は聞いたことがなかった。

羅山滝の金鶏母、金水鴨の物語についても、林運枝は聞いたことがなく、滝底にはたくさんのクチマガリとオオウナギがいると述べただけだった。私は滝に行って調べたいと思ったが、歩道が壊れていて、滝まで行くには現地の人に案内をしてもらう必要があった。

金剣の物語に関して、林運枝はその存在を聞いたことがなかった。林金福という人については、百年以上前に生まれた人で、彼はその息子と同級生であり、閩南人の家庭だったという。私が村に葉聡林という人がいたかどうかたずねると、林運枝は首を振り、その人はおそらく葉昌琳という百年以上前に生まれた客家人であり、その二人の息子も同級生だったと訂正した。

林運枝の言うところによれば、葉昌琳は昔、酒と煙草を売る店を経営していて、原住民の顧客が非常に多く、村内の有力一家だった。人目を惹いたのは、葉家の住宅の外観が変わっていて、軒には燕脊[1]がないものの廟と同じ構造をしていた点だった。この話を聞いて私は興奮した。本に記録されている「葉聡林」は誤字で、実際には「葉昌琳」だったのではないだろうか。葉昌琳と林金福は同時代の人で、本の叙述と符合する。しかも、本には金剣を所蔵する家について、その奇妙さが特記されており（日没のとき太陽はこの家の路地口を照らすとすぐ消える）、この話は、林運枝の述べる葉家の軒の特別な構造と、互いに対応しているようだ。葉家の住宅が変わっていたた

1　台湾や福建省、東南アジアなどの伝統建築に見られる、燕の尾のように反り上がった形状の屋根。

❶林運枝さんの案内によれば、羅山滝の美しい風景を撮影したければ、羅山大魚池に行けばよい。泥火山風景スポットに近いのだという。もともとここは沼沢地だったが、早くから住民は水を引いて池を作り、田畑を灌漑し、大魚池の景観が形成された。

❷羅山村で生産する泥火山豆腐乳。甘辛く美味で、泥火山水を天然の凝固剤としている。現地の名産であり、現代の羅山村の宝となっている。

❸羅山村の西南側の丘陵。白馬がここを走ったことがあるという。

❹改築後の羅山学堂は、現地の生徒の放課後の塾であり、葉昌琳の旧家の所在地である。旧家は存在しないが、学堂の入口の上には「菸酒」の古い看板がいまだ掛けられている。

め、郷人の議論を次々に引き起こし、果ては金剣伝説を作り出したのではないだろうか。惜しいことに、私が葉家の旧家の位置をたずねたところ、林運枝は、その家はもう取り壊され、今は羅山学堂という子供の塾に建て替えられている、と述べた。

林運枝さんとおしゃべりしていた時、私は羅山の歴史も少し学んだ。この地は日治時期に農業を生業としており、キャッサバやサツマイモを栽培して、小麦粉工場もあった。戦後の八〇年代には人口が大量に流出した。生活は苦労が多かったが、林さんは歳とった両親の面倒を見るため故郷に残った。後に二〇〇〇年代に政府が有機農業を提唱すると、彼もその列に加わり、村民と共に「羅山有機村」の称号を作り出し、現地で豊富に生産する泥火山豆腐乳の名声を高めた。

羅山四宝が伝説の中にしか残されていないとしても、それぞれの時代にはみな、それぞれの宝物がある。林運枝さんが手足をたこだらけにして開拓した農園は、平凡の中の非凡であり、人々を敬服させる貴重な宝物なのかもしれない。

## 出没情報

**羅山大魚池**：羅山山村に入り羅山風景区の方向に進むと、大魚池に行く標識がある。

奇景 四十七

# 鯨に乗って女人国から逃げる

妖怪伝説

むかし、マチェチェという男の子がいた。ある日兄と山へ柴刈りに行ったとき、突然大雨が降り出し、秀姑巒渓が濁流となってマチェチェを押し流し、さらに海へまで漂流させてしまった。マチェチェは流木を抱えてバライサン（Balaisan）という島に辿り着いたが、島にいたのはすべて女で、マチェチェは怪物と思われてしまった。その後、マチェチェは女王の前に連れて行かれた。女王はこれを男だと知っていたが、そのことは打ち明けず、島民に告げた。「これは動物よ。豚と同じように太らせて殺して食べるのよ」

マチェチェを閉じ込めた場所には何人もの男がいた。みな女王の捕虜で、太らせて殺すだけでなく、子孫を残すためにも使われていた。

マチェチェは生きるために、毎日わざと十分に食べず、長年たった後に機会を見つけて逃げ出した。海岸まで逃げてきたとき兵士に見つかったが、海中に飛び込んだ。このとき、一頭の大鯨が姿を現し、マチェチェを乗せて彼の部落へ帰してくれた。大鯨が海岸に着いたとき、尾鰭で水璉部落を掃き、そこに湾を作ってしまった。

大鯨はマチェチェに、これから甕、ビンロウ、酒、ススキの束、糯を供えて自分を祭るように言った。彼は海神（Kafit）だったのだ。その後、現地では五、六月に海神祭りが開かれるようになった。

――『火神眷顧的光明未来：撒奇莱雅族口伝故事』からの改作

## 探査ノート

以上の物語は『火神眷顧的光明未来：撒奇莱雅族口伝故事』（二〇一二）の中の「馬久久与海神祭」からの改作で、寿豊郷水璉村の蔡金木（さいきんもく）が語った奇譚だ。

マチェチェが鯨に乗って女人島から逃れた話は、サキザヤ族とアミ族にともに伝わっており、蔡金木は自身の語る物語はもともと奇美部落から来た可能性があると考えている。

日治時期、『蕃族調査報告書』『生蕃伝説集』等の書物に、女人島奇譚の記載がある。当時収録された異なるバージョンでは、主人公の名はMaciwciw或いはサダバンであるようで、女人島の名をFalaysanという。

黄嘉眉『花蓮地区撒奇莱雅族伝説故事研究』（二〇〇九）は、女人

日本時代に恒春海域で捕獲されたザトウクジラの写真。堀川安市『台湾哺乳類動物図説』（1932）より。

❶牛山海岸に立って北を望む。海は弧形を呈し、本当に尾鰭で掃かれたかのようだ。

❷「牛山呼庭」レストランの入口。海岸まで通じている。アミ語の「フティン」（Huting）は牛や羊を放牧する場所を意味する。この地の山丘はもともと、アミ族が水牛を放牧する草原だった。

島奇譚を整理し、この物語は日治時期にアミ族各社で伝えられており、現代では水璉村で最もよく知られているものだとしている。この物語が水璉村で伝承され続けている理由について、黄嘉眉は、現地では漁業が主要産業であり、海を畏敬する海神祭は重要な伝統儀式であるため、祭儀にまつわる女人島の物語もまた伝えられてきたのだと考えている。

その他、女人島の物語は、水璉村で進む「在地化」とも関係している。蔡金木がインタビューした記録には、「どれくらい経ったか分からないが、部落に戻ると、鯨は水璉部落を掃いて湾にしてしまった。三方が山で囲まれ一方を海に面した地形は、尾鰭に叩かれたためだ」とある。この描写はとても活き活きして、水璉村の地理特色とも関係している。

地図を調べると、水璉の湾は確かに弧形をなしていて、実際に現地を観察するとその地勢は、西は山に、東は海に面する河谷盆地となっている。現地には牛山海岸という著名なスポットがある。砂浜を歩いて北を眺めると、長弧形の海岸がマチェチェの伝説を想い起こさせる。当時、必死で女人島から逃げ、鯨に乗ってこの海岸に戻ってきたとき、彼はきっと歓喜したであろう。しかし部落に戻ると、滄海変じて桑田となり、物は変わらなくとも人は様変わりしており、感慨深かったに違いない。鯨に掃かれて作られた湾は、この時から水璉村の唯一無二の壮麗な風景となったのだ。

出没情報

**牛山海岸**：花蓮寿豊郷海線台11線、「牛山呼庭」レストラン入口付近から海岸に行ける。

奇景 四十八

# 花蓮の幽霊屋敷 松園別館（しょうえんべっかん）



探査ノート

花蓮にはかつて、地元の学生が夜中に冒険に行く、幽霊屋敷があった。松園別館だ。なぜ「かつて」というかといえば、松園別館が修復され二〇〇三年に正式に一般公開されてからというもの、幽霊が出るという噂は徐々になくなり、むしろ現地の著名な観光レジャースポットとなり、国内外の観光客でごったがえすようになったからだ。

幽霊屋敷について、まず身の上から説明する必要がある。松園別館は旧名を「花蓮港陸軍兵事部」といい、一九三九年に建てられ、軍事指揮センターであり徴兵機構でもあった。国民政府は一九四七年に正式にここを接収し、陸軍総部が管理することになった。一九九七年、松園別館は解体の危機に瀕したが、現地の人々の積極的な働きかけにより、花蓮県歴史建築に登録された。

太平洋戦争時期に創建されたため、日本が敗戦すると、多くの中国人を殺した一人の日本軍士

松園別館の入口。休日には観光客が多く、松園別館の山丘に通ずる唯一つの小道は車が通るには狭いので、近くで駐車して歩いて入館するのをお勧めする。

官がここで割腹自殺し、その後「日本幽霊」の噂が世間を賑わせたという。夜になると、付近の住民は、松園から日本の軍歌や軍人の行進、点呼の物音がしてくるのを聞いた。男子トイレで手を洗っていると肩を叩かれ、或いは後ろから日本語の挨拶声がするので振り向くと、誰もいない。二〇〇二年に改築されたとき、工事現場では事故が絶えなかったので、「好兄弟（無縁仏）」の供養をしてやっと工事が順調に進んだ。

なぜ松園別館は花蓮の著名な幽霊屋敷になったのだろうか。私は古新聞を調べたが、事故や死亡事件は見つからなかった。日本軍士官の自殺は、現地の古老陳義和がインタビューの中で述べたことだが、このことについて他の史料では見られなかった。神風特攻隊の隊員が出征する前、ここで御前酒を交わしたというが、この伝説も有力な証拠が欠如している。

幽霊屋敷の伝聞の起源はおそらく戦後である。松園が老朽化して暗い影が揺らいでいたため噂が起こったのだろう。退輔会[1]、花蓮農場などの組織が管理したが、長年放置されて荒れ果て、年月が経つうちに人々は幽霊屋敷と呼びかわすようになった。本当に霊異事件があったかどうかは、今はもう確かめることが難しい。

松園別館は修復を経て、古めかしい旧屋は毎年太平洋詩歌節が開かれる場所となった。今では、霊異の足音はすでに松林を遠く離れ、詩詞歌賦と松濤海風が一緒に響き渡っている。

出没情報

**松園別館**：花蓮県花蓮市松園街六十五号。

1　中華民国国軍退除役官兵輔導委員会。

奇景 四十九

# 七脚川の大樹の下の鬼火

妖怪伝説

花蓮市主農郷十一鄰の住民徐阿貴の長男徐慶栄（十四歳）は、……（略）……今月十二日午前四時頃、主権里十六鄰と七脚川の境にある道端まで歩いて行った。そこには十二本の大樹が繁茂し、黒雲が空を覆っていた。徐君が振り向いて同級生が来ていないか確かめようとすると、突然樹上から一つの青い火が煙をあげながら身体の傍に落ちてきたが、急いで登校することで頭がいっぱいで、怪物が目に入らず相手にしなかった。再び十数歩歩いたところ、突然またもや一つの青い火が煙と共に落ちてきて、黒い人の姿となった。身長は一般男性と変らず、四五寸ほどの長さの眉毛以外、顔の様子は見えなかった。それは動くことができ、徐君は通行人だろうと思って相手にせず、再び歩き出したところ、怪物は両手を伸ばして行く手をさえぎった。徐君が右側を歩こうとするとそちらに寄ってきて、左を歩こうとするとまた近づいてきて、声を発することもなかったので、一気に肝魂が消し飛び、表情はこわばってしまった。道のわきには横道が一本あり、人が薪を割る音が聞えてきたので、大急ぎで主権里十六鄰九三号の家の厨房に向かって走り、大声で戸を開けてくれるよう頼んだ……

――『更生報』（一九五六年十二月十四日）

## 探査ノート

一九五六年十二月十四日、『更生報』の第二版は、「七脚川付近の大樹の下で、突然青い火が人形となり、一人の小学生が肝魂を消し飛ばした」という鬼火のニュースを載せた。このニュースを証言した鳳林中学一年生の徐慶栄は、登校途中に青い火が黒い怪物に変身するのに出くわし、驚き急いで逃げた。付近に住む曽姓の老婦人は徐君が恐慌状態にあるのを見て急いで落ち着かせ、田埔駅まで送って登校させた。しかし、徐君は学校でもそわそわして恐怖が去らず、休みを取って帰宅し休養をとった。

この報道は奇怪な様相を呈し、情景描写はとても細かい。いったい青い火は本当に存在したのだろうか。

新聞の記述する事件発生場所にもとづいて、主権里十六鄰と七脚川の境界がどこかを探り、私は今の吉安渓のほとり徳安六街（徳安運動公園付近）の区間だと推測した。今はこの道路の堤防歩道には並木が植えられている。樹種はタイワンモクゲンジで、開花季節には一面の黄金色となり、目と心を楽しませてくれるが、付近には新聞にあるような特別に繁茂した樹木はない。

現世聊齋

七脚川附近大樹下
突有青火變人形
一小學生魂飛魄散

傳有此一說
信不信由你

❶タイワンモクゲンジの気嚢状の蒴果。色はバラ色を呈し、最後に土褐色に変わる。

❷アメリカ軍の「旧市街地航空写真」(1945)。斜めに走る川は七脚川。西北から東南に流れて海にそそぐ。左岸近くの道路は1956年に発生した鬼火事件の場所である。

❸ 1956年12月14日の『更生報』。

ニュースにある「樹上から一つの青い火が煙をあげながら身体の傍に落ちてきた」という描写から、私は、落ちてきたのは青い火ではなく樹木の果実ではないかという可能性を思いついた。

タイワンモクゲンジは九月に鮮やかな黄色の花を咲かせ、十月から十二月には、気嚢状の赤褐色の蒴果[1]をつける。それは燈籠に似ているので、タイワンモクゲンジは燈籠樹とも呼ばれる。ニュースでは当時は十二月で、しかも黒雲が空を覆っていて天気がよくなかったようで、蒴果が強風で落とされて、徐君に怪異の青い火と誤認させたのではないだろうか。

答えを解くため、私は古地図を探してこの仮説を確かめてみようとした。惜しいことに、一九四五年にアメリカ軍が撮影した航空写真を見ると、この区間の堤防には樹木が植わっていなかった。十一年後の一九五六年、おそらく特別に繁茂した大樹は生えていなかったろう。しかも台湾では七〇年代以降からタイワンモクゲンジが広く植えられるようになったのであり、現在の徳安六街堤防のタイワンモクゲンジが五〇年代にすでにあったはずがない。タイワンモクゲンジの蒴果が青い火だった可能性は低いようだ。徐君の歩いた道の大樹は、堤防ではなく近くの家屋に生えていた可能性が高い。

しかし、青い火が樹上から落ちてきたという、新聞の描写は非常に特殊だ。本当に徐君は、樹上から落ちてきた何らかの物体を、青い火と誤認したのだろうか。もしそうなら、突然あらわれた黒い人の怪物はどう解釈すればよいのだろう。

そこで考え続けてみた。徐君が蜂の巣を除去する現場を目撃したという可能性もあるかもしれない。

蜂の巣を除去するには数種の方法があり、その中の一つは火で焼くというものだ。「青い火」

が樹上から落ちてきたのは、火のついた蜂の巣が墜落したのであり、「煙をあげながら」というのは蜂が四方八方に飛び散ったのだと、これなら解釈できる。「黒い人」の存在は、蜂の巣を処理する人であり、体臭を隠して蜂に刺されないようにするため、黒い泥を全身に塗っていたので、思いがけず「怪物」になってしまったのだ。この怪物が徐君を前に進ませなかったのは、落ちた蜂の巣に近づかないよう警告したのかもしれない。しかし、もしそうなら、なぜ黒い人は一言も発しなかったのだろう。

未解決の鬼火事件は奇異で人を悩ませ、いまだ謎は解かれる時を待っている。

出没情報

**花蓮市徳安運動公園**：付近の徳安六街の区間。



1 果実の一種。

# 慶修院の病を治す石碑

奇景 五十

探査ノート

花蓮にはかつて吉野移民村という日本人移民村があり、慶修院は現地の信仰の中心地だった。吉野移民村の歴史については、明治四十一年（一九〇八）に発生した七脚川事件を回顧しなければならない。日本人は隘勇線[1]を守備するため、七脚川社のアミ族を雇ったが、報酬がわずかだったので抗争を引き起こしてしまった。日本人はこれを平定した後、再び叛乱が起こらないよう、七脚川社の土地を接収し帰順者を他の場所に移住させた。もともとアミ族のものだったこの土地を有効に利用するため、総督府は明治四十三年（一九一〇）に日本の徳島県の農民を募り、この地に移民村を開いた。

吉野移民村は日本人農民が経営し、次第に規模が拡大して軽便鉄道や神社、郵便局、医療所等の公共建築に加え、真言宗吉野布教所という寺も作られた。この布教所は日本の真言宗高野山金

1　清朝の時代、台湾原住民と漢人の居住地域の中間に設けられた軍事境界線。日本統治期にも受け継がれ、鉄条網や砲台、地雷等の近代兵器が配置された。

❶慶修院の門。
❷門前の百度石。
❸慶修院の石碑。「光明真言百万遍」とある。
❹吉野開村記念碑。碑には台湾総督中川健蔵の題字「拓地開村」と、花蓮港庁長今井昌治の書いた碑文がある。

剛峯寺の海外別院で、伝教、医療、喪葬、法事の役割を担った。戦後、この寺は慶修院と改名され、土地の地名も「吉安（きちあん）」と変えられた。

今では慶修院は修復されて、古色豊かな日本式風情を湛える、観光客が花蓮を訪れる際の人気スポットとなっている。庭を歩くと「光明真言百万遍」と書かれた人目を引く巨大な石碑が立っており、非常に威厳がある。「光明真言」とは、東密真言宗の大咒である。この石碑には神力があり、病人が石碑を撫でて念仏を唱え、石碑の周りを百八周すれば、疾病が治癒するという。

海を越えてやってきた日本人移民の生活は非常に困難で、台湾東部の環境にも適応できないため容易に病気で死亡した。総督府『官営移民事業報告書』によると、吉野村で大正元年（一九一二）の死亡人数は七十人に達し、死因は胃腸病、風土病（マラリア）、気道疾病を含んでいた。

他に、清水半平『吉野村回顧録』（一九七二）によると、当時の村人はしばしば一種の「不明熱」に侵された。開墾をしている時にアミ族の墳墓を掘り当てた人が、高熱を出し半混迷状態の中でかすかに死者の霊魂を見たため、この病気はアミ族の祟りだと考えられていたという。実際には、不明熱はツツガムシ病だった。

日本人移民は歴史の潮流の中で台湾に来て、自身の故郷をつくろうとした。困難な生活の中で疫病、風災に対抗し、村内の布教所は彼らが心霊を委託する対象だった。しかし最後には、歴史の潮流が彼らをこの土地から押し出し、日本に帰らざるをえなくした。

歴史の是非は一言で語りつくすことができない。時代の激流の中で何が残されたのだろうか。実のところ、古蹟だけでなく魂もまた残されたのだった。『花蓮県民間文学集（一）』（二〇〇五）のフィールドワーク記録によれば、吉安郷の曽小澄（そうしょうちょう）という客家の郷民が、ある幽霊物語を語ったという。簡潔に説明すると次のようなものだ。「戦後、日本人はみなこの地を離れたが、現地のある家屋に一人の日本人の幽霊が出て、夜になると水桶を手に提げたまま消えたり現れたりした。曽姓の郷民は、この女性の魂が日本に戻るのを日本人が受け入れなかったため、帰れなくなってしまったせいだと考えた。まもなく、村内の僧が弔うと、この日本人女性の幽霊は二度と現れなくなった」

この幽霊話は聞くだに恐ろしい。しかし、その中のいくつかの部分は想像をかきたてる。例えば、女幽霊はなぜ水桶を手にしているのだろうか。彼女はもうこの世の人ではないのに、菜園に水をやるのを忘れず、作物の世話をしているのだろうか。たとえ魂だけになっても、家を守りたいという願いを抱えていたのだ。

歴史の激流が行ったり来たりしても、生きていても死んでいても、土地に根ざした願いはみな等しく貴重なものだ。

出没情報

**慶修院**：花蓮県吉安郷中興路四五之一号。

**花蓮吉野村開村記念碑**：花蓮県吉安郷慶豊村中山路三段四七三号の右後方。

奇景 五十一

# 猫将軍爺(びょうしょうぐんや) 猫の魂が天神となる

妖怪伝説

宜蘭頭城鎮(ぎらんとうじょうちん)の新建里(しんけんり)に、「将軍爺」を祭った将軍廟がある。将軍爺は昔、一匹の山猫妖怪だった。もともとこの神を祭った廟は、付近の山上の福成庄(ふくせいしょう)（福徳坑(ふくとくこう)）にあった。

光緒元年、庄内には山猫妖怪がいて、しばしば家畜を盗み食いして疫病を流行らせ、住民は騒ぎ不安がったと伝えられる。後に、山猫の妖怪は童乩をとおして願いを伝えてきた。「騒ぎをおこしてほしくないのなら、わしの廟を建てるがよい。全庄の守護神となってやろう」。そこで庄民は言うとおり、廟を建て敬虔に祭った。

今では将軍廟は頭城鎮にある。大雨で洪水がおこり、廟の神像が山の下に流されてしまったので、新建里に廟を再建し祭り直したのだという。

## 探査ノート

頭城の猫妖伝奇は、新建里将軍廟（天神（てんしん）、天神廟（てんしんびょう）とも称する）建廟の由来だという。光緒元年（一八七五）、福成庄で猫妖怪が暴れ、庄民は翌年（一八七六）に廟を建ててこれを祭った。もともと人を騒がす精怪だったのが、庄内の守護神となったのだ。今追跡できる古い文献記録は、以下の日治時期の書籍だ。

①丸井圭治郎『台湾宗教調査報告書』（一九一九）

宜蘭の頭圍（頭城の旧名）に将軍爺という猫神信仰があったと記録されている。その神像は通常の人の体とは異なり、容貌が猫同然である。

②鈴木清一郎『台湾旧慣：冠婚葬祭と年中行事』（一九三四）

作者は「第五篇、歳時と祀典」の八月の巻で将軍廟の猫妖を論じ、この廟の祭日は八月十五日であるとも述べている。山猫妖怪が福徳坑で祟った場所については、土地公廟あるいは李石家だったという別の一説について言及している。一八九六年、福成庄の廟は抗日軍に焼かれたが、一九〇一年に今の場所に再建された。

③『南瀛仏教会会報・第十三巻第十一号』（一九三五）

文中では、廟の土地は十二坪であり、一九〇一年に建立され、廟祝（びょうしゅく）[1]は劉大江（りゅうだいこう）、管理人は蕭（しょう）姓だったとある。創立時には様々な霊験があり、後に神蹟は減ったものの、正月や例祭日に安寧幸福を祈りに参拝に来る信徒の人数は依然として非常に多かったという。

1　廟の線香や燈明を管理する人。

④増田福太郎『台湾の宗教』(一九三九)

著者は一九三六年にこの廟を調査した。彼は、将軍廟は「李(り)将軍」であり、その木像は非常に独特で、容貌は猫と同じようであると明記している。旧暦八月十四日の祭日には道士が祝文を朗読し、庄民も参拝に来て生魚、生豚肉、生鶏肉、果物を供物とする。しかも、著者は廟の管理人呉瑞(ごずい)にインタビューし、猫霊が天神に変わるまでの様子を知った。呉瑞は、福徳坑で猫神が祭られるようになった理由について、現地の人李某が飼っていた猫が庄民に殺された後、猫の亡霊がしばしば出現し、家畜を殺したり、人を病気にして猫の鳴き声と動作をするようにさせたりして、人々を恐れ戦かせたためだったと述べる。乩童が伺いをたてると、猫霊は自分を神として祭れと答え、庄民はその言葉に従った。

将軍廟は再建を経ているため、廟史の確認が容易でなく、それぞれの文献の話の中のある部分は矛盾する(祭日の日程等)。しかし、庄民が猫妖を崇敬しそのために廟を建てたことについては疑いようがないようだ。

猫神信仰の神異は宗教調査者の興味をそそるだけでなく、文学者にも多くの文を書かせた。一九三五年、西川満[2]は雑誌『文藝汎論』に「台湾風土記(四):過火(ケエヘエ)——宜蘭新興天神宮祭(テンシャンキョン)」という文章を発表し、天神宮がどのように「過火」の祭儀を執り行うか描写している。文章を簡単に説明すると以下のようになる。天神宮の乩童は髪を振り乱し、口に刀をくわえて足踏みし、続けて「猫のような手つきで乩(キイ)をふりまわした。あやしげな象形文字が砂上に綴られてゆく。せむしの豎卓頭(キアトオタウ)があわただしく駆けよつて、『過火』と神託を告げた」。そして、廟の前の卓上に印璽(いんじ)、勅令、剣を置き、道士は呪文を唱え終わると、空いた場所に置いた薪に火をつけ、神像を載せた神輿を担いだ駕籠かきが火の中に飛び込む。過火が終わった後、将軍爺はすぐに廟内に迎え入れられる。群衆は神恩に歓呼し、病気や怪我を抱えた妻子もまた、一緒に燃え盛る烈火を踏みしだく。

西川満の筆の下、天神宮の祭儀のファンタジックでサイケデリックな様子がありありと目に浮かぶ。誇張されたところはあるかもしれないが、文中で描かれた乩童や道士といった人物は、その他の調査者の述べる細部と符合し、信頼性は極めて高い。しかも、この文章は、一つの可能性を想像させてくれる。かつて山猫妖怪が乩童をとおして願いを伝えた形式が、こうした「扶鸞」の儀式によっておこなわれたかもしれないということだ。

将軍廟の奇譚については、文化歴史調査の仕事をする陳良崎（ちんりょうじ）が現地を調査し、異なるバージョンの派生伝説についても記録している。陳良崎はフェイスブックの「宮廟達人工作室（ぐうびょうたつじんこうさくしつ）」ページを運営しており、二〇一四年九月六日投稿の文章でこう書いている。「他に一説がある。この山猫霊が、主人である原住民の姫と呉化（呉沙の姪）を守る美しいラブストーリーだ。……（略）……最も有名なのは、（福徳坑の）坑口の韋駄爺（いだや）と坑内の孩児爺（がいじや）が、山猫に立ち向かうというもので、山の下の坑口では今でも韋駄爺の様子を見ることができる（韋駄院）」。彼の調査記録によれば、廟で祭られている霊山王の神像は山猫霊である。

西川満「台湾風土記（四）：過火——宜蘭新興天神宮祭」冒頭の挿絵。乩童が刀をくわえて火に入る様子を宮田彌太郎が描いている。

2　西川満（一九〇八～一九九九）。日本統治期の台湾で活躍した会津出身の文学者。二歳で台湾に渡り、第二次世界大戦後に台湾を離れるまでに、台湾で多くの小説、詩を発表し、文芸雑誌を創刊した。

❶軍廟の現在の様子。廟の前の広場には赤い屋根がある。

❷将軍廟の門聯。

❸霊山王の神像。陳良峙の調査によれば、この神は原山の猫霊である。神像は赤い髭と眉をもち、両目の上にはもう一対の細く尖った目がある（神冠に隠れている）。青い顔に４つの目は、この神がもともと猫精の獣霊であることをあらわしているのだろうか。

❹中央は将軍爺の神像。赤い顔に黒い髭。

❺西川満の文章中で乩童が手に持って振り回す「乩」は、実は木製の二股の「鸞筆」（「乩筆」とも称する）である。これを使って神とコミュニケーションする儀式は「扶鸞」「扶乩」と呼ばれた。かつて宜蘭で特に盛んにおこなわれ、ここから「鸞堂」という宗教組織も発展した。

しかし、山猫妖怪が天神に変わったという物語は、神怪に関係するためか現地の古老はほとんど話を避ける。そのため、猫妖伝奇は現代において次第に伝えられなくなっていく可能性が高い。頭城鎮の将軍廟を訪れたとき、廟前の広場で二人の男性に出会った。私は山猫霊についてたずねたが、彼らは、聞いたことがない、廟中の将軍爺は「李将軍」だ、とだけ述べた。

猫妖伝説について、人々はすでによく知らなくなっているが、近年、台湾妖怪文化の影響により、多くの創作者が頭城の猫将軍爺に注目するようになった。例えば、画家の角斯便は『宝島捜神記』(二〇一八)で、猫妖の活き活きとしたイメージを絵に描き、将軍廟の歴史紹介も付け加え、読者に向け猫に関係する民俗信仰を解説している。将来いつの日か、大衆は次第に、妖怪はただのマイナスの意義だけのものでなく郷土記憶の重要な媒介たりうるものだと考えるようになるかもしれない。

出没情報

**将軍廟**：宜蘭県頭城鎮新建里新興路三二四号。

# 奇景 五十二

# 龍銀飛銭の足跡を追う

私は「妖怪台湾」シリーズで、龍銀を怪譚類型の「物怪」に分類している。龍銀は妖異存在であるが同時に、使用可能な貨幣でもある。日本は明治維新後、銀貨を鋳造し始め、飛龍のイメージを印とした。日治時期には台湾島で龍銀の流通が始まった。この種の日本龍銀は正式名称を「龍洋」といい、価値は一円だった。清国時期には清朝が鋳製した龍元も流通した。同様に銀貨であり、コインの表には龍の形が印されていたが、台湾での流通は広くなかった。

日治時期の台湾人は、こうした精緻に鋳造された高価な銀貨をあまり見たことがなかったので、龍銀と通称し宝物として珍蔵する習慣があった。影響は今にも残り、台湾各地の郷土の物語で「宝蔵」「財富」の話が出てくるときは、龍銀が銭財の代名詞とされることが常だ。しかも龍銀には霊が宿り、空を飛び地に潜むことができるという。

龍銀の怪異伝説は日治時期に広く伝わった。古典的な逸話として、『民俗台湾』にある黄啓木の「飛銭」という一文には、「飛銭とは、福運のあるところへ龍銀（一円銀貨の事で龍が刻んである）

がひとりで飛んでくることで、台湾では相当に広く言ひ伝へられてゐる。これを得る者は、日頃より心清く、善徳を積んでゐなければならぬものとされ、福のある者は天意に依つて土地公が運んで来てくれるが、それに対して、福のない者がそれを見つけても、龍銀が蜂や蛆に変り、たとへ、無理をして手に入れても、必ず何かの形で直ぐなくならしてしまつた上、却つて禍があると云はれてゐる。それで金持ちが一夜にして貧乏になり貧困者が一躍成金になる事があり」とある。

文章中で彼は、祖父の話をも例えに挙げている。祖父は少年の時、竹林の高所をある物体が騒がしく飛び、小鳥のように南方へ飛んでいくのを見たことがあったという。祖父は確かに、あれは龍銀飛銭だったと述べたのだと。

もし福徳のないものが龍銀を見つければ災厄を招く。彼はこういう例も挙げている。ある牧童は龍銀が飛んでいくのを見て、竹竿でこれを叩いたところ龍銀は落下した。しかし足の踝に当たって怪我をし、薬を買って治療しなければならなくなり、二枚の龍銀を使い果たして足の傷は漸く癒えた。得るべきでない財は望んではならない。これは龍銀の物語で最もよく見られる道徳教訓だ。

林良哲の著作『五角新娘』(二〇一二)で、主役の董阿不が述べる、次に抄録する龍銀伝説は非常に不思議である。

これらの金銀財宝、特に地底に埋められた龍銀は、特定の時刻に変身する。龍銀達は一対の翼を生やして一斉に飛び立ち、高山の上から河谷に沿って車籠埔（しゃろうほ）へと飛来する。幸運と福気を具えた者だけが飛翔する龍銀を見ることができる。ある日、私達の家の近くに住む一人のおばさんは龍銀の群れが家に飛び込むのを見た。銀の光が一つ一つ輝き、リンリンという音が響く情景はとても美しかった。彼女は目を丸くして口をぽかんと開け、それらを捕らえることを忘れていたが、これらの龍銀はまさしく天が自分に賜った銀銭であると思いたち、一本の長い竹竿を持ってきて叩き回したが、大部分の龍銀は飛んでいってしまい、数枚を打ち落としただけだった。彼女は打ち落とした龍銀を籠の中に入れておいたが、竹で編んだ籠の蓋は龍銀にガチャガチャとこじ開けられてしまった。龍銀はその隙にすべて飛び去った。

林良哲は『五角新娘』の中で、台中の古老・董阿不さんの半生の物語を記録している。董阿不は小さい頃から車籠埔（今の台中市太平区）に住み、現地の伝奇物語をたくさん聞いた。彼女によると、龍銀を捕まえられなかったこのおばさんが、後になって近くのお婆さんにこのことを話したところ、お婆さんは「これからは捕まえた龍銀はすぐに蒸籠に入れなさい。火を強くして蒸してしまえば、もう飛べなくなって、逃げることもできなくなるのよ」と述べたという。

その他に、劉栄正は「高雄小故事」というホームページ（高雄市立歴史博物館が民間説話を集め設立したネットプラットホーム）で、「大社家族伝説：龍銀伝説」という文章を発表し、龍銀を逃がさないための方法について述べている。その記述によると、日治時期に許良馬さんという人が大社区で一山の龍銀を掘り当てたという。許良馬は龍銀が飛び去るのを心配し、蒸籠で蒸した。しかし子孫が素行不良で財産をなくしてしまうのを恐れ、そこで一つの方法を思いついた。彼は龍銀を小さな布袋に入れ、それらを一袋また一袋と長く数珠つなぎにして、家の門の外から家の中までのばし、財富が「一代また一代と受け継がれる」のを象徴させた。

龍銀に霊があり、あちこち飛び回るという物語は、台湾本島だけに出現するものでなく、澎湖離島にも似た伝説がある。姜佩君『澎湖民間伝説』(一九九八)が採集した怪談を、次に簡単に説明する。

ある隣近所の二戸は、それぞれ数枚の龍銀をもっていた。ある日、二枚の龍銀をもつ家は、突然奇怪な音を聞いた。後で確かめると、龍銀が一つしか残っていなかったので、怪音は龍銀が逃げ去った音だったかもしれないと考えた。そこで彼らは隣家に龍銀がそちらに逃げ込まなかったかたずねた。すると、隣家はもともと十八枚の龍銀をもっていたが、一枚増えて十九枚になっていた。隣家は欲がなく、龍銀はもとの主人のものだと考えた。

飛び回ることのできる龍銀を想像すると可愛らしい。そのため、私はある年の夏、澎湖に旅行に行ったとき、一軒の小店舗に模造の龍銀があるのを見つけ、心が躍って一枚を記念に買った。その後、学校で講演をする時には、時折この模造龍銀を見せて飛銭の物語を紹介するようになった。

ある日、母とおしゃべりをしていると、母は眉を顰めて考え、「もしかしてこれじゃないの?」と言って、引き出しの奥からビニール袋を取り出してきた。袋の中にはたくさんの古銭が入っていた。その中になんと、「大日本、明治八年」と刻まれた古い龍銀があったのだった。

「これは本物よ! 私のおばあちゃんがくれたの」と、母は得意げに言った。

我が家に所蔵されている日治時期の龍銀。

この龍銀は本物なのだろうか？　一人の先輩は私に、古龍銀の多くは紛い物だと言った。だから、私にもこの龍銀が本物であるとは確定できない。

私は戸政事務所に行って、我が家が日治時期に残した戸籍証明を申請したことがある。母親のおばあさん——私の曽祖母は名を黄頼明昭（こうらいめいしょう）といい、大正二年（一九一三）生まれで、昭和七年（一九三二）に黄家の養女となったことがわかった。母はいつも私に、おばあさんは、自分が小さい頃、日本語の五十音を教えてくれた優しいお年寄りだった、と話す。

この龍銀を撫でていると、母が聞かせてくれたおばあさんについてのいくつかの話が、突然に耳もとで木霊した。

この龍銀の真偽はわからないが、静かに私の掌の上に横たわって、あたかも多くの不思議な物語を宿しているかのようだ。これらの物語は長い時間を超えて、私の眼前にやってきたのだ。

奇景 五十三

# 台湾鬼怪映画史略述

鬼怪映画は、表面的には妖魔が乱舞するものだが、本質的には人間の心の暗黒面を示し、残酷な社会を風刺する。鬼片（グェイピェン）（ホラー映画）はたんに人を消極的・悲観的にさせるのではなく、いかにして猜疑心に満ちた現実の中で生きるため奮闘するかを、人々に訴えかけるのだ。

台湾鬼怪映画とはなにか。私は二つの原則を想像してみた。その一、台湾の映画会社と役者が参加する鬼怪を題材とする映画。その二、台湾のホラー伝説を題材とする外国の映画作品。いわゆる「鬼怪」について、私は「妖精、鬼魅、神怪、怪談」の四種の主題に定義している。

台湾映画は、最も古くは日治時期にさかのぼる。高松豊次郎が総督府の委託で製作した『台湾実況紹介』（一九〇七）は、「模範殖民地」を宣伝するため、台湾で撮影された最初の映画だった。彼の宣伝により、台湾で大型映画館が作られ始めた。彼はまた愛国婦人会の協力により各地を巡回して映画を上映し、しかも日本、欧米の映画会社とも放映契約を結んだ。当時、台湾の映画或いは記録映画には、まだ鬼怪を主題とした作品が出現していなかった。

戦後の一九五〇年代は、台湾語映画の全盛期だった。二十数年のうちに千本以上の台湾語映画が生み出され、スタイルも類型も多種多様で、この時「妖鬼神怪」を題材とした映画が出現したのだった。同時期には、香港映画界はアモイ語映画を製作していたが、アモイ語と台湾語はどちらも閩南語[1]に属しているため（アクセントはやや異なる）、香港映画は台湾でも人気を博し、台湾の民間奇聞からもインスピレーションを得ていた。

一九五六年八月に上映された映画『林投姐』は都市の女幽霊を題材としたものだ。映画の中では十数もの歌仔戯の曲が流され、女優の悲しい歌声が感動的だったため観衆の反応は熱烈で、興行成績は優秀だった。同年九月には、江帆（こうほ）・白雲（はくうん）主演の『周成過台湾』も上映され、アモイ語映画ではあったが台湾の事件を主題としていた。一九六六年になると、李渓泉が「周成過台湾」の台湾語版『伴子尋郎君』を、北投の牡丹荘を撮影場所としてアレンジした。広告宣伝には「『聊斎志異』の物語の雰囲気にして、『貞節牌坊』の貞烈あり」と書かれていた。

私が所蔵する、近年の台湾鬼怪映画の DVD。4 つの玩具は『人面魚：紅衣的小女孩外伝』の、映画会社と「HELLO Burger」が、合作で出した関連商品。左から、魔神仔、赤い服の女の子、虎爺、鬼臉天蛾。

『虎姑婆』の映画ポスター。

精怪を題材とした映画としては、以下の二本が挙げられる。一九五九年上映の台湾語映画『蛇郎君』は、民間怪談をアレンジしたものだ。蛇郎君をアラブ貴族に置き換えた場面設定は、まるでアラビアン・ナイトのようで、その異国イメージは観衆を非常に驚かせ、その年の十大人気台湾映画の一つとなった。当時の映画界での著名監督張英(ちょうえい)は、一九六〇年に台湾語の童話劇『虎姑婆』を世に出して、守銭奴の媒婆(ばいば)[2]が虎姑婆の姿になり、ある姉妹を攫って宝を隠した場所を拷問で聞きだそうとする様子を描いた。

鬼魅、妖精の題材の他に、神怪映画も非常に盛んだった。例えば一九六二年の『大道公大鬪媽祖婆』、一九七〇年の『包公遊地府』等の台湾語映画がある。

この種の映画は妖鬼神怪に関係するファンタジーで、台湾語映画の没落に従ってあまり見られなくなっていったものの、いくつかの人気のある台湾民間物語は長いこと衰えず、映画会社に好まれ続けた。

例えば一九七七年、香港の金洋影業会社の提供により金翁(きんおう)が監督した『人虎恋』はファンタジーとカンフーを融合させ、台湾の虎姑婆の物語に題材を採ったもので、翌年には『虎姑婆』の題名により台湾で上映された。一九八七年、『周成過台湾』は再び映画化され、台湾の人気女優張純芳(ちょうじゅんほう)と武術俳優の陳観泰(ちんかんしん)が演じた。

七〇~八〇年代の期間、姚鳳磐(ようほうはん)は多くの人に親しまれるホラー映画を撮り、台湾の女幽霊の古典的造型を作り出すだけでなく、香港映画の鬼怪イメージに影響を与えた。そのため姚鳳磐は「ホラー映画の王」の称号を冠せられた。一九七六年、彼の最初の現代ホラー映画『鬼嫁』は台湾の冥婚[3]を題材としてセンセーションを巻き起こし、その後撮影した『残燈、幽霊、三更天』『古厝夜

1　福建省南部の沿岸地域、台湾、および東南アジアの華人社会で主に話し言葉として使用される言語。

2　縁談の取り持ちを仕事とする女性。

3　婚約者が亡くなるなどしたために、死者と結婚する習慣。

話』等のホラー映画は、台湾ホラー映画史上の古典的作品となった。

この時期、林投姐が再びスクリーンに登場した。アレンジされた映画は三本にのぼる。一九七一年の『可恨的人』は林投姐伝説に題材をとったものだ。一九七九年、柯俊雄と楊麗花が共演した『林投姐』が上映された。映画会社は聯亜出版社とも協力し、章子卿の執筆による映画小説を発表した。一九八八年、丁善璽監督は再び映画『林投姐』をリメイクし、ショウ・ブラザーズ[4]の脇役だった台湾の女優施思が古典情緒溢れる林投姐を演じた。劇中では他にも関帝爺[5]が大いに神威を顕し、林投姐が復讐を遂げるシーンを盛り上げた。その他に当時、香港のキョンシー映画の影響で、台湾では一九八六年の『殭屍小子』などのキョンシー映画がブームとなった。

九〇年代になると、台湾映画は下り坂に向かい、製作数も下降し始めた。当然、多くの特撮が必要な神鬼映画は次第に少なくなっていった。この空白期に、日本の『七夜怪談』『呪怨』或いはタイの『ナンナーク』など、外国ホラー映画勢力が大挙して台湾に入ってきた。この頃、王小棣監督のアニメ映画『魔法阿媽』が一九九八年に上映された。新進気鋭のこの作品は、伝統民俗に取材し童心溢れるファンタジー世界を作り出し、神鬼をテーマとした映画に新風を吹き込んで、第三十五回金馬賞[6]の候補作となったが、審査員が怪力乱神を鼓吹していると考えたため、惜しくも受賞はならなかった。

その後の台湾映画界全体の復活は、二〇〇二年にスタートしたといえそうだ。この年に、アメリカのコロンビア映画が投資し陳国富が監督した『双眼』が上映された。劇的な物語に精巧な映像のこの映画には、台湾民俗の観落陰[7]など様々なファンタジックなストーリーが登場した。八千万元以上という素晴らしい興行成績を挙げただけでなく、多くの映画関係者を鼓舞することとなった。

『双眼』の影響で、数年後に三つの台湾ホラー映画が現れた。二〇〇五年、陳正道監督の『宅変』が上映された。養小鬼[8]の奇怪な事件を描き、その華麗な映像スタイルは怪奇な画面を作り出した。同様に二〇〇五年には王毓雅監督の『虎姑婆』も上映された。虎精怪伝説を主軸としつつ、輪廻転生の恩讐をストーリーとしたものだ。二〇〇六年、蘇照彬の脚本・監督によるSFスリラー『詭絲』が上映され、日本、香港、台湾の合作成果がたいへんに話題となった。

『双眼』『宅変』『虎姑婆』『詭絲』の四つの映画はみな、台湾商業映画の低潮状態を打破しようとして、それぞれ成績を収めた。しかし多額の資金を投下した『双眼』と『詭絲』は、チケット売り上げは悪くなかったものの元が取れなかった。赤字の苦境のせいで、業界は台湾ホラー映画に対し消極的になってしまった。続けて『凶魅』（二〇〇八）、『追魂印』（二〇〇八）、『変羊記』（二〇一二）等のホラー映画が上映されたが、みな決め手に欠け、観衆の反応は芳しくなかった。『詭絲』の後、台湾鬼怪映画は膠着状態に陥った。


　それから九年の後まで待つことになった。


二〇一五年、台湾の観客はとうとう鬼怪映画に満場の喝采を浴びせることになった。この年、台湾民俗信仰の冥婚を題材とした『屍憶』が公開され、新世代の鬼怪映画がスタートの銃声を放った。この映画のストーリーはスリリングで、美術デザインは精緻であり、鬼新娘[9]の妖異ファンタジーを存分に表現した。主人公が事件の謎を追い、一歩一歩真相に近づくにつれ、観衆のドキドキは増してゆく。ホラー映画の得がたい佳作である。

同じく二〇一五年には、古典的な都市伝説をアレンジした映画『紅衣的小女孩』が、いわゆる「魔

4　香港の映画会社。
5　三国時代の武将関羽を神格化した神。
6　一九六二年に中華民国政府によって設立された、中華圏の映画を対象とした国際映画賞。
7　道教の寺院でおこなわれる、目隠しをして香をたき、法士の導きにより死後の世界を旅する儀式。
8　夭折した子供の霊を呼び出す一種の降霊術。
9　幽霊の花嫁。

神仔宇宙」[10]を切り開いた。このシリーズとして、これまでに『紅衣的小女孩』『紅衣的小女孩2』『人面魚：紅衣的小女孩外伝』という三本の映画が作られている。「紅衣的小女孩」の物語は、二〇〇〇年代のあるテレビ番組の一場面からきたものだ。台中大坑の山に赤い服を着た一人の女の子が現れ、登山客の後をつけて呪いをかけたという。

監督の程偉豪は、林美容・李家愷共著の『魔神仔的人類学想像』（二〇一四）の研究に影響され、赤い服の女の子と魔神仔の郷土伝説を結びつけ、極めて特色ある鬼怪世界を作り出した。『紅衣的小女孩2』は、この鬼怪の紆余曲折した身の上を描きつくすだけでなく、「虎爺」のキャラクターが人気を博すなど、台本はさらに精緻さを増していた。

荘絢維監督の『人面魚』は赤い服の女の子の前日談で、この映画は魔神仔の世界観を確立させた。魔神仔の母「煞魔神」を軸としながら、他に人面魚の都市伝説を配することで観衆に新鮮味を与え、続編を期待させる。

「紅衣的小女孩」の映画シリーズの他、近年は二つの、ともに学校をめぐる注目すべき鬼怪映画がある。『報告老師！怪怪怪怪物！』は、作家九把刀が脚本と演出をつとめ二〇一七年に上映されたもので、コメディーとスリラーを併せている。ドタバタ劇のように見えるが、台本は精緻であり、青少年の成長というテーマを扱ったものだ。二〇一八年に上映された映画『粽邪』は廖

映画『紅衣的小女孩２』が上映されたとき、映画会社は赤い服の女の子の玩具（コップのふちに引っ掛けるミニ玩具）を作った。3つで1セット。

士涵（しかん）がメガフォンをとり、彰化沿海地域の伝統民俗「送肉粽（そうにくそう）」[11]に取材したもので、僧侶がこの行事で「跳鍾馗（ちょうしょうき）」[12]の儀式をおこなう様子を完全に表現し、観客に深い印象を与えた。

九〇年代以後、台湾鬼怪映画の数は大幅に減り、台湾ホラー映画は不振に陥ったのではと疑う人は多い。しかし、二〇一五年から二〇一八年の三年間に、少なくとも六本の鬼怪商業映画が作られており、この勢いは驚くべきものだ。もしかすると、台湾鬼怪映画の盛況を近いうちに眼にすることができるかもしれない。

10　魔神仔の存在する世界観を共有する映画作品群。

11　首吊り自殺した人の霊が祟らないよう、海岸や河口で縄を焼いて供養する習俗。

12　送肉粽のさいにおこなわれる、鍾馗の人形を使った儀式。

# 離島

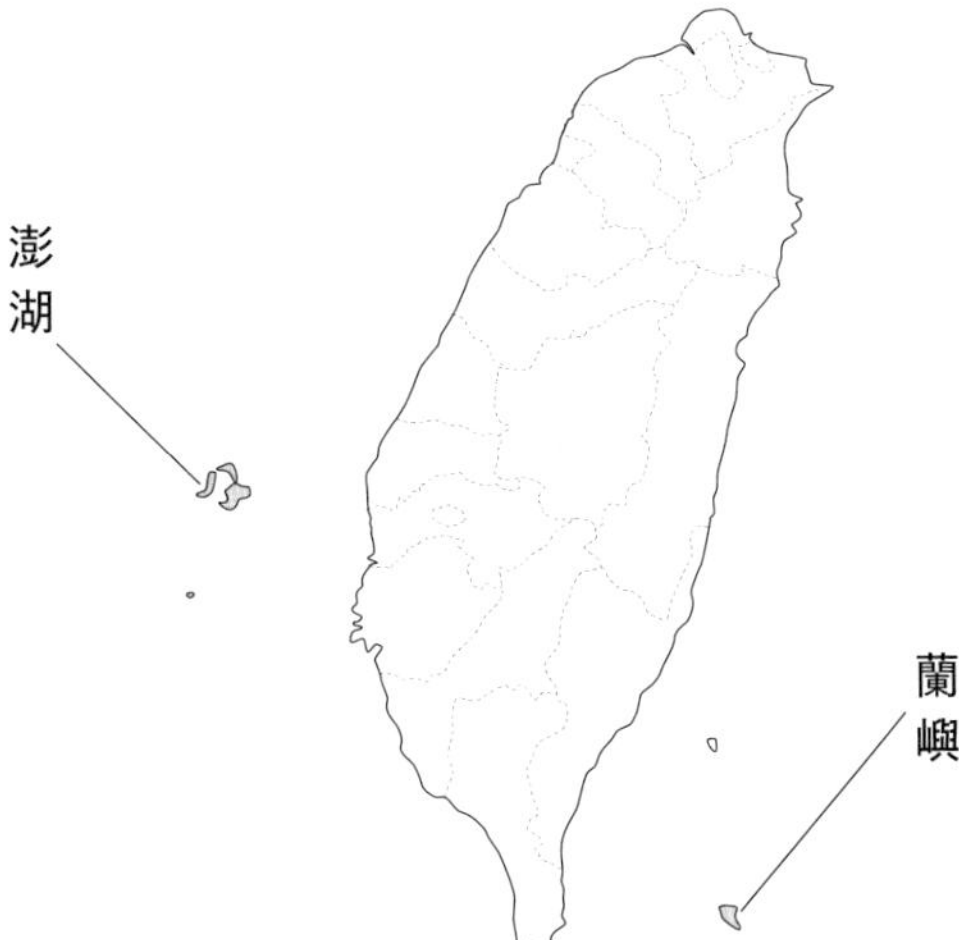

奇景 五十四

# 蘭嶼島の悪霊イメージ

探査ノート

蘭嶼に行きたいという願いは、キツネに始まった。蘭嶼の「キツネ」とはいったいどんなものかを知りたかったのだ。

蘭嶼にキツネがいると知ったのは、シャマン・ラポガン『八代湾的神話』(一九九二)の中の一文「夏曼・巴翁的大魔鬼」によってだった。物語は、一人のタオ族がキツネを狩りたいと思って山に入るが、魔鬼に驚いて逃げ出したというものだ。その後、私はしばしば、タオ族の伝説を記録した書籍の中で、魔鬼がキツネを飼っているという話に出会った。だが私の知る限り、離島を含む全台湾で野生のキツネが発見されたことはない。すなわち、台湾各地にはもともとキツネはおらず、むろん蘭嶼にもいない。なぜ現地の伝説にはしばしばキツネが出てくるのだろうか。疑問は心の中に長年わだかまり、資料をひっくり返しても手掛かりは見つからなかった。後になって、ある親友が以前蘭嶼でアルバイトをしたことがあるのを知り、彼を通じてタオ族の方に質問したところ、問題はやっと解決した。彼らの言う「キツネ」とはハクビシン、つまり果子狸(グォツリー)を指していたのだ。

この手掛かりから関連研究を調べたところ、蘭嶼の「キツネ」と魔鬼との関係について、ようやく理解することができた。特に、王桂清(おうけいせい)と鄭漢文(ていかんぶん)の共同執筆の文章「雅美族山林的狩猟文化——魔鬼的猪」(二〇一三)での考察は最も詳細だった。この文章によれば、ハクビシンはジャコウネコ科の夜行性動物で、額から鼻梁にかけて白い帯があるため「白鼻」の名がついた。タオ族の伝説では、ハクビシンは古来、「魔鬼の豚」(Kois no Anito)とみなされてきた。文中には、「樹上で魔鬼の使者 Totoo が鳴くのは、『狩人が来た！　狩人が来た！』とハクビシンに知らせているのだと、彼らは深く信じている」とある。

蘭嶼人は、山には「鬼霊」(タオ語では Anito、発音はアニトに近い)がいて、「トゥ〜トゥ〜」という声を出すリュウキュウコノハズク（Totoo）は鬼霊の使者であると信じている。もし村で病人がいるとき、毎晩樹林からリュウキュウコノハズクの鳴き声が聞えてくると、病人がまもなく世を去ると予告である。

資料を整理している時、ハクビシンを狩って食用にするにはいろいろな禁忌があり、そこには極めて特殊な悪霊イメージがあらわれていることに気づいた。その時から、私は紙上の探索に満足できなくなり、二〇一八年十月に蘭嶼を訪れることにした。現地の鬼霊文化をよりよく理解したいと思ったのだ。

私の泊まった漁師部落の民宿は夫婦で経営して数十年になり、非常に評判がよい。私がこの民宿を選んだのは、タオ族のマスターが現地の生態系解説ガイドであり、客を連れて夜間観察に連れて行ってくれるからだった。

蘭嶼の主要道路は三十八キロの島一周道路と四キロの横断道路であり、夜間観察の場所は、紅頭（こうとう）部落付近にある、紅頭部落と野銀（のぎん）部落を結ぶ横断道路だった。

タオ族のマスターの話によると、山は鬼霊の棲処であって軽々しく侵してはならないので、以前タオ族はあまり登ることをしなかった。彼は、禁忌は安全を考慮してのもので、人々が山で道に迷い危険に遭わないようにするためだと考えている。

マスターの道案内で、私達一行はバイクに乗って山を登った。緊張していたが、好奇心と冒険感のほうが大きかった。マスターの解説によって、私達はクワズイモと旱芋の違いを知った。クワズイモは毒があるので避けなければならないが、旱芋（かんう）はタオ族が食用とするタロイモだ。もう一種類は水田で栽培するミズイモで、口当たりが素晴らしい。

ガイドの途中でマスターは、漢氏山葡萄（かんしさんほどう）（タオ語ではKamanrarahetといい、不吉を意味する）という現地の植物を教えてくれた。タオ族はこれを恐れ避けるが、諍いが起こった時にはその蔓を取ってくる。双方はその両端を握らなければならない。握ろうとしない人や、蔓を引きちぎってしまう人は、心に鬼がいるということになる。

山道を十数分歩くと、空から突然「トゥ～トゥ～」という奇怪な叫び声が聞えてきた。リュウ

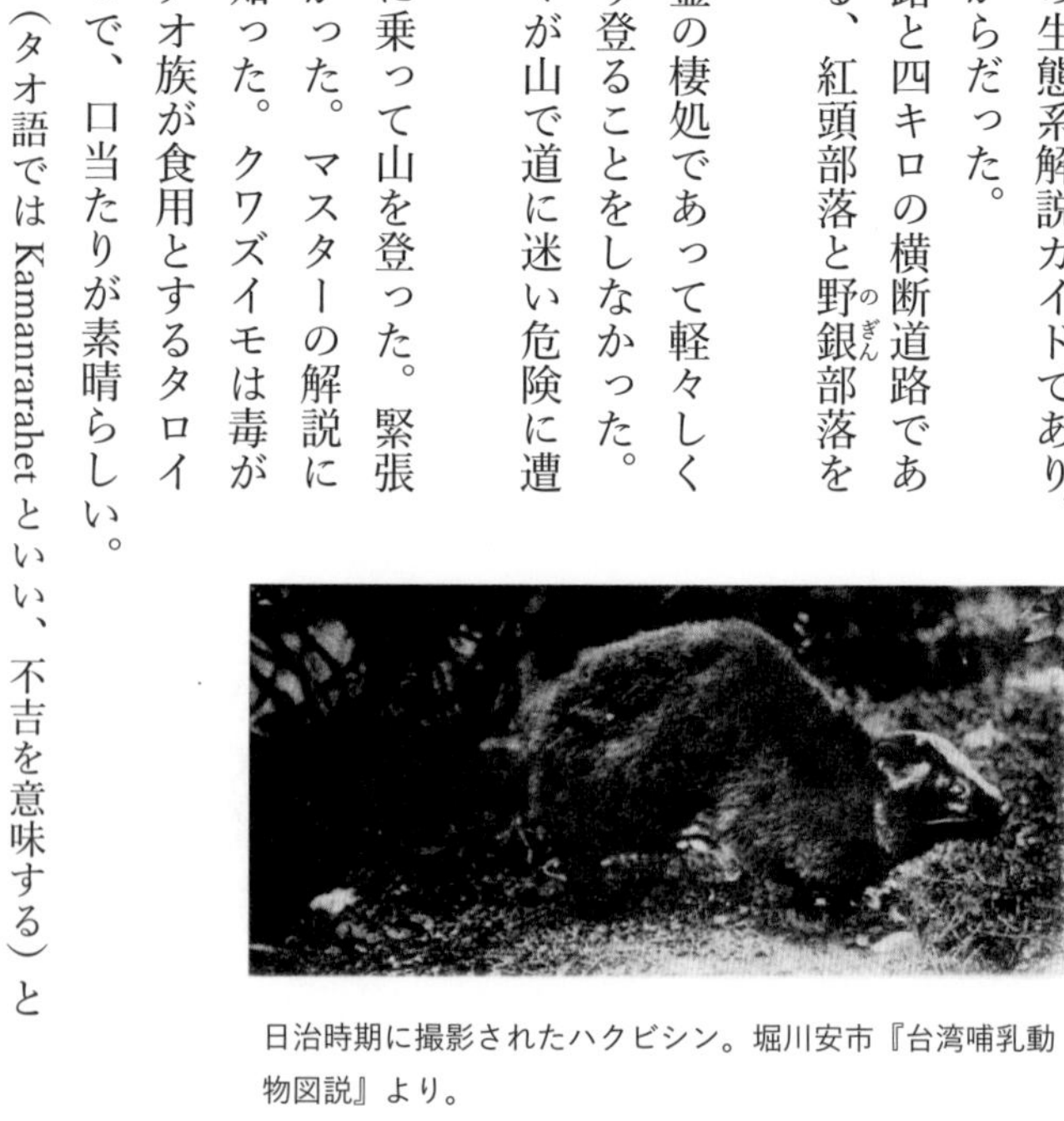

日治時期に撮影されたハクビシン。堀川安市『台湾哺乳動物図説』より。

❶ゴバンノアシの林。葉は巨大で光沢がある。その果実は水を漂って別の場所で繁栄するので、ゴバンノアシの多くは海岸に生える。タオ族の墓地もまた海岸にあるため、海岸墓地ではしばしばゴバンノアシを見ることができる。タオ族の信仰では、墓地は禁忌と不潔の場所であるため、ゴバンノアシの存在もまた悪魔と関係するとみなされる。

❷ゴバンノアシの花弁は乳白色で、雄しべは数百あるが雌しべは1つだけである。香りは濃厚で、雄しべは美しく昆虫を引き寄せる。ゴバンノアシは夜に開花し、明け方に受粉を終えて雄蕊と花弁を落とす。

❸ゴバンノアシの果実は菱形で、碁盤の脚に似ているためこの名がついた。

キュウコノハズクが木の梢にいたのだった。茶褐色の体は樹林と同化し、マスターの案内がなければ、視力の悪い私は絶対に見つけることができなかったろう。まもなくして、まるで約束でもしていたかのように、一匹の毛のフサフサした生物がリュウキュウコノハズクの傍の茂みに隠れているのに気づいた。ハクビシンが姿を現したのだ。

ハクビシンはタオ語でPangahpen（ahpenは「取って来い」を意味する）といい、発音は中国語の「搬哪奔（ban na ben）」に似ている。マスターは、すべてのハクビシンが魔鬼を飼っているわけではなく、尾のちぎれたハクビシンは魔鬼が自分のものとして印をつけたものなのだと説明してくれた。かつて狩人は、尾の切れたハクビシンを見つけた時、魔鬼の報復を受けないよう捕まえなかった。

なぜタオ族はハクビシンを「キツネ」と呼ぶのだろうか。私の質問に対し、マスターは笑って言った。かつて漢人がやって来たとき、これはキツネだと言ったので、タオ族はこの種の動物を中国語で「狐狸（キツネ）」と呼ぶようになったのだと。

謎は解けた。なるほど、翻訳が生んだ単なる行き違いだったのだ。

このツアーで、マスターは私達を連れて、蘭嶼の著名な海岸植物であるゴバンノアシを見せてくれた。ゴバンノアシは屏東（びょうとう）、墾丁（こんちょう）でよく見られるが、蘭嶼では不潔、恐怖とみなされる。タオ語では「Kamanrarahet（不吉）」あるいは「Teva（必ず禍に遭う）」という。こうした連想は、かつてあるタオ族が遺体を樹下に置いたところ、一晩経って、まるで人の霊魂を吸い取ったかのように樹に美しい花が咲いたことから来たという。もしゴバンノアシの種を家の中に入れれば、禍（わざわい）も入ってくる。これは一種の呪いの行為であり、家の主人に厳しく叱られる。

その他マスターは、ゴバンノアシが魔鬼の樹になったのは、リュウキュウコノハズクがこの樹の上に飛来して棲息するのを好むためだとも言った。タオ族にとって、リュウキュウコノハズクの声を聞くことは、魔鬼を呼び寄せ悪運を招くものであり、そのためこの樹は「魔鬼樹」とみなされるようになったのだ。

マスターのガイドをとおし、私達は多くの蘭嶼特有の動物、植物を知ることができた。マスターの生態系保護に対する態度は、私達に深い印象を与えた。彼は、ゴバンノアシの樹下で、ナイフで切り開かれた一粒の種を見つけ、溜息をついて言った。これは生態系を大切にしないガイドがやったのだと。他所から来た観光客に種の構造を見せるためだけに切り開いたのだ。しかしこうされたら、種はよそへ漂流することができず、次の世代を繁栄させる機会を失ってしまう。彼は、島の商人がアダンの樹の実を拾ってアダン茶を作るのも生態系によくないと付け加えた。アダンの実はヤシガニの食べ物であり、それがなければ食料が不足してしまう。近年、ヤシガニがどんどん少なくなっている原因の一つは、アダンの実を拾われてしまうためだ。

民宿に戻る道中で、私はマスターの言う生態系保護について考え続けた。私は外来客であり、なおのこと謙虚さと尊重の心でこの島に接しなければならない。

## 出没情報

**漁人部落**：タオ語では Iratay といい、蘭嶼島の西南部、蘭嶼空港の付近に位置する。

**蘭恩文物館（タオ族文物館）**：台東県蘭嶼郷漁人一四七号。

奇景 五十五

# 椰油部落の人食いタコ

妖怪伝説

遠い昔、大洪水で蘭嶼は沈んでしまった。海水が引いてから、タオ族の人々は相応しい土地を探して部落を作り始めた。当時、椰油部落の海岸に一匹の巨大な悪魔ダコが潜んでいた。その怪物は海で泳ぐ子供を捕らえて食べるのを好んだ。子供が海岸で失踪するたびに、大人たちは嘆き悲しみ、波に呑まれたのだと思った。

ある時、悪魔ダコは水中で一人の男の子を捕らえるのを、一緒にいた遊び友達に見られた。その遊び友達は九死に一生を得て真相を村人に告げたので、みなは失踪した子供が大ダコに生きたまま食われてしまったと知った。

息子を失った両親は非常に悲しんだ。男の子は一人っ子だったのだ。父親は激怒し、子の仇を討つことにした。

父親は大きな陶器の鍋を探してきて、燃料の木材を入れて海に流した。飢えた大ダコは海面を漂う鍋を見て、獲物と間違え、すぐさま八本の脚でこれを抱きすくめた。ところが鍋は次第に熱くなり、大ダコは全く気づかないまま魔手をますます締め付けたので、まもなく鍋の熱で焼け死んでしまった。父親はとうとう村人に危害を加える怪物を退治したのだった。

## 探査ノート

海の深くにいるタコが人間に危害を加えるという話は、台湾各地の民話では稀であり、蘭嶼椰油部落に伝わるタコの怪物伝説は、非常に奇異だ。

伝説では、椰油部落が当時所在した場所はDo-Vanoa no Matawだったが、悪魔のタコを殺した後、その屍が海岸で腐乱しひどい臭いが立ちこめたため、タオ族は引越しせざるをえなくなった。最後に、彼らはJimazawazawang（今は農会がある旧灯台の南側の海岸）に新村落を建設した。鄭漢文・王桂清共著の文章では、かつて椰油部落にはタコ一族（Sira do koyta）と呼ばれる一族がいた。彼らは引き潮のときに採集する生活をしており、しばしばタコ（Koyta）に攻撃されたため、この名がついた。

蘭嶼を旅した時、私は椰油部落海岸まで訪ねていって、悪魔のタコの姿を探りたいと思った。あるバージョンでは、その悪魔ダコの屍は最後に岩となり海岸に立っているという。しかし、海岸には岩が林立し、Do-Vanoa no Matawがどこなのかを数名の現地の人にたずねても解答は得られなかった。

❶椰油部落の島一周道路の壁には、椰油部落の起源を描く一幅の絵があり、人食いダコの物語が描かれている。

❷紅頭岩付近は、悪魔ダコがかつて出没した海域だという。大ダコは岸に上がって人を食べさえしたが、この海岸は今では山羊の楽園となっている。

❸開元港の北の入り江は、セブン - イレブン前の海岸で、Do-Vanoa no Mataw の位置である。現地を訪れて私は、この海域は波が激しく、いたるところで渦巻き潮の流れが速く、泳ぐのに向いていないことに気づいた。つまり、タコの怪物の伝説は、人々に気をつけるよう諭した一種の教訓なのだ。

さまよっているとき、私は蘭恩文物館の東屋で、一人の椰油部落の族人に出会った。彼は島の自然文化調査の仕事をしていて、蘭嶼の生態系を研究する多くの論文を書いていた。彼の話では、タオ族は今でも子供に、開元港の北の入り江には近づかないよう言い聞かせるという。そこには大ダコが出没すると言われているからだ。彼は、その入り江は椰油部落のセブン－イレブン前の海岸だという。

私は台湾に戻った後、関係資料を調べ続けた。なるほどその入り江こそが Do-Vanoa no Mataw であり、悪魔ダコが暴れた地だったのだ。私は、その入り江では、二人の子供が大波に飲まれたが幸運にも救助されたことがあったことを知り、ハッとした。救助者は、私が東屋で出会った、あのタオの友人だった。

椰油部落に人食いダコがいるという物語の他に、私はシヤペン・ジペンガヤ『釣到雨靴的雅美人』（一九九二）の中で、紅頭部落に伝わる似た物語について読んだ。遠い昔、紅頭部落にシヤペンとシルアという仲の良い夫婦がいたという。ある日、一匹の邪悪なタコが海底から現れ、吸盤のついた魔の脚を水芋畑で働いていたシルアのほうに伸ばし、彼女を水中に引きずりこんだ。シヤペンは妻を助けるため、鎧を着て海に飛び込み短剣でタコと戦い、最後にタコを殺して妻を助けることができた。

悪魔ダコはもう海岸に潜んでいないものの、海底に怪物がいるという伝説は、今でも蘭嶼に伝えられている。これは人を戒めるための大げさな話ではなく、智恵のある教えだ。海は食物を与えてくれると同時に、そこには危険が潜んでいる。常に警戒することではじめて、海の素晴らしさを享受することができるのだ。

出没情報

**椰油部落セブン - イレブン**：台東県蘭嶼郷椰油村椰油路二九六之十一号。

奇景 五十六

# 魔鬼が棲む五孔洞（ごこうどう）

妖怪伝説

太古の昔、蘭嶼では数十年雨が降らず、タオ族の飢饉の苦しみは耐えがたいものだった。その時、石から生まれたタオ族の祖先は人々の苦しみを見捨てておけず、自分の二人の孫は家を出なければならないと告げた。そうすれば苦境を解決できるのだと。彼ら兄弟は始祖の言葉に従って二日と一晩歩いた。五孔洞付近に差しかかった時、空は暗くなっていた。疲れきった兄弟が休む場所を探していると、海岸に明るい光が輝いているのを見かけた。

近づいて見てみると、一群の鬼霊（Anito）が海岸で蟹や貝類、小魚を捕まえているのに気づいた。鬼霊は優しく善良で、手に持っているのは「松明」といい、明るく照らすことができるのだと説明した。

鬼霊は彼らを五孔洞に案内した。洞内には多くの鬼霊がいて彼らを歓迎し、ヤコウガイを煮て食べさせてくれた。彼らは火で食べ物を調理するのを見て、とても奇妙に思った。翌日彼らが出立するとき、鬼霊は火おこしの木炭をヤコウガイの殻に乗せてみせ、火を使って湯を沸かし食べ物を煮る方法を教えてくれた。

火種を手に入れた兄弟は、家に帰って皆に事情を話した。これによって人々は火の使い方を知り、火のない原始生活を脱して、心を合わせて生存の危機を乗り越えた。この兄弟は郎島部落の族人だという。

## 探査ノート

タオ語のAnitoは魔鬼、鬼霊の意味で、通常、邪悪と恐怖の超自然存在を指す。タオ人にとって、これは人を傷つけ災禍をもたらすもので、人は死ぬとAnitoとなり、忌み恐れる対象となる。この語彙からは、タオ族と南島語族との関連性を見ることができる。例えば、フィリピンのタガログ人も祖霊と精霊をAnitoと呼ぶ。

タオ族はAnitoを恐れるが、特別なことに、伝説中の五孔洞に住む鬼霊は性格が非常に善良なようだ。伝説では、この鬼霊は火種をタオ族に与え、さらには魚の捕り方や布の織り方、陶器の焼き方などの技術までも教えた。

五孔洞は蘭嶼の北側にある。ここはタオ族の禁忌の地であり、女性と子供は近づいてはならない。五つの洞穴にはタオ語の呼び名があり、Ji-Karahem（深い所という意味）と総称する。洞穴を北西から順に第一から第五まで番号をつけ、より詳しくタオ語の名称を分別してみよう。

第一洞穴：Do-Vahay no Volay　蛇穴を意味する。かつて一匹の大蛇が上方の洞穴から現れたという。

第二洞穴：Ji-Alisosan　休息の場を意味する。

第三洞穴：Do-Trasan　郎島、椰油部落に争いごとがあれば、ここで相撲をとって勝負をつける。

第四洞穴：Do-Pangengsadan　春と棘を意味する。第三、第四とあわせてTongan na JiKarahemと呼ぶ。

第五洞穴：Do Vahay no Vonko　魔鬼の家を意味する。

実際に五孔洞を訪れて、なぜここがタブー視されるのかわかった気がした。洞窟は深く、岩壁は奇怪な模様を呈し、寒く暗い雰囲気が襲ってくる。なるほど恐ろしい鬼怪の棲処とみなされたわけである。実のところ、五孔洞は海岸浸食作用で形成されたものだ。これらの海岸浸食洞は、蘭嶼がプレートに押されて次第に上昇し、波が砕けた岩壁を筋目に沿って浸食し、最後に地殻が隆起することで水面から出てきたものだ。五孔洞の中の浸食されてできた壁のへこみは、地殻が隆起した痕跡をそのつど記録したものだ。

しかし、観光客の好奇心を最もかきたてるのは、五孔洞の奇怪な外貌ではなく、いくつかの洞窟に十字架が安置され、岩壁に十字のトーテムが描かれている点だ。私は、島の観光客がこの地を話題にし、現地の人がキリストの力を借りて洞窟を「押さえ込もう」としているのではないかと推測していたのを、聞いたことがある。

❶第一洞穴 Do-Vahay no Volay は蛇の巣であり、かつて1匹の大蛇が上方の洞窟から頭を乗り出してきた。

❷第二洞穴 Ji-Alisosan。洞穴内にはいくつかのへこみがあり、第三洞穴につながる通路もある。教会はここに白い十字架を設置した。

❸第三洞穴 Do-Trasan は高度がある。少なくとも4階建て以上の高さがあり、岩壁は急峻で、海岸浸食作用の歴史の痕跡をはっきりと見て取ることができる。

❹第四洞穴 Do-Pangengsadan は今では蘭嶼教会の祈りの場であり、プロテスタントの長老教会によって保存され、教徒はここで連合礼拝をおこなう。

❺第五洞穴 Do Vahay no Vonko は、伝説では悪霊の家だが、洞窟内は今ではカトリックの礼拝所となっている。

❻第五洞穴の入口には、赤い十字架が設置され、「イエスは十字架で亡くなった」という意味の図が掛けられている。

私は七十代のタオ族の老婦人と話をしたことがある。彼女は椰油部落に住むキリスト教徒だ。彼女の話によると、年配の人はみな、五孔洞は魔鬼が占拠する場所だと言うが、しかし教会の人は、悪魔がここを占領しているからには、神は必ずやここにやってきて魔鬼を駆逐するだろうと考えている。なぜなら大地は神のものであって、悪魔のものではないからだ。そこで、ここ三十数年来、教会は五孔洞を集団の祈りの場とし、復活祭の礼拝も開催した。彼女は、蘭嶼は観光客が多いが、道に詳しくないかもしれないので、祈禱の時にはいつも道行く人の平安を祈るという。
五孔洞は伝説中の禁断の地であるが、しかし信仰の変化により、現地の人はこの地を新しく捉え直している。

**出没情報**

**五孔洞**：蘭嶼北海岸、郎島部落の西側、沿海道路に近い五箇所の岩窟。

# 奇景五十七　仙女と巨人の物語

## 探査ノート

私が蘭嶼を旅行したときは観光シーズンオフで、商家の店主や露天商は私と話をする暇が比較的あったので、たくさんの現地の奇譚を聞くことができた。魔鬼の住む五孔洞や悪魔のタコが暴れた場所だけでなく、他の鬼怪や秘話に関連する場所も訪れた。残念なのは、現地にはいくつかの伝奇的色彩を帯びた地名があるものの、それらはタオ文化の由来ではなく、漢人の外来視点の影響によるものである点だった。

例えば、双獅岩（そうしがん）、玉女岩（ぎょくじょがん）、龍頭岩（りゅうとうがん）、ワニ岩などの名称はみな、漢人が命名したものだ。そもそも島にはライオンもワニもいないのに、タオ人がこのように呼ぶはずがあるだろうか。島の東北の「鬼洞」は幽霊とは関係なく、かつて島の励徳班（れいとくはん）[1]の受刑者が切り開いたものだ。これは丘陵の両端をつないでいたが、島一周道路が修復された後、廃棄された。洞窟内が暗く不気味なので、観光客に「鬼洞」と呼ばれるようになった。

最もとんでもないのは情人洞（じょうじんどう）だろう。インターネットではここは恋人が心中する場所だと吹聴されている。ソーヤーという現地人が胡蝶姫（こちょうき）と恋に落ちたが、青龍に邪魔され、媽祖婆（まそば）と二頭のライオンの助けを得たものの、逃れきれず情人洞で死んだという。この物語は『中国民間故事全集：台湾民間故事集』（一九八九）が元であるが、典拠が穴だらけであり、決してタオ族の現地伝説ではない。青龍や媽祖婆、二頭のライオンといった漢文化の色彩が濃厚なキャラクターは論外としても、ソーヤーが大きな蝶を助けて蘭嶼島に招待するというストーリーはあまりに荒唐無稽だ。タオ文化では蝶は恐れの対象だからだ。

タオ人は海岸の墓地を非常に恐れ敬う。うまいことに、これらの場所には蜜を提供する植物が多く生えていて、墓地にはいつも多くの蝶が集まっている。彼らはみな、蝶は亡魂の化身や魔鬼の霊であると信じており、特に羽が大きく色鮮やかであればあるほど（トリバネチョウのように）、人から恐れられる。

私は民宿の主人に、なぜ情人洞にこのような伝説が生まれたのかをたずねてみた。彼は、すべては商人が葉書を売るために作り出した話だと述べた。

蘭嶼の現地伝説を深く知るため、私は飲物屋を経営するタオ族のマスターとおしゃべりし、また現地の警察も訪れ、手芸店のお姉さんに情報をたずねた。多くの人は私が鬼怪と伝説に関係することを聞きたいというと訝しげな顔をしたものの、結局はみな、聞いたことのある話を我慢強く語ってくれた。私は心の中で、この友人達が貴重な話を分け与えてくれたことに、深く感謝している。

1　素行不良の兵士を矯正教育する軍隊内組織の一つ。

蘭嶼伝奇はあまりに多く、一つ一つ詳述してゆけば、霧のかかった海のように果てしなくなる。そこで私は、島で聞いた神話のうち二つを選び、読者に紹介する。

①漁人部落の神話：下界に下りた仙女

かつて大洪水が蘭嶼を沈め、海水が引いた後、孤立無援の二人兄弟が漁人部落の海岸の岩窟に住み着いた。天の神は彼らの苦しみを憐れみ、仙女の二人姉妹を下界に遣わして兄弟に嫁がせた。

空から緑色の竹が降りてきて海面にまっすぐ挿入され、天上の仙女が竹竿に沿って人間世界に降臨した。天の神の指図により、姉は兄に、妹は弟に嫁ぐはずだったが、姉は弟に一目惚れしてしまい、弟と結ばれることを主張して譲らなかった。妹は相手が奪われるのを目にして怒りを抑えられず、身を翻して天上に帰った。

弟は美しい仙女と結婚した後、妻とともに山上の小さな窪地に引越すと、暮らしはどんどん豊かになった。彼らは山と海を行ったり来たりして食べ物を探す必要がなかった。食事の時間になれば仙女の妻が、豚肉、羊肉、タロイモ、新鮮な魚などの山海珍味を一皿また一皿と奉げてきた。夫となった弟は、衣食の愁いのない生活に満足だったが、これらの食べ物がどこから来たのかについて困惑し続けた。妻にたずねると、「私達の家の裏手には倉庫があって、そこから取ってくるのです。だけど、あなたは決して盗み見てはいけませんよ。でなければ恐ろしいことがおきます」と妻は言った。

仙女は慎重に言い含めたが、夫の好奇心はやまず、ある日倉庫を盗み見てしまった。すると、倉庫の中で無数の召使いが豚を殺して羊を屠り、タロイモ餅を作っているのを見た。目を瞬かせ

❶漁人部落前にそびえるIgang。「巨岩」を意味する。かつてこの岩は巨大な竹竿で天界に通じており、2人の仙女はこの竹竿によって下界に降りた。

❷蘭嶼沿岸には多くのグンバイヒルガオがある。植物学上はヒルガオ科サツマイモ属に属し、多年生の木質の蔓を持ち、葉は馬の鞍に似て、花の色はピンク、浅紫であり、砂防の効能がある。かつてタオ人はグンバイヒルガオの茎でススキを束ね、火をつけて松明とし、焼物をした後、陶器に残った灰を掃除するのにその葉を用いた。野銀村の伝説によれば、かつて1本の巨大なグンバイヒルガオの橋が蘭嶼とバタン島をつないでいた。

❸仙女が下界に降りた物語のうち、いくつかのバージョンでは、夫は「宗柱」の後方を盗み見て、家の中の食べ物がみな仙女の召使いが料理したものだと気づいた。宗柱は2つで1セットで(男女の主人を象徴する)、地下屋の全体構造の重要な支柱であり、家屋の最重要な精神象徴でもある。頑丈なリュウガンの樹で作られ、上方は細く下方は太く、羊の角のレリーフが刻まれていて子孫が羊のように栄えることを象徴する。傍らのかまどはトビウオを燻製する所で、その灰には魔除けの作用があり、喪事のときには家の前に灰をまいてお守りとすることができる。

❹タオのPitanatanaの月は、焼物の時期で、族人は粘土を集めて陶碗や陶鍋を作り、余った粘土で人形や動物をつくり、子供の玩具とする。こうした陶器の玩具に宗教上の意味はないが、素朴で子供らしさに溢れた造型の、貴重な伝統芸術作品である。

焦点をあわせて見ると、召使い達は蛇や蟻、トコジラミだったので、彼は驚いて大声をあげた。召使い達は叫び声を聞いて驚き、煙と化して空に飛んで帰ってしまった。

夫が禁忌を破ったことに気づくと、仙女はとても立腹して、悔やむ夫をひとり残して天界へ帰ってしまった。彼らが生んだ子孫もまた、漁人部落の中の一族となったという。

私は漁人部落でこの神話を聞いた。語り手は蘭恩文物館の前の喫茶店のマスター謝天義（しゃてんぎ）だ。彼はタオ族で、かつて台湾本島で暮らしていたが後に故郷に戻って仕事をするようになった。彼の話によると、仙女が人間世界に降臨したときの竹竿は、部落前の海岸に立っていた。竹竿はなくなったが、竹の端が硬い岩石に変わり、いまでも海岸に聳え立っている。タオ語ではそれをIgang（発音は伊槓（イガン）に似ている）と呼び、漁人部落の非常に目立つ目印となっている。仙女と弟が暮らした窪地は、Do-Tazakという名で、天使の家を意味する。

### ②野銀部落の神話：島にかかるグンバイヒルガオの橋

野銀部落は蘭嶼の東南の海岸にある。この村の名をタオ語ではIvalinuと呼び、グンバイヒルガオの多い部落を意味する。

昔々、この地の海岸に一本の巨大なグンバイヒルガオが生えていたという。蔓は非常に太く丈夫で、人がその上を橋と同じように歩くことができた。グンバイヒルガオの橋は海にまで伸びて水上に浮かび、遠くのバタン島[2]にまで通じていた。

あるとき、巨人の子供が海面上のグンバイヒルガオの上を歩いていたとき、蔓に足をとられてよろめき、海に落ちて溺れ死んでしまった。巨人は子供の死を非常に悲しみ、怒りに任せてナイフでグンバイヒルガオを断ち切ってしまった。それからというもの、野銀村とバタン島の連絡は途絶えてしまった。

私は野銀部落の地下屋[3]の見学に参加したとき、ガイドの玲(れい)さんからこの物語を聞いた。蘭嶼に伝わる巨人伝説は多い。例えば巨人 Si-Kazozo は蘭嶼の空を押し上げ、漁人部落の巨人 Si-Mangangavang とバタン島の巨人 Si-Vakag は生死の交わりを結んだ友人である。これらの物語の中で、巨人はみな偉大な力をもっており、さらにはかつて蘭嶼とバタン島の間に貿易、交通の行き来があった歴史の軌跡もが反映されている。

**出没情報**

**伊槓（Igang）：**漁人部落前の海岸。
**野銀部落：**蘭嶼島東南の海岸。

2　フィリピン、ルソン島北部の島。
3　タオ族に伝統的な半地下式家屋。

奇景 五十八

# 七美人の女魂花

妖怪伝説

明末は戦乱の時代で、人々は戦禍を避けるため澎湖群島の南嶼にひそんだ。ある年、凶悪な海賊がこの島を荒らし、住民は驚き慌てて四散した。当時、七人の女性が森の中で薪を集めていたところを海賊に見つかり、良からぬことをされそうになった。彼女達は慌てて逃げ回ったが海賊の手から逃れることができなかった。

その時、彼女達は偶然あった古井戸の陰に隠れたが、ひどく意気消沈してしまい、絶対に賊の魔手から逃れられないと考えた。賊に汚されるくらいなら自ら命を絶ったほうがましだと。そこで七人の女性は古井戸に飛び込んで操を立て、潔白と名誉を守った。

その後、いつからか、井戸端に七株の奇妙な樹が次々と生えてきて、色鮮やかな花が咲き乱れた。みだりに花樹を折り取れば病気となった。人々は花樹が七人の女性の魂魄の化身であると信

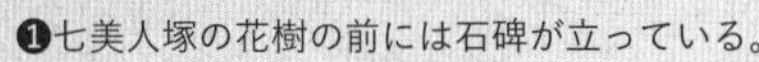

❶七美人塚の花樹の前には石碑が立っている。
❷近くで見る七美人樹。
❸ 1953 年に建てられた石碑に、何志浩が寄せた題字「七美人歌」。「七美人兮白璧姿、抱貞拒賊兮死随之。英魂永寄孤芳樹、井上長春兮開満枝。（白い宝石のような七美人は、操を守って賊を拒み死んだ。英魂は永久に芳しい樹に宿り、井戸の上に常春の花が咲き誇る）」
❹碑の前には、鏡、櫛、口紅など女性用品の供え物がたくさん置かれている。

じ、非常に崇拝した。戦後初期、澎湖県長は七人の女性の貞淑に感じ入り、「七美」の名をこの島に冠した。

## 探査ノート

七美嶼は旧名を南嶼、南大嶼、大嶼等と呼称し、澎湖群島最南端の離島である。日治時期は安庄、大嶼庄に属した。一九四九年、澎湖県庁劉燕夫は七人の女性の貞烈節操を記念しこの地を「七美」と改名した。

七人の女性の殉節の地は「七美人塚」となっている。七美人の伝説については、諸説紛々でバージョンも様々だ。今のところ見つかる最も古い文献記録は、一八九四年刊行の『澎湖庁志』で、次のように書かれている。「八罩の南は南大嶼で、海浜の僻地に花が数株あるがその名は知れず、開花すれば色は非常に輝かしい。これを折るものがあれば病となる。あるいは、先の王朝の人が乱を逃れてここに住んだが、海賊に遭って七人の女性が井戸に身を投げて死んだ。この花は井戸の中で魂魄がことごとく化身となったものであるという。今、農民はこの地を掘り返して、磁器の類を手に入れる」

日治時期、一九〇九年、ここに「七美人立碑」が安置され、一九二五年には「七美人塚」の石碑が建てられた。二つ目の石碑は巡察部長の指示によって建てられ、碑文には明朝嘉靖年間に七名の烈女が井戸に身を投げて操を守ったと書かれている。片岡巖は一九二一年に出版した『台湾風俗誌』の一文「魂花」で、海浜の花は七名の井戸に身を投げた女子の魂魄が化身したものだと書いている。一九二七年四月五日の『台湾日日新報』で「七美人の墓」という一文が、この井戸は水溜まりだけが残されており、傍らに生える七株の奇樹はヒトツバハギである、と説明している。

近年、学者の姜佩君(きょうはいくん)は、七美人伝説を収集して異なるバージョンを分析し、そこにはおおよそ三つの内容があるとしている。一つ目は、七美人の来歴である。七名の薪拾いの少女、七名の洗濯の少女、義姉妹の契りを結びに集まっていた七名の少女、現地で最も美しい七名の少女、七名の海賊の妻と娘という相違がある。二つ目は、賊には、海賊、倭寇、オランダ人、日本軍人という数説があるというもの。三つ目に、井戸端に生えてきたものに、七本の樹、七つの花、七つの草という相違がある。また、七美人のうちの一人は懐妊していたため樹の中の一本が枝分かれしており、さらに、美人のうち一人は喘息を患っていたため花の形がよくない、というものもある。

日治時期の七美人塚の写真。

七美人の物語が人を惹きつけたわけは、花樹に魂が宿った点にある。塚の植物はヒトツバハギで、葉底珠(ようていじゅ)または市葱(しそう)と呼称する。民俗療法では、ヒトツバハギは晩秋にその根を掘り、干して乾燥させる。血流をよくして筋肉をほぐし、内臓を健康にして小児疳積(しょうじかんせき)[1]を治療する効能がある。

実のところ、貞操を守った七美人を崇敬する話は、「選択性の記憶」を経たものである可能性が高い。七美人塚はもともと、ただの厲鬼(れいき)[2]信仰だったかもしれない。伝説では、花樹を軽んじ勝手に登って枝を折れば病気になった。そのため、七美人の物語ははじめ、霊が宿る様子を人々が

1　疳積は漢方医学の病名で、内臓の慢性的な失調により、腹部の膨満・腹痛・嘔吐・下痢・排泄物の酸腐臭などの症状を呈する。

2　天災や戦争、事故、疾病などで横死した人の魂を鎮めようとする信仰。

称揚するものだったのかもしれない。

日治時期になると、役人が七美人の貞烈に感動し、この樹には正気があり崇敬に値すると考えたため、碑が建てられた。戦後になり、澎湖県長が大嶼を七美と改名したのも、政治上の立場から貞潔品徳を宣伝するためだった。一九五三年に建てられた別の石碑には、何志浩（かしこう）[3]将軍がこの地を訪れたさいに創作した「七美人歌」が刻まれており、碑文では以前慣称されていた「海寇」がわざわざ「倭寇」（日本の海賊に対する中国での俗称）に変更され、碑を建てた日にちには特別に「国慶節（こくけいせつ）[4]」が選ばれていた。姜佩君の研究によれば、七美人塚は戦後、抗日の精神モデルにまでなった。

不可思議な七美人花は異なる時代の中で、異なる意義を与えられたのだった。

## 出没情報

**七美人塚**：澎湖県七美郷南滬村。43号郷道を通れば到着する。

3　何志浩（一九〇五～二〇〇七）は中華民国陸軍軍人。

4　辛亥革命を記念した十月十日の建国記念日。双十節ともいう。

奇景 五十九

# 鷹塔と魑魅魍魎碑

探査ノート

澎湖諸島は、俗称を黒水溝という台湾海峡に位置する。古くは、澎湖は泉州・漳州移民が海を渡って行き来するさいの休憩地、或いは両岸交通の中継地だった。昔、澎湖島民の多くは漁業で生計を立てていたが、寒風と塩水の雨、時折の天災、さらには人が引き起こす戦乱のため、生活は厳しかった。そこで人々は、平安を祈り災邪を退けるため、様々の魔除けと縁起物を村を守る象徴とした。

例えば、住民は屋上に陶製の風獅爺（シーサー）を、門の上には獅頭咬剣[1]と大極八卦、または符令を配した。最も独特なのは、村の中に置かれた石塔、石碑にほかならない。以下、西湖村の鷹塔と白沙郷の魑魅魍魎碑を紹介しよう。

七美嶼では著名な七美人のほかに、西湖村に鷹塔（神鷹宝塔、塔先生、鷹先生ともいう）と呼ば

1　台南で多く見られる、剣を加えたライオンの頭の図像が配された魔除け。

れる一見に値する石塔がある。『澎湖的辟邪祈福塔』（一九九九）での調査によれば、この塔は光緒年間に風水上の理由で建立された。西湖村の排水溝は水が南から北に流れ、風水的によくないとみなされたからだ。玉蓮寺（ぎょくれんじ）の観音と仏の指示により、水が流れ出すところに鎮護の塔を建てて、水流をやや東に寄せることで、村の財富を守ることができた。

鷹塔と称されるわけは、九層の石塔の先端に一羽の鷹の石像が配されているためだ。もともと塔の先端には陶甕が置かれていたが、一九四三年の再建時、人々は玉蓮寺の菩薩の指示により鷹像を安置した。現在の石鷹は一九八六年の修築時に新しく作られた彫像だ。

しかし、鷹塔の奇妙さは風水理論だけではない。姜佩君の現地調査によれば、澎湖の民間社会には鷹塔の由来についてもう一つの話がある。簡単に述べれば次のようなものだ。

昔々、西湖村のある家の夫婦が、夫の妹と一緒に住んでいた。夫の妹は兄嫁への態度が非常に悪く、何かといえば罵り、最後には相手を殺してしまった。兄嫁は死後に美しい鷹となり、しばしば「性悪の妹！　性悪の妹！」と叫んだ。しかし、鷹となった兄嫁は夫を深く愛し続けており、毎日七美の西北の海岸の岩まで飛んで行き、夫が海に魚を捕りに出るのを見送った。妹は心の中で気が咎め、毎日海岸に行ってその鷹に食べ物を与えた。その後、鷹は飛び去って二度と戻らず、人々は鷹が休んでいた場所に塔を建て、塔の上に鷹像を配してこの若い女性を記念した。

風水説であれ鷹の化身の怪談説であれ、人々は鷹塔の建立を口々に賞賛している。

澎湖にはもう一つ、さらによく見かける縁起物がある。それは石敢当（せきかんとう）とも呼ばれる石碑だ。か

❶七美西湖村の鷹塔。塔の頂上の鷹像には赤い布が巻かれている。

❷威霊宮の廟内の魑魅魍魎碑。砂嵐と鬼怪を鎮めることができるという。

❸七美東湖村の金龍宝塔。「双心石滬」の付近。塔の頂上には悪霊退散と幸福祈願の効能のある金龍が安置されている。

つて土地に穏やかならざることがあれば、神の指示を受けて、澎湖人は石敢当を建てて魔除けとし、鬼怪を駆逐したり風砂を鎮めたりした。例えば、澎湖白沙郷後寮村に保生大帝[1]を祭る威霊宮があり、廟のそばには「魑魅魍魎」の四文字を刻んだ石碑が立っている。この四文字の上には、みな「雨」の一字がある。これは「雨漸耳」の簡化であり、道士が鬼を鎮めるときによく用いる符咒字体だ。

伊能嘉矩[2]は一九〇一年に澎湖へ実地調査に訪れ、『台湾慣習記事』にこの碑について記録し、その由来について「道光中、一怪鬼（西畦の陰鬼）あり、后寮及び其の西隣なる通梁間の砂漠を徘徊して、郷民に殃せり、時に廟神の黙示あり、之に従ひて、石を建てゝ押圧せり、爾来亦怪無しと」と説明している。すなわち、後寮村と通梁村の間の海岸の砂浜には一匹の怪鬼がいて、砂嵐を引き起こし、住民は耐え難い思いをした。その後、廟の神が霊験を顕して、石敢当によって悪霊退散するよう指示し、現地に平安をもたらしたのだった。

威霊宮の魑魅魍魎碑の傍らには、廟の管理人によって碑誌が置かれており、内容はさらに詳細である。そこには、後寮はかつて土地の条件が悪く疫病が横行し、一八四一年の秋と冬には、後寮と通梁の間の「風坑口」で、山精鬼魅がいたるところで災いをなしたとある。保生大帝は村民に、後寮村は「陰穴」に属する「塵取り穴」であるため、妖魔鬼怪が機会を狙って悪さをするのだと告げた。そこで保生大帝は、次の年に符咒石碑を建てて悪霊を鎮め郷民を守るように指示した。果たしてその後、邪魔はその跡を絶ったのだった。

出没情報

**鷹塔**：西湖村山脚仔黒溝口、海岸排水口の場所にある。

**威霊宮、魑魅魍魎碑**：澎湖県白沙郷後寮村十五鄰四十五之一号。

1　福建省の閩南（漳州、廈門、泉州）と台湾で信仰される、道教の医神。

2　伊能嘉矩（一八六七～一九二五）は、明治、大正期に活躍した人類学者、民俗学者。台湾原住民の現地調査で著名。

奇景 六十

# 龍女と妖鰐の悲恋

妖怪伝説

澎湖群島付近の深い海には龍宮があった。龍宮は龍王が鎮守し、美しい龍女もいた。龍王は娘に非常に厳しかったので、龍女は、龍宮を出て馬公付近の四角嶼島宮に遊びに行くのが好きだった。ある日、一人の若い漁師が思いがけず四角嶼島の宮殿を発見し、龍女とめぐりあって恋に落ちた。しかし、龍と人間は結ばれてはならず、龍女が禁忌を侵したことに龍王は激怒した。そこで龍王は龍女と漁師に呪いをかけた。龍女を金の珊瑚に変え、漁師を醜い妖鰐にして、彼らを別れさせようとした。

しかし、妖鰐はそれでも龍女を深く愛し、四六時中金珊瑚のもとにいた。欲深い人々が金の珊瑚を採ろうとすれば、妖鰐が現れて脅し、龍女を守るのだった。

澎湖の妖鰐伝説についてはじめに読んだのは、江日昇『台湾外記』の中の「一匹の魚は二丈余りあり、四足で、身体には黄金色の鱗があり、炎で縁取られた様子は人目を奪い、海から陸に上がってきた」という文によってだった。その後、私は清代の古文書の中から次々に関係する物語を見つけた。例えば『台湾府志』には「癸亥年五月、澎湖にワニのようなものが現れた。長さは四、五尺で、砂を歩いて上がってきて吠え声を上げた。住民が楮銭[1]を使ってこれを海に戻すと、夜になって陸に上がって死んだ」とある。記述によれば、妖鰐が陸に上がってきたのは、康熙二十二年（一六八三）に施琅[2]が台湾を攻略し鄭氏を滅ぼした年にあたる。清人は、妖鰐の死を、鄭氏の命運が尽きたことの象徴にこじつけたのだ。

澎湖の現地の民間伝説では、文人の観点とは異なり、海底の妖鰐はもともと人間で、龍女と愛し合ったために呪いをかけられ醜い有様になったと伝えられている。薛明卿『澎湖捜奇』（一九九六）と姜佩君『澎湖民間伝説』（一九九八）は、どちらもこの奇譚に言及している。

妖鰐伝説は本当のことなのだろうか。調査を続けてゆけば、不思議な偶然に気づくだろう。澎湖馬公の化石館には、古代の巨大ワニの化石の模造骨が収蔵されており、化石の実物は今、台中の科学博物館にある。これは澎湖西嶼内垵で出土した潘氏澎湖ワニの骨で、完全な状態で保存された脊椎動物の化石だ。発見者の潘明国の話では、はじめ海岸で沈香[3]を掘り当てたのかと思ったという。車に一、二年載せておいた後、友人に化学検査を頼んだところ、二〇〇六年にな

1　死者があの世で使えるよう燃やす紙幣。紙銭、冥銭ともいう。

2　施琅（一六二一〜一六九六）は明末清初の武将。はじめ鄭成功の父鄭芝龍の部下だったが、後に清軍を率いて台湾の鄭氏を攻略した。

3　代表的な香木。古来から珍重され、特に質の良いものは伽羅と呼ばれた。

❶澎湖化石館の潘氏澎湖ワニ化石の模造品。

❷漁翁島灯台ははじめ清朝の乾隆年間に建てられ、現在は観光スポットとなっている。現存の灯台は光緒年間に建設された西洋式灯台である。民間伝説によれば、龍女と恋をした若い漁師は漁翁島から来た。

んとこれが一五〇〇万年前の古代巨大ワニの化石であるとわかったのだった。

奇妙なのは、古代ワニの化石が出土した土地は、旧名を漁翁島（ぎょおうとう）という西嶼であることだ。薛明卿は本の中で、妖鰐がもともと人間、しかも漁翁島から来た若い漁夫である点は、古代ワニ化石の出土地と期せずして一致すると述べている。彼がこの本を出版した一九九六年には、化石はすでに鑑定されていた。

思い切って想像することが許されるのなら、この古代ワニはかなり後まで絶滅せず、希少生物としてこの地で生きていたのではないだろうか。彼らは目撃された後、民間伝説の素材の起源となったのだ。

むろん、この解釈はあまりに奇天烈であり、真偽の検証は困難だ。しかし、一五〇〇万年前の古代巨大ワニの化石は、現地で数百年伝わる妖鰐伝説と図らずも一致しており、多くの想像をかきたて興味が尽きない。

台湾のその他の離島にもワニがいなかったのか、調べ続けてみる。海のもう一端に目を向け、金門の現地記録を紐解いてみると、ある民間説話では、かつて金門にはいたるところに黴仔（金門方言でワニを意味する）がいたとあった。金門人の許丕堅（きょひけん）が五、六十歳の貨物運搬員とお喋りをしていて聞いた話によれば、昔、金門ワニは人を食ったので、姜太公（きょうたいこう）[4]が災いを鎮めようとワニを祭る儀式をおこなったところ、ワニは大海へと泳いで行き、二度と金門地方へは現れなかったという。

同じことは他にもあり、清国の画家聶璜（しょうこう）の『海錯図』にも怪鰐の記載と絵図がある。『台湾外記』の炎鰐のイメージと同じく、聶璜が描いた怪鰐は、全身が赤く四肢と眉間から炎が出て、奇

4　古代中国で周王朝の文王、武王に仕えた軍師。本名は呂尚で、太公望と称されることが多い。死後に神格化された。

妙で神秘的な雰囲気に満ちている。

聶璜本人は炎の鰐を見たことがなく、目撃者の話をもとに絵を描いたのだった。しかし、『海錯図』の中の炎の鰐の目撃年代は康熙三十年で、台湾での康熙二十二年の目撃記録よりも八年遅い。聶璜の絵の中の炎の鰐は、安南国（ベトナム北部）に出没するワニの一種だという。中国の学者張辰亮（ちょうたつりょう）の推測では、この生物はイリエワニの可能性があり、人間や鹿も食べる。だが、なぜ鰐の鱗から火が出るのかは、不可解な謎だ。

民間奇譚の真偽は証明が困難だ。しかし澎湖の妖鰐の物語は、悲恋のロマンティシズムをたたえるだけでなく、考古学や生態系学の方向から継続調査できそうだ。妖怪の魅力は、真実と想像の間の不透明地帯に存在するのである。

出没情報

**澎湖化石館**：澎湖県馬公市中華路二三六号。

# 訳者あとがき



本書は、台湾の現代作家何敬堯氏による著作『妖怪台湾地図　環島捜妖探奇録』（二〇一九）の全訳である。

何敬尭氏は一九八五年生まれで、国立台湾大学外国語文学系を卒業したのち国立清華大学台湾文学研究所の修士課程に学んだ。台湾妖怪をテーマとした著作を多く執筆し、本書のほかに「妖怪台湾」シリーズとして『妖怪台湾：三百年島嶼奇幻誌・妖鬼神遊巻』（二〇一七）、『妖怪台湾：三百年山海述異記・怪譚奇夢巻』（二〇二〇）、『都市伝説事典：台湾百怪談』（二〇二二）があり、ほかに『怪物們的迷宮』（二〇一六）、『妖怪鳴歌録 FORMOSA：唱遊曲』（二〇一八）等の小説作品がある。その著作は金石堂十大影響力好書、国立台湾文学館好書、金石堂年度十大影響力好書、博客來 OKAPI 年度選書等に選定され、またゲームや歌劇にもアレンジされている。現代台湾を代表する若手作家のひとりといえる。

本書の「自序」にもあるとおり、近年の台湾では「妖怪」にかかわる各種文化が人気を博している。何敬堯氏による一連の著作のほかにも、書店の書架には「台湾妖怪」にかかわる多くの書籍が陳列されているのを見ることができる。一部を挙げれば、李家愷・林美容『魔神仔的人類学想像』（二〇一四）、角斯角斯『台湾妖怪地誌』（二〇一四）、台北地方異聞工作室『唯妖論：台湾神怪本事』（二〇一六）、同『尋妖誌：島嶼妖怪文化之旅』（二〇一八）、同『台湾妖怪学就醤』（二〇一九）、同『台湾都市伝説百科』（二〇二一）等がある。二〇一七年には権威ある文学雑誌『聯合文学』が「妖怪繚亂」という特集を組んでいる。

本書は、こうした「台湾妖怪ブーム」のさなかで生まれたものである。

本書の特色は、台湾妖怪を郷土とナショナリティーの歴史記憶のあらわれとしてとらえている点である。作者は、台湾各地の妖怪伝説の足跡を文献およびフィールドワークをとおして探査し、そのことを通じて地域の人々の生活と精神世界、そしてその歴史記憶に踏み込んでゆく。その探査対象は、古文献にあらわれる伝説から、現代社会の都市伝説にいたるまでを含んでいる。

台湾に実際に長く住んでいると、人々にとって民間信仰が生活のなかで生きた文化として脈々と受け継がれ、大きな力をもっていることを実感する機会は多いだろう。

たとえば私のある知り合いは、小さい頃、「陰陽眼」をもち、この世のものではないものが見えてしまったため、心配した両親が、「収驚（お祓い）」に連れて行き、その力を封じてもらった。いままも護符を身につけて生活しているという。

またある若者は、学位論文をまず書いて卒業すべきか、その前に兵役に就くべきかという人生の選択で迷い、結局、母親が廟でポエを投げて神の意見を伺い、それにもとづいて進路を決定したのだった。さらにある友人は、夏休みになっても、旧暦七月の「鬼月」の期間に旅行に行くことは、家族から強い反対をうけるという。とくに海や川など、水辺に近づく行為はもってのほかだ。反対するときの顔の表情は真剣そのものだという。

台湾籍の日本語作家・東山彰良（ひがしやまあきら）は、二〇一五年の直木賞受賞作『流』の中で、一九七〇年代の台北で暮らす外省人不良少年たちの青春を生き生きと描いているが、作中ではあちこちに民間信仰や習俗習慣にかかわるエピソードが組み込まれている。小説中の少年達やその家族達は、コックリさんや占い、幽霊といった民間信仰や習俗習慣に取り巻かれて暮らし、実際に不可思議な出来事に遭遇したりもするのである。

これについて東山彰良は、ガルシア・マルケス等南アメリカ文学のマジック・リアリズムの手法の影響をうけたと自ら語っている。民衆は死者とともに生きているのであり、その生活空間と精神世界において、超自然的な怪異はある意味での「リアル」である。一九七〇年代台北の不良少年達の精神風景の現実を描くには、そうした要素を重視しなければならない、というわけである。

台湾の人々の生きる精神世界、生活空間を理解するうえで、民間信仰や習俗習慣が非常に重要であることは疑問の余地がない。その意味で、本書『台湾の妖怪伝説』は、「生きた台湾」を深く理解するための絶好の入口になっているといえる。

ただし、言うまでもなく、台湾の民俗社会は「妖怪」だけによって構成されているわけではない。本書の作者何敬堯氏はなぜあえて「妖怪」にこだわるのだろうか。ここで、氏の妖怪観をもう少し検討してみたい。

「妖怪」となにか。本書はまず、この問いから始まる。

何敬堯氏によれば、台湾の伝統社会ではもともと「妖怪」という語彙が一般的でなく、そのため、これをもって様々の精怪や鬼神を総称するのは、本来は問題があるという。しかし、それをいうのであれば、日本でも「妖怪」という語彙が普及したのは近代以降のことである。それならば、明治期以降の日本文化が「妖怪」概念を新しく創出させたように、台湾でもまた、独自の「台湾妖怪」を創り出すことは可能なのではないか、というのが氏の考え方である。

この発想にもとづいて、何敬堯氏は独自に「妖怪」を定義する。

妖：妖精、精怪。通常は物に宿る霊であり、魔物変化であり、具体的な形を持つ。
鬼：鬼魅、鬼怪。形は曖昧ではっきりせず、人が死んで鬼となったもの、あるいは鬼と名づけられたもの。
神：神怪、陰神、精霊。人間の崇拝や信仰を受けている。
怪：怪事、奇譚とは、すなわち怪奇で不可思議な物語である。

本書でいう「妖怪」とは、台湾民間社会に伝統的な「妖・鬼・神・怪」の省略であると、何敬堯氏は述べるのである。

こうした「妖怪」概念が、日本でいま通俗的にイメージされている「妖怪」と異なる部分を含むことはいうまでもない。たとえば、現在日本の「妖怪」は一般的に、塗り壁、砂かけ婆のような「キャラクター」として観念されているが、何敬堯氏の定義による「妖怪」には、怪事、奇譚といった「出来事」「物語」が含まれている（もっとも、小説家の京極夏彦氏が指摘するように、かつては日本の「妖怪」にも、怪奇な出来事としての意味が含まれていたのだが）。

実際、本書の「奇景七　基隆七号室猟奇殺人事件」や「奇景三十三　呂祖廟の偽焼金」の中では、キャラクターとしての妖怪はいっさい登場しない。たんに不可思議な物語が紹介されているのみである。

さらに、いま日本で通俗的にイメージされる「妖怪」は、かつての柳田國男による「零落した神」という有名な定義によっても代表されるように、おおむね「神」とは区別されているといえるだろう。しかし、何敬堯氏はかなり多くの「神」をとりあげるのである。「奇景四　老公仙祖　十四份埤の生贄」「奇景八　石爺が孝行息子を救う」「奇景三十七　墾丁のオランダ王女」等、多くの章では、現地の人々の尊崇を集める神をめぐる物語が描かれている（日本においても「神」と「妖怪」の区別は、その実、さほど自明なものではないのであろうが）。

そのため、何敬尭氏は、「私が口にする『妖怪』は、日本語の『妖怪』とは実のところまったく異なる」とみずから述べる。だが、ここで疑問をいだく読者は多いかもしれない。本書の叙述対象となるものが、もし日本語の「妖怪」とまったく異なるのであれば、なぜわざわざ「妖怪」という言葉を使用しなければならないのか、と。

どうやら氏には、「妖怪」という言葉にこだわりがあるようである。

この問題を理解するには、現代台湾社会の事情を考慮しなければならない。本書の「自序」で何敬尭氏がみずから述べるように、戦後の台湾では、とくに一九八〇年代以降、日本の漫画やアニメが大量に流入した。それとともに戦後日本の大衆文化の中で通俗化・キャラクター化された「妖怪」が、台湾に押し寄せ、定着することになったのである。

その極端なあらわれとして、二〇一一年、台湾中部の山奥、南投県渓頭に作られた「妖怪村」をあげることができる。ここでは、神社や鳥居、天狗の面、提灯等の「古い日本」をイメージした建物やオブジェにくわえ、『ゲゲゲの鬼太郎』や『千と千尋の神隠し』に登場する「妖怪」を連想させる趣向をこらした飲食店や土産物屋、宿泊施設が建てられている。「どうして台湾にこんなものを作るのか」という声もないことはないのだが、この「妖怪村」はいまや、台湾中部でも有数の人気観光スポットとなっている。ここからは、戦後日本大衆文化の「妖怪」イメージが、いまの台湾ですでに相当程度に浸透し、定着している様子を見て取ることができよう。

もうひとつ考慮にいれなければならないのは、さきに述べたように、台湾社会では、不可思議で超自然的な、妖異にかかわる民間信仰が、いまでも人々の生活の中で息づき、真剣な畏怖の対象となっている点である。たとえば現在の日本で、いわゆる幽霊はあいかわらず畏怖の対象となっているものの、河童や塗り壁、砂かけ婆を真剣に恐れる者は少ないだろう。それらはすでに大衆文化の中で娯楽対象としてキャラクター化されるか、あるいは「郷土の貴重な文化遺産」とみなされるかしている。それに対し台湾の民間社会の中で、「妖・鬼・神・怪」の多くは、変わらぬリアリティーをもって「生きている」のであって、切り取られ、対象化されることが、これまで比較的少なかったのである。

こうした状況の中で、何敬尭氏が試みているのは、台湾民間社会のなかの「妖・鬼・神・怪」を、たんに学術的に客観分析することというよりも、それらを「台湾の貴重な郷土文化遺産」として切り出し、さらにその一部をキャラクター化することで親しみやすくし（台湾での原書では、多くのページに挿画が配され、妖怪の姿が可視化されている）、人々にその重要性を再認識してもらうことであるといえる。そのさいには、現代日本で創り出され、台湾社会の中ですでに一般的に流通し、相当な通俗人気を博しさえしている「妖怪」概念とその枠組みを借用することが、有効な戦略となるのである。

むろん、何敬堯氏がみずから述べるように、台湾ではもともと「妖怪」という語彙は一般的でなく、固有の「妖・鬼・神・怪」には、日本の「妖怪」とは異なるニュアンスが含まれている。しかし、それでも何敬尭氏は、これを「妖怪」と略称し、キャッチフレーズとして使用することに意義を見出しているように思われる。

こうした方法は、学術論文であれば、あるいは問題ありとみなされるかもしれない。だが何敬尭氏は作家であり、クリエイターである。氏がやろうとしているのは、本書をつうじて、台湾の「妖・鬼・神・怪」を一種の郷土文化として昇華・再生させることである。「妖怪」概念は、いってみれば台湾地域文化創生の一つの手段として戦略的に導入されているといえるだろう。

そして本書の意図を考察するうえでさらに見逃してはならないのは、いわゆる台湾ナショナリズムである。

一九八〇年代末以降の台湾では、民主化の進行と台湾人意識の強化にともない、それまでの中国史・中国文化を中心とした学問・教育に対する反発から、台湾に独自の文化を重視する風潮が盛んになってきた。そして中国大陸とは異なる台湾独自の文化的アイデンティティーを模索するさいに、おうおうにして、日本統治時代の歴史経験が参照され、また日本との関係性が強調されてきたのである。

ちなみに本書を日本語に翻訳するにあたっては、原文にみられる「日治時期」「清国時期」「本土」「在地化」といった日本語としてはあまりなじみのない表記を、あえてそのままにした。そこには現代台湾における、中国と日本にかかわる微妙な歴史意識が投影されているからである。

本書では、台湾妖怪にかかわる伝説を探究するために、清朝時代の漢文史料が頻繁に参照されており、何敬尭氏は、かつて台湾の漢人社会が中国大陸と密接な関係をもっていたことを十分に重視している。しかし「台湾妖怪とはなんぞや」という定義にかかわる問題を論ずるにさいしては、『山海経』や『荘子』、『西遊記』、『聊斎志異』といった中国古典ではなく、あくまで日本近代の「妖怪」概念を参照する。そこからは、日本文化を参照軸とすることで、台湾独自の文化的アイデンティティーを模索する、あるいは創出しようとする志向性がうかがえると言えるだろう。

本書「奇景二十九　台日妖怪フィギュアコンテスト」では、日本の文化団体との交流活動として開催された、妖怪フィギュアコンテストが紹介されている。ここで何敬堯氏は、日本側との交流を媒介として、「台湾妖怪」の文化イメージが創出されてゆくことを願っているように思われる。

そして、本書の構成そのものから、何敬尭氏が意識的にあるいは無意識的に前提する、「想像の共同体」としての「台湾」の輪郭も見て取れるように思われる。すなわち、第二次世界大戦後に「中華民国」が実効支配するようになった地域——台湾本島と澎湖諸島、蘭嶼や小琉球等の離島、福建省対岸の金門島が、本書で「台湾妖怪」の生息地として認識されている。

だが、第二次世界大戦後に中国大陸から台湾にやってきた大量の外省人やアメリカ人、さらに近年になって中国大陸と東南アジア諸国から花嫁としてやってきた女性達（「大陸配偶」「越南配偶」等と呼称される）や、「新南向政策」を背景に東南アジア諸国から大量にやってきている労働者（「移工」等と呼称される）など、「新住民」にかかわる怪異文化は、本書では基本的に考察の対象とされていないのである。

何敬堯氏はけっして、いまや現代台湾の多元的社会を構成する重要な要素となっているそうした人々の存在を、まったく看過しているわけではない。「奇景三　蟾蜍精と妖怪退治」では、国民党兵士のために建設された「眷村」である煥民新村の歴史が語られているし、また「奇景十九　人をさらう幽霊船」では、台中中区の「第一広場（東協広場）」につどう東南アジア系の移民労働者の視点について触れられており、興味深い一節となっている。

さらに「奇景二　月裡　大稲埕の古井戸魔女」や、「奇景三十一　林投姐の復讐記」、「奇景四十八　花蓮の幽霊屋敷　松園別館」、「奇景五十七　仙女と巨人の物語」など多くの章において、前近代および第二次世界大戦前後における中国、日本、東南アジアとの交通と移動の観点から、台湾の妖怪伝説が語られている。台湾はもともと多くのエスニシティーが共存する多元的な移民社会としての側面が強く、その妖怪文化を探究するとすれば、この問題に遭遇することになるのである。

しかし本書の主役はやはり、第二次世界大戦前から台湾に住んできた漢人および原住民族をめぐる怪異譚であるといえるだろう。

最後に、台中市太平区にある「行徳宮」という廟とそれをめぐる物語を紹介して終わることにする。これは「菲賓大哥廟」とも呼ばれ、フィリピンからやってきた労働者の霊を祭っているという噂が立った小さな廟である。新聞報道によれば、かつてあるフィリピン人労働者が川に流されて溺死した。その後、その地にやってきたフィリピン人女性の枕元にその霊があらわれ、さらには乩童に憑依した。現地の住民は、異郷で亡くなった男の魂が台湾の地でやすらかに過ごせるよう、この廟を建立したのだという。この新聞報道は実は誤報であったともいわれるが、こうした流言そのものから、台湾民間信仰の一面がうかがえる。

非業の死を遂げた身寄りのない死者をとむらう廟は、「陰廟」と呼ばれ、台湾では各地に見られる。その背景には「厲鬼」と呼ばれる日本でいう怨霊に相当する存在に対する民間信仰があり、生者の枕元に死者の魂が現れて廟の建立を願うという逸話もまた、広く見られるものである。そして注目すべきは、慰霊の対象は漢人の死者のみに限らず、かつて台湾にやってきたオランダ人や日本人を神として祭った陰廟もまた各地に存在する点である。

台湾漢人社会に伝統的な民間信仰のもつ、いってみれば国家や民族を超えた普遍的性格の一面を、ここから見て取ることもできるかもしれない。

## 図版クレジット

**公共情報図書館デジタルコレクションサービス Web サイト**

〈月裡：大稻埕的古井魔女〉淡水河圖片。
〈基隆七號房慘案〉基隆港寫真。
〈對抗鬼怪的絕招〉老報紙新聞。
〈馬與兔守護葫蘆墩寶藏〉葫蘆墩寫真。
〈南屯盛事：穿木屐、躦鯪鯉〉穿山甲寫真。
〈邵族往事：茄苳樹與獠牙精的戰爭〉獨木舟與拉魯島寫真。
〈日月潭人魚：達克拉哈〉漁網寫真。
〈府城怪談：林投姐復仇記〉演員愛哭昧寫真。
〈古書中的妖怪繪畫〉宮本萬輔的虎姑婆繪畫與鹽月桃甫的比翼鳥繪畫。
〈乘鯨逃離女人島〉捕鯨寫真。
〈七腳川大樹下的鬼火〉老報紙新聞。
〈蘭嶼惡靈想像：狐狸、惡鳥、魔鬼樹〉白鼻心寫真。

**中央研究院人社中心 GIS 專題中心（2018）[online] 臺灣百年歷史地圖**

〈基隆七號房慘案〉高砂公園地圖。
〈毒殺鯉魚精的計謀〉二十萬分一帝國圖（臺灣部分）(1932)。
〈植物變化成妖鬼〉日治二萬分之一臺灣堡圖(1921)。
〈打廉村傳奇：鯰精滾大水〉日治二萬五千分之一八九六)。
〈羅山村的四項寶物〉二萬五千分之一經建版地形圖（第 2 版)。
〈七腳川大樹下的鬼火〉舊市區航拍（1945)。

**故宮オープン・データベース**

〈馬與兔守護葫蘆墩寶藏〉郎世寧繪畫。
〈情色奇案：呂祖廟假燒金〉呂洞賓畫像。

**国立台湾図書館**

〈古書中的妖怪繪畫〉吐舌鬼繪畫。
〈貓將軍爺：貓魂變天神〉宮田彌太郎繪畫。
〈七美人的女魂花〉七美人塚寫真。

**荷蘭国立博物館**

〈烏鬼的歷史之謎〉出島商館街道繪畫。

**大英図書館 Flickr**

〈陳守娘化鬼申冤〉清國官府公堂寫真。

**その他画像**

著者による撮影、および所蔵品。

篇》，國史館臺灣文獻館，1998 年
鄭漢文、王桂清，〈雅美族海洋文化感知的生態實踐〉，《地理研究》第 47 期，2007 年

**奇景五十六**

達西烏拉彎．畢馬，《達悟族神話與傳說》，晨星出版社，2003 年
湯谷明，《帶你玩蘭嶼》，臺東縣永續發展學會，2011 年
鳥居龍藏，《紅頭嶼研究第一本文獻》，原住民族委員會，2017 年

**奇景五十八**

姜佩君，《澎湖民間傳說》，聖環出版社，1998 年
楊文乾，《神奇草藥大圖鑑 2》，林鬱文化，2001 年

**奇景五十九**

黃有興、甘村吉，《澎湖的辟邪祈福塔——西瀛尋塔記》，澎湖縣立文化中心，1999 年
姜佩君，《澎湖民間傳說》，聖環出版社，1998 年

**奇景六十**

薛明卿，《澎湖搜奇》，澎湖縣立文化中心，1996 年
姜佩君，《澎湖民間傳說》，聖環出版社，1998 年

灣地名真相》，貓頭鷹出版社，2016 年

**奇景四十三**

李碩卿，《東臺吟草》，1939 年
稻田尹，《臺灣むかし話》第二輯，臺灣藝術社，1943 年
施翠峰，《思古幽情集》，時報出版，1976 年

**奇景四十四**

中研院民族所編譯，《番族慣習調查報告書》，中研院民族所，2000 年
達西烏拉彎．畢馬，《阿美族神話與傳說》，晨星出版社，2003 年
金榮華，《臺灣花蓮阿美族民間故事》，中國口傳文學學會，2001 年
劉秀美，《火神眷顧的光明未來：撒奇萊雅族口傳故事》，中國口傳文學學會，2012 年

**奇景四十五**

詹嘉惠，《一個濱海聚落的美麗與哀愁：七星潭社區主體性的沈潛與展現》，東華大學族群關係與文化研究所碩士論文，2003 年
李進益、簡東源編輯，《花蓮縣民間文學集（二）》，花蓮縣文化局，2005 年

**奇景四十六**

李進益、簡東源編，《花蓮縣民間文學集（二）》，花蓮縣文化局，2005 年

**奇景四十七**

劉秀美，《火神眷顧的光明未來：撒奇萊雅族口傳故事》，中國口傳文學學會，2012 年
黃嘉眉，《花蓮地區撒奇萊雅族傳說故事研究》，花蓮教育大學碩士論文，2009 年

**奇景四十九**

《更生報》，1956 年 12 月 14 日

**奇景五十**

李進益總編輯，《花蓮縣民間文學集（一）》，花蓮縣文化局，2005 年

**奇景五十一**

臺灣總督府編著，《臺灣宗教調查報告書》，捷幼出版社，1993 年
西川滿原著，陳藻香監製，《華麗島顯風錄》，致良出版社，1999 年
阮昌銳編著，《植物與民俗》，國立臺灣博物館，1999 年
鈴木清一郎原著，馮作民譯，《增訂臺灣舊慣習俗信仰》，眾文圖書，2012 年
Facebook 臉書專頁「宮廟達人工作室」，2014 年 9 月 6 日的貼文。網址：https://www.facebook.com/GongMiaoDaRenGongZuoShi/posts/713775428676985

**奇景五十二**

林良哲，《五角新娘》，桃園縣政府文化局，2011 年
劉榮正，〈大社家族傳說：龍銀傳說〉，「高雄小故事」網站，由高雄市立歷史博物館架設。網址：http://crh.khm.gov.tw/khstory/StoryDesc.aspx?id=143

**奇景五十三**

林文淇，《我和電影一國：林文淇電影評論集》，書林出版，2011 年
赤塚佳仁原著，林欣寧、林欣蕾翻譯，《電影美術表與裏：關於設計、搭景、陳設與質感製作，我用雙手打造的電影世界》，PCuSER 電腦人文化出版，2017 年

**奇景五十四**

夏曼．藍波安，《八代灣的神話》，聯經出版社，2011 年
王桂清、鄭漢文〈雅美族山林的狩獵文化 —— 魔鬼的豬〉，《東臺灣研究》第二十期，東臺灣研究會，2013 年

**奇景五十五**

夏本．奇伯愛亞，《釣到雨鞋的雅美人》，晨星出版社，1992 年
余光弘、董森永，《臺灣原住民史：雅美族史

**奇景三十一**
黃淑卿,《林投姐故事研究》, 成功大學中國文學研究所碩士論文, 2006 年
王釗芬,《周成過臺灣的傳述》, 里仁書局, 2007 年

**奇景三十二**
石萬壽,〈府城街坊記——大南門〉,《e 世代府城》第 31 期, 2008 年
黃淑卿,〈傳統女性生命的文化價值——從陳守娘故事觀看烈婦的文化現象〉,《東方學報》第 30 期, 2009 年
林培雅,《臺南青少年文學讀本:民間故事卷》, 臺南市政府文化局、蔚藍出版, 2018 年

**奇景三十三**
黃鄭明,〈呂祖廟燒金〉,《臺灣新文學》, 1936 年
吳劍虹,〈呂祖廟燒金〉,《清代臺灣三大奇案》, 1955 年
連橫,《臺灣語典、雅言》, 臺灣省文獻委員會, 1992 年
陳麗華,〈傳統的重塑與再現:延平郡王祠與臺南地方社會〉,《歷史臺灣:國立臺灣歷史博物館館刊》第 5 期, 2013 年
《樹谷文化基金會季刊 Tree Valley》第 11 期, 2013 年 12 月

**奇景三十四**
川口長孺,《臺灣鄭氏記事》, 臺灣銀行經濟研究室, 1958 年
劉獻廷,《廣陽雜記》, 臺灣商務印書館, 1976 年
黃宗羲,《賜姓始末》, 臺灣銀行經濟研究室, 1958 年

**奇景三十五**
鄭美濃鎮誌編纂委員會,《美濃鎮誌》, 美濃鄉公所, 1997 年
曾彩金總編纂,《六堆客家社會文化發展與變遷之研究(藝文篇上)》, 六堆文教基金會, 2001 年

**奇景三十六**
范姜灴欽,《臺灣客家民間傳說研究》, 東吳大學中國文學系, 2004 年

**奇景三十七**
石文誠,〈荷蘭公主上了岸?一段傳說、歷史與記憶的交錯歷程〉,《臺灣文獻》60:2, 2009 年
林右崇編著,《傳說恆春:軼聞與傳說》, 白象文化, 2009 年

**奇景三十八**
曾敦香等編作,《臺中市民間文學採錄集(3)》, 臺中市立文化中心, 1999 年
孟祥瀚編注,《南屯鄉土調查》, 臺中市立文化局, 2015 年

**奇景三十九**
曾敦香等編作,《臺中市民間文學採錄集(3)》, 臺中市立文化中心, 1999 年

**奇景四十**
施晶琳,《臺南市金銀紙錢文化之研究》, 國立臺南大學臺灣文化研究所, 2004 年
張益銘,《金銀紙的秘密》, 晨星出版, 2006 年
楊偵琴,《飛天紙馬:金銀紙的民俗故事與信仰》, 臺灣書房, 2007 年
邱秀蘭,《宜蘭民俗版畫集》, 宜蘭縣立蘭陽博物館, 2011 年

**奇景四十一**
戴岳弦,〈臺灣民間的喪葬道場畫——十殿閻王圖〉,《新使者雜誌》第 42 期, 1997 年
林芳瑜,《臺灣〈十殿閻王圖〉研究》, 臺北大學人文學院民俗藝術研究所, 2007 年
黃敦厚,《大甲鎮瀾宮現存清代水陸法會掛軸研究》, 豐饒文化社, 2018 年

**奇景四十二**
曹銘宗、翁佳音,《大灣大員福爾摩沙:從葡萄牙航海日誌、荷西地圖、清日文獻尋找臺

士論文，2009 年
林培雅編著，《臺南市故事集（十八）》，臺南市政府文化局，2017 年

**奇景十四**

林怡芳，〈日治時代蒜頭製糖所職住型聚落的生活方式〉，《地理研究》第 46 期，2007 年
《臺灣民俗文物詞彙類編》，國史館臺灣文獻館，2009 年

**奇景十五**

謝敏政，《朴子溪之美》，時報文化出版，1998 年
臺灣客家筆會，《文學客家：民間故事鄉土情（第 11 期）》，2012 年

**奇景十六**

李獻璋編，《臺灣民間文學集》，牧童出版社，1978 年
江佩君，《澎湖民間傳說》，聖環出版社，1998 年
李進益、簡東源，《花蓮縣民間文學集（二）》，花蓮縣文化局，2005 年
王美惠，《1930 年代臺灣新文學作家的民間文學理念與實踐——以臺灣民間文學集為考察中心》，成功大學歷史研究所博士論文，2008 年
黃文車總編輯，《屏東縣閩南語民間文學集 3——下東港溪流域篇》，屏東縣阿緱文學會，2011 年
泓翔，〈葫蘆墩三墩訪巡〉，《葫蘆墩季刊》第 2 期，2012 年 12 月
林培雅編著，《臺南市故事集（十八）》，臺南市政府文化局，2017 年

**奇景十七**

林惠敏編著，《典藏犁頭店》，萬和文教基金會，1999 年
溫宗翰，《臺灣端午節慶典儀式與信仰習俗研究》，靜宜大學臺灣文學學系碩士論文，2011 年

**奇景十八**

胡萬川，《臺中縣民間文學集 3 石岡鄉閩南語故事集》，臺中縣立文化中心，1993 年
陳茂祥，《石岡鄉村史導覽手冊：金星村史》，臺中縣石岡鄉公所，2006 年

**奇景二十**

楊子球編輯，《埔鹽文史專輯》，埔鹽鄉公所，2003 年
馬圃原，《埔鹽人文史詩風采》，埔鹽鄉公所，2005 年

**奇景二十一**

達西烏拉灣．畢馬，《邵族神話與傳說》，晨星出版社，2003 年

**奇景二十二**

洪英聖，《臺灣先住民腳印》，時報文化，1993 年
唐美君，〈日月潭邵族的宗教〉，《日月潭邵族調查報告》，南天，1996 年
簡史朗（故事採集）、孫大川（總策劃），《邵族：日月潭的長髮精怪》，新自然主義，2002 年

**奇景二十四**

鶴田郁，《臺灣むかし話》第三輯，臺灣藝術社，1943 年
胡萬川、林培雅總編輯，《臺南市故事集（七）》，臺南市政府文化局，2013 年
生態旅遊網站「賴鵬智的野 FUN 特區」。網址：https://blog.xuite.net/wild.fun/blog

**奇景二十五**

阮昌銳編著，《植物動物與民俗》，臺灣博物館，1999 年
謝宜彊，《民間信仰與地方政治：嘉義太保的水牛厝大士爺信仰》，臺灣師範大學臺灣史研究所，2017 年

# 参考文献


**奇景一**

片岡巖,《臺灣風俗誌》, 1921 年

李獻章,《臺灣民間文學集》, 1936 年

黃宗葵,《臺灣地方傳說集》, 臺灣藝術社, 1943 年

地圖與遙測影像數位典藏計畫,〈淡水廳八景之一「劍潭幻影」位在哪裡?〉, 2012 年網路文章。網址:http://gis.rchss.sinica.edu.tw/mapdap/?p=2494&lang=zh-tw

**奇景二**

《周成過臺灣歌》, 竹林書局, 1987 年

王釗芬,《周成過臺灣的傳述》, 里仁書局, 2007 年

**奇景三**

王一剛,〈臺北的傳說九則〉,《臺北文物》第七卷第三期, 1958 年

吳瀛濤,《臺灣民俗》, 眾文圖書, 1992 年

蘇尚耀,《兒童文學故事選集》, 幼獅, 1989 年

**奇景四**

《臺北廳誌》, 臺灣日日新報社, 1919 年

《臺灣慣習記事(中譯本)第六卷》, 臺灣省文獻委員會, 1992 年

林良哲,《五角新娘》, 桃園縣政府文化局, 2011 年

**奇景五**

趙金山,《賽夏族族譜彙編》, 新竹縣五峰鄉賽夏族文化藝術協會、雪霸國家公園管理處委託辦理成果報告, 2011 年

**奇景六**

李家愷,《臺灣魔神仔傳說的考察》, 政治大學宗教研究所碩士論文, 2010 年

林美容、李家愷,《魔神仔的人類學想像》, 五南出版, 2014 年

**奇景七**

《基隆市民間文學采集(二)》, 基隆市文化局, 2001 年

《基隆市民間文學采集(三)》, 基隆市文化局, 2005 年

沈惠如,〈戲劇詮釋下的基隆風貌——以《高砂館》、〈基隆七號房慘案歌〉為例〉,《經國學報》, 2009 年

**奇景八**

川添新輔,〈石爺〉,《臺灣地方傳說集》, 臺灣藝術社編輯部, 1943 年

臺灣客家筆會,《文學客家:民間故事鄉土情(第 11 期)》, 2012 年

徐貴榮,〈石爺傳說〉,《中央大學客家學院電子報》第 309 期, 2018 年

**奇景九**

胡萬川總編輯,《彰化縣民間文學集(九)》, 彰化縣立文化中心, 1996 年

**奇景十一**

胡萬川總編輯,《苗栗縣閩南語故事集(三)》, 苗栗縣文化局, 2002 年

劉榮春等編著,《苗栗縣文化資產資料手冊》, 苗栗縣文化局, 2005 年

**奇景十二**

彭衍綸,〈淺論臺灣民間故事發展概況〉,《國立中央圖書館臺灣分館館刊》第 5 卷第 2 期, 1998 年

李志銘,《讀書放浪:藏書記憶與裝幀物語》, 聯經出版, 2014 年

**奇景十三**

張祖基編,《客家舊禮俗》, 眾文出版社, 1986 年

李進益、簡東源,《花蓮縣民間文學集(二)》, 花蓮縣文化局, 2005 年

謝進興,《與蔬菜有關之臺灣客家俗諺語研究》, 新竹教育大學臺灣語言與語文教育研究所碩

【著者】

何 敬堯（か・けいぎょう）

1985年台湾・台中生まれ。小説家。妖怪研究家。国立台湾大学外国語文学系、国立清華大学台湾文学研究所修士課程に学ぶ。著書に『幻之港　塗角窟異夢錄』『怪物們的迷宮』『妖怪鳴歌錄FORMOSA：唱遊曲』『妖怪臺灣』、共著に『華麗島軼聞：鍵』『百年降生：1900-2000臺灣文學故事』などがある。

【翻訳】

甄 易言（しん・いげん）

翻訳家。静岡県生まれ。現在は台湾に在住。

妖怪臺灣地圖
by 何敬堯

妖怪臺灣地圖（Yokai Map of Taiwan）

Original Complex Chinese edition published by Linking Publishing Co., Ltd. Taiwan
Japanese translation rights arranged with Linking Publishing Co., Ltd.
through 太台本屋 tai-tai books, Japan

Sponsored by Ministry of Culture, Republic of China（Taiwan）



［図説（ずせつ）］
# 台湾（たいわん）の妖怪伝説（ようかいでんせつ）

2022年6月26日　第1刷
2022年7月31日　第2刷

著者…………何 敬堯（か けいぎょう）

訳者…………甄 易言（しん いげん）

装幀…………阿部美樹子

発行者…………成瀬雅人
発行所…………株式会社原書房

〒160-0022 東京都新宿区新宿1-25-13
電話・代表03（3354）0685
http://www.harashobo.co.jp
振替・00150-6-151594

印刷…………シナノ印刷株式会社
製本…………シナノ印刷株式会社


ISBN978-4-562-07184-5, Printed in Japan